文化吉林

敦化卷

弘揚長白山文化
打響吉林特色地域文化品牌

王儒林

　　吉林有文化，而且吉林文化有底蘊、有潛力、有特色、有希望。從前郭縣王府屯距今約一百萬年的石製工具到距今十六萬年的樺甸仙人洞和距今三萬年的榆樹人，從燕趙文化東進到漢武帝設四郡，從扶餘、高句麗、渤海文明的興衰更替到遼金、清朝問鼎中原，從抗日烽火、解放硝煙到新中國老工業基地的紅色記憶，從二人轉、吉劇、長影到吉林期刊、吉林歌舞和吉林電視劇現象，勤勞智慧、淳樸善良、勇於開拓的吉林人民在白山松水間創造出絢麗多彩的地域文化，成為中國文化版圖上一道獨特風景。

　　文化與山素來結緣，正如泰山之於魯，嵩山之於豫，黃山之於皖，長白山是吉林的象徵、吉林的品牌。吉林文化始終與長白山難捨難分、血脈相連，集中體現於長白山文化之中。長白山文化發源和根植於吉林沃土，是包容吉林各民族文化、蘊含吉林發展歷史、反映吉林人性格特質、凸顯吉林氣派的「大文化」；是中華民族「多元一體」文化的重要組成部分，源遠流長、博大精深，構成了吉林文化的骨骼和脊梁。在地域文化越來越受到人們關注、文化軟實力越來越成為衡量一個地區核心競爭力的重要指標的當今時代，大力弘揚作為吉林文化標誌性符號的長白山文化，把這份寶貴的文化資源保護好、挖掘好、利用好、開發好，對於打響吉林特色地域文化品牌，鑄造極具時代內涵的吉林精神，提升吉林文化軟實力，凝聚吉林改革發展正能量，無疑具有十分重要的現實意義。

近年來，我省大力推進以優秀吉林地域文化為主要內容的長白山文化建設，出臺了《長白山文化建設規劃綱要》，啟動實施了長白山文化建設工程，在長白山文化資源保護研究、挖掘整理、開發利用等方面做了大量工作，取得了顯著成績。我們要進一步加強長白山文化理論研究，豐富長白山文化內核和外延，進一步加強長白山文化遺產的發掘、保護和展示推介力度，擴大長白山文化的影響力，進一步加強對長白山文化內涵的拓展和提升，把長白山文化資源更好地轉化為文化產品、文化事業和文化產業，推動長白山文化建設躍上新臺階，推動吉林文化大發展大繁榮，為實現富民強省目標、中華民族偉大復興、中國夢做出貢獻。深入挖掘、研究、整理長白山歷史文化，既是一項宏大浩繁的系統工程，又是一項功在當代、利在千秋的基礎工程。希望有更多有識、有志之士投身長白山文化建設事業，讓這份寶貴的文化資源更好地服務於當代，惠澤於未來。

由省委宣傳部組織編撰的《長白山文化書庫》系列叢書，是長白山文化建設工程的重要標誌性成果。叢書從基礎研究、地方特色、主要藝術門類三部分，對長白山文化的歷史資源進行了全面細緻的挖掘和整理，堪稱長白山文化研究與普及的鴻篇巨製，不僅對研究和宣傳長白山文化大有裨益，而且對培育吉林文化品牌、樹立吉林文化形象也將產生積極的促進作用。在叢書即將付梓之際，謹表祝賀並向全體工作人員致以問候。

主編寄語

莊嚴

　　長白奇逸蘊靈秀，松江悠長毓文傑。千百年來，雄渾壯美的白山松水賦予了肥沃豐饒的吉林大地以生機和活力，滋養了吉林人民勤勞睿智、堅韌進取、寬容開放的精神品格，積澱了多元融合、底蘊深厚、色彩斑斕的地域文化。這獨具魅力的吉林特色地域文化猶如一株馥鬱芳香的花朵，在中華民族文化百花園中爭妍綻放。

　　文化是經濟發展之根，是社會發展之源。省委、省政府高度重視文化建設，制定出臺了《長白山文化建設規劃綱要》，把吉林省歷史文化資源工程列入宣傳思想文化工作「六大工程」之一。省委宣傳部深入貫徹落實省委、省政府的要求，開展《長白山文化書庫》建設，啟動實施了《文化吉林》叢書編撰工作，將其作為全省宣傳思想文化工作的重要舉措，周密部署，精心組織，強力推進，取得了預期成果，為全省人民奉獻了一份珍貴的精神食糧。

　　《文化吉林》叢書是《長白山文化書庫》中全景展現特色地域文化的重要組成部分。年初以來，我省廣大宣傳文化工作者以對家鄉、對歷史、對文化事業的高度責任感和使命感，不畏繁難，勤勉執著，嚴謹認真，精益求精，在資料收集、遺產挖掘、書稿撰寫等方面付出了大量艱辛的努力，進行了許多開創性的探索和實踐，圓滿完成了這次編撰任務。叢書編撰秉承傳播和弘揚吉林文化的理念，梳理總結吉林文化資源，提煉昇華吉林文化精髓，激發增強吉林人的文化自覺、文化自信，使優秀文化更好地服務於吉林的發展振興。

《文化吉林》內涵豐富，圖文並茂，辭美情摯，引人入勝，是人們認識吉林、瞭解吉林、研究吉林的概覽長卷，是吉林文化走向全國，面向國際的真誠心聲。叢書真實勾勒了吉林文化歲月滄桑的歷史縱深，生動展現了吉林文化多姿多彩的時代律動，帶我們走進吉林地域文化演進的舞臺，親身感受風雲激盪的文化事件，出類拔萃的文化人物，領略淵深源遠的文化景觀，妙趣橫生的文化傳說，體驗琳瑯紛呈的文化產品，淳樸濃郁的文化民俗。叢書將吉林文化的發展脈絡、現狀和未來，客觀詳盡地展現給廣大讀者，是一部能夠讀得進去、傳播開來、傳承下去的佳作精品。

　　鑒往以勵志，展卷當奮發。《文化吉林》這套融史料性、知識性、可讀性於一體的叢書，為我們進一步保護、研究、開發吉林地域特色文化提供了重要史料資源。作為後繼者，當代吉林人有責任、有義務肩負起將吉林文化充分融入社會主義核心價值觀，推動吉林文化發展進步的歷史使命，讓優秀傳統文化在繼承中創新，在創新中前行，在全國文化發展大格局中唱響吉林「聲音」，打造吉林文化品牌，樹立文化吉林形象。

目錄

弘揚長白山文化 打響吉林特色地域文化品牌

主編寄語

第一章·文化發展概述

第二章·文化事件

022　敦化留存的古驛路文化

025　貞惠公主墓碑的發掘與古代東北遺存文化珍品發現

028　唐朝宣詔使崔忻渤海國宣詔對渤海文化的影響

032　婁家戲樓與敦化戲劇發展

039　敦化敖東城東門「迎旭」門額石出土

041　吉林省第一個縣級文聯的誕生和發展

044　中國第一個縣級民俗學會成立

047　《殷氏部族文化的傳說和故事》發表與吉林省重要的
　　　長白山非物質文化發現

051　敦化——清皇室發祥地論證始末

054　敦化最早的地方志

056　敦化市地方志兩輪志書編輯出版

058　《敦化日報》——敦化第一張全國發行的報紙

061　大山鎮因張笑天小說《雁鳴湖畔》改名為雁鳴湖鎮

064　著名作家張笑天到敦化創作拍攝電視劇《陳翰章》

066　敦化市被譽為全國文化藝術秧歌之鄉

070 首屆「長白山朱果節」成功舉辦

073 敦化市舉辦「滿族頒金節」

076 敦化六鼎山文化旅遊區被命名為 AAAAA 級景區

078 敦化市開展「百姓講堂」進基層活動

第三章 · 文化名人

084 古驛使者──吳大澂

087 敦化第一任縣知事──趙敦誠

089 敖東中學的奠基人──張成之

090 東北評劇界著名坤伶──花秦樓

091 延邊書法名家──李受山

092 文化學者──楊明谷

094 被寫入《中國專家名人辭典》的教育專家──李守田

096 敦化教育事業發展的見證者──李建樹

097 民俗學者──李果鈞

099 刀畫創始人──宋萬清

102 綽號「金嗓子」的女戲劇家──楊金娥

103 吉劇名伶──王青霞

104 敦化朝鮮族民族、民間文學事業的先行者──金忠默

105 敦化文學事業發展的推動者──劉野

107 敦化地區文物、考古事業的奠基人──劉忠義

109 鄉土散文家──陳洪山

110 中國著名文藝家──張笑天

112 潛心砥礪數十載的書法家──劉憲臣

115 成就非凡的女編輯──陳道馥

117 長白山文化沃野上的耕耘者──劉德昌

118 入選《中國音樂家大辭典》的敦化人——金明哲

119 敦化走出的將軍——韓錫平

121 軍旅作家——常萬生

123 北方著名編輯——郭俊峰

125 中國體育社會學和體育管理學的奠基者——劉德佩

127 勤於文學創作的教育家——陳光陸

128 享譽世界的華人經濟學家——楊小凱

130 碩果纍纍的鄉土作家——于雷

132 白山黑水孕育出的著名詩人——李廣義

134 筆耕不輟的作家——賈志堅

136 敦化走出的著名新聞工作者——解守陣

138 貢獻突出的朝鮮語學者——金基石

140 中國著名媒體人——張偉

142 從敦化走出的長江學者——張福貴

144 中國著名詩人——張洪波

146 《東方時空》《焦點訪談》《實話實說》的策劃人之一
    ——孫玉勝

148 著名漢語言學者——李無未

150 入選《中國音樂家大辭典》的朝鮮族作曲家
    ——金日光

151 朝鮮族主旋律作曲家——洪昌道

152　辛勤耕耘的鄉土作家——楊曉華

154　民間工藝大師——林志德

156　「圖蘭朵公主」女高音歌唱家——王霞

158　軍旅畫家——李連志

160　鍾情山水的畫家——姜日新

162　當代巾幗書法家——修丹

165　敦化首位在「全國篆刻展」上獲獎的篆刻家——張軍

第四章・文化景址

168　雁鳴湖肅慎人遺址

169　東牟山古城遺址

171　二十四塊石

173　敖東古城遺址

175　六頂山古墓群

178　腰甸子古城

180　依克唐阿碑

182　敦化六鼎山文化旅遊區

190　敦化市革命烈士紀念塔

193　渤海廣場

195　陳翰章烈士陵園

202　北山森林體育公園

205　老白山原始生態風景區

209　雁鳴湖濕地

215　雁鳴湖溫泉景區

217　寒蔥嶺楓頤園

222　珍珠門風景區

225　德林石文化園

227　小石河風景區

229　臨江民族民俗村

230　布庫里山森林公園

233　大砬子森林公園

236　亞光湖國家濕地公園

238　亞光湖風景區

239　哈爾巴嶺水庫

240　哈爾巴嶺抗聯文化紀念地

242　新開嶺森林公園

第五章・文化產品

246　《雁鳴湖》雜誌

247　《長白山滿族文化研究》期刊

249　《陳翰章將軍傳》

250　滿族舞蹈《敖東迎旭》

253　朝鮮族《頂水舞》

257　刀畫

265　蘊藏豐富文化色彩的敦化玉璧畫

268　松花硯雕刻

270　根雕

274　剪紙

278　葫蘆畫

280　滿族捏泥人

283　鋁塑雕板畫

284　柳編

285　草編

286　絲網花

287　敖東玉

第六章・文化風俗

290　多姿多彩的民間習俗

322　非物質文化

329　獨具特色的民間舞蹈

338　美麗的民間傳說

第一章

文化發展概述

　　敦化歷史悠久，「千年古都百年縣」、渤海開國第一城、清皇室發祥地之一都是敦化歷史的高度概括。豐厚的歷史土壤給敦化留下了眾多的文化遺跡，比較有代表性的有肅慎人遺址、敖東古城、二十四塊石等文化遺址；同時也孕育了敦化濃郁的現代文化，六鼎山文化旅遊區、渤海廣場等都成為敦化獨一無二的文化符號。在敦化這片有著深厚文化底蘊的土地上，歷史文化與現代文明交相輝映，文化事業發展枝繁葉茂、生機勃勃。

敦化市位於長白山西麓，隸屬延邊朝鮮族自治州，居延邊朝鮮族自治州西部。地處東經 127°28'－129°17'，北緯 42°42'－44°30' 之間。敦化市總面積一一九五七平方公里，人口四十八萬。敦化市東部、東南部以哈爾巴嶺為界與汪清縣、龍井市、安圖縣相鄰；東部、東北部以小溝嶺為界與黑龍江省相接；南部隔二道松花江與撫松縣毗鄰；西部以張廣才嶺為界與樺甸市、蛟河市相連；西北部以張廣才嶺為界與黑龍江省接壤。

敦化歷史悠久，素有「千年古都百年縣」之稱。西元六九八年，粟末靺鞨首領大祚榮率眾在此築城自固，建都稱王，號稱「震國」。西元七一三年，唐玄宗冊封大祚榮為渤海郡王，始稱渤海國，建都於忽汗城，即今敦化。到了明清時期，又被稱作敖東城。西元一六七七年，清政府尊長白山為神，對這裡進行封禁。作為清皇族發祥地之一，清初這裡被封禁達二百年之久。一七六二年，清政府頒布《寧古塔等處禁止流民例》，正式宣布寧古塔管轄一帶為封禁區，敦化為清皇室發源地，屬封禁之例，但北部驛路沿線卻不在封禁之內。當時由於種種條件所限，雖然明令封了，但卻阻止不了外來漢民私自開墾荒地。一傳十，十傳百，大多來自山東、河北等地的人流不斷湧入這號稱東大荒的敖東城（亦名鄂多里，又名阿克敦），來開墾這片無人管理的土地。一八七八年，吉林將軍派員前來視察，並於當年成立了阿克敦荒務局，從此打開了二百年的封禁，又調來趙敦誠負責向民眾放荒事宜，次年就放出熟地二七七四坰，以後逐年都有發放，共放出熟地近萬坰。一八八〇年吉林將軍銘安奏請建縣。一八八一年一月二十五日清政府批准，取《四書中庸》中「小德川流，大德敦化」之句，寄「敦風化俗」之意，定名為敦化。一八八二年，隨之人口也不斷增加，經過一年籌備，建城池，搭班子，修縣衙。一八八二年，敦化縣正式建成。解放戰爭時期，敦化是中共吉敦地委所在地。一九四六年，中共吉林省委、吉林省人民政府暫住敦化。一九五八年由省轄縣劃歸延邊州。一九五八年撤縣改市。

挹婁國　敦化土地廣袤，資源豐富，是最早生活在東北的祖先——肅慎人

重要的聚集地之一。肅慎人與商、周並存，到漢代時被稱為挹婁。《清史・地理志》中記載：「敦化，亦稱挹婁國。」可見敦化是先人的重要生息之地。南北朝時，挹婁改稱勿吉。隋朝時又稱靺鞨。靺鞨的主要部族之一粟末靺鞨的故地就是敦化。靺鞨人仍與先祖一樣，與中原保持著密切連繫。

　　林海古道　從古至今，敦化就是東北東部的交通樞紐。向南可達旅順口，走海路去中原；向西可通吉林，走陸路抵關內；向東可通琿春、海參崴，向北就是清朝時期著名的流放地寧古塔，並直通北疆。茫茫林海，古道縱橫，發達的交通成為文化繁榮與傳播的脈絡，古驛路上也承載過無數人的生死夢想和悲喜滄桑，更奠定了現代敦化的三省通衢的地理優勢，推進區域文化的彙集與繁榮。

　　「海東文明」起點　西元六九八年，粟末靺鞨部首領大祚榮率部族從營州返回故土，在敦化東牟山收攏各部，建立「震國」。西元七一三年，唐玄宗派宣詔使崔忻經海路在旅順出使渤海，冊封震國為忽汗州，冊封大祚榮為左驍衛

▲ 清始祖文化園開園慶典

▲ 全國重點文物保護單位六頂山古墓群二墓區

大將軍、渤海郡王並加授忽汗州都督。歷史上著名的「海東盛國」由此誕生。它的開國都城就是敦化，靺鞨的稱呼被渤海取代，中原文化開始在渤海國盛行。許多王公子弟青年學子，跋山涉水，漂渡渤海，遠赴中原，學習唐朝文明。如今，在敦化城內仍殘留著敖東古城遺跡。城中建立了以渤海國歷史為背景的大型文化園林渤海廣場，再現「海東盛國」的氣象。在城南牡丹江南岸，六鼎山文化旅遊區的「海東之鷹」迎客門，重現渤海祖先英勇、彪悍的雄鷹氣概。

　　滿族皇室發祥地之一　　歷史上關於清始祖的誕生有一段三天女下凡人間的美麗傳說。三女佛庫倫吞朱果而誕生布庫里雍順。布庫里雍順乘坐柳條船來到鄂多里，平定三姓之亂，被推為頭領，奉為貝勒，並建立城池，立國滿洲，創立歷史上第一個滿族政權。鄂多里，就是今天的敦化。四季分明、山水萬千的敦化成為滿族皇室發祥地之一。二〇一一年秋，敦化建造了以布庫里雍順建立滿族為主題的清始祖文化園。

敦化的文物　敦化的文化遺存大體上分布在兩個區域：牡丹江流域和富爾河流域。牡丹江流域的遺存又多分布在敦化城區及其周邊鄉鎮，重要遺存分布情況是：市區南部有敖東城，牡丹江南岸有江東「二十四塊石」遺址，向東有官地「二十四塊石」遺址、林勝「二十四塊石」遺址和腰甸子「二十四塊石」遺址；市區南部五公里有六頂山古墓群，其中有著名的貞惠公主墓。距墓群西部二公里有永勝遺址；市區西南十二點五公里有城山子山城。市區有陳翰章將軍紀念碑，市區北有革命烈士紀念塔；其他文物遺跡分布在市區和十六個鄉鎮。敦化文物分布的特點是：以城區為中心，四周呈零散分布。依據全國第三次文物普查成果統計，二〇一四年敦化市現存不可移動文物遺跡為二四五處，其中有國家級文物保護單位二處，省級文物保護單位九處，州級文物保護單位七處，市級文物保護單位二二七處。

北國風情的旅遊文化　敦化的旅遊文化匯聚了自然、歷史和民俗三大元素。敦化境內綿延的大嶺群山是難得的自然勝境。無邊的林海，縱橫的江河，春華秋實，冬雪夏花，一年四季都展示著北國林區獨有的勃勃生機。在北部張廣才嶺中部，有號稱第二長白山的老白山。在敦化發源的牡丹江注入鏡泊湖之前，還形成了綿延幾十里的雁鳴湖濕地國家自然保護區，是東北典型的山區濕地。億萬年的山山水水孕育了以敬畏自然、山水有靈為特徵的民俗風情，道教、薩滿教和佛教在民間盛行。敦化還是東北抗日戰爭的中心地帶之一，也是著名抗日英雄陳翰章將軍的故鄉，獨特的抗聯文化，為敦化的歷史增添了一抹鮮紅。近年來，敦化開展了自然文化、歷史文化、佛教文化為背景的生態旅遊、歷史旅遊、文化旅遊和紅色旅遊，為這個城市增光添彩。以正覺寺、金鼎大佛和清祖祠為主要元素的六鼎山文化旅遊區，已經成為國家 5A 級人文旅遊勝地。

中國刀畫之鄉　敦化自古盛產木材，木製家具更是大行其道。為衣櫥、米櫃、碗架、炕琴等家具繪製各種圖畫，逐漸成為敦化民間的一種藝術載體，深深紮根於尋常百姓家。經歷無數演繹變化，形成了以「減色」為主要技法，以

▲ 敦化市博物館室外文物展示區

刀、筆為主要工具，兼收中國山水畫和油畫精華的刀畫藝術，以表現山水見長，技法嫻熟，爐火純青，畫風雄渾，品質細膩，成為中國民間繪畫藝術的一朵奇葩。

　　與時俱進的城鄉文化　改革開放後，敦化開始掙脫千百年農業文化的桎梏，實現「敦風化俗」的夢想，追求現代城市文明和新型農業文明。如今，敦化是聞名遐邇的整潔美麗之城，也是廣場之城。以眾多園林廣場為平台，群眾體育、群眾演出、群眾聚會、市民娛樂等活動五彩繽紛，讓這個城市充滿靈性、韻律和活力。在農村，隨著農業基礎地位鞏固和農村環境綜合整治的深入，農民的思維觀念、生活習慣都發生深刻變化，文化生活也異常活躍，民風舊俗注入新時代元素。文化大院成為農民追求自我、追求自信、追求時尚的大舞台，鄉風民俗也得以傳承發揚。在民間，文學藝術也越來越有地域特色。戲曲、書法、攝影、美術、根雕、古玩、收藏等文化活動擁有深厚的群眾基礎。《雁鳴湖》文學雜誌是培育本土文學新人的一方沃土。《長白山滿族文化研究》

致力於挖掘整理和研究滿族文化、渤海文化和地域民俗。以正覺寺廟會、滿族頒金節、清祖祠祭祖、朱果節、林區開山、城市元宵燈會等為主的節慶、祭祀等旅遊文化活動已獨具敦化特色。在秉承傳統的同時，追逐著時代潮流。敦化還是吉林省首個國家衛生城市。同時還擁有全國綠化模範城市、國家園林城市、全國雙擁模範城、中國優秀旅遊城市等榮譽。敦化，已是東北東部的一顆璀璨明珠。

敦化市被評為「全國文化先進（縣）市」　一九九六年敦化市被評為「吉林省社會文化先進縣」，一九九七年被國家文化部評為全國文化工作先進縣。二〇〇九年經省廳審核、文化部抽查，複查合格，保留榮譽稱號至今。通過創建全國文化先進縣，有力地促進了文化事業、文化產業的發展，文化單位固定資產比創建前翻了兩番。二〇〇八年和二〇一一年，敦化市被國家文化部分別命名為「中國民間文化藝術之鄉」「秧歌、刀畫之鄉」。敦化市持續加大財政對公益性文化事業的投入，建成了覆蓋到位、便捷高效的市、鄉、村三級公共文化服務體系；先後投資三億多元建成了文化館、圖書館、青少年活動中心、體育館、四個街道文化活動中心等文化場館；先後投資二億多元建成文化廣場、八一廣場、渤海廣場等十七個文化活動廣場；投入資金三〇〇〇萬元，在全市十六個鄉鎮分別建成了三〇〇平方米以上的綜合文化站，全部通過了省、州、市驗收；投入資金六〇〇〇萬元，在全市三〇二個行政村建起了文化大院，實現了村級農家書屋、文化信息共享工程村級服務點的全覆蓋。敦化市以讓群眾共享文化發展成果為出發點，通過大力實施六大文化惠民工程，著力提高人民群眾的「幸福指數」。

敦化的文化場館　敦化市圖書館於一九七九年三月正式成立，發展至今，占地面積達二萬平方米，建築面積達四二八六平方米，是文化部命名的「縣級一級圖書館」。 敦化市圖書館利用現代化服務手段積極開展優質服務，年均接待讀者三十二點〇五萬人次，文獻借閱二十六點八五萬冊次，發展固定讀者一萬多人。二〇〇三年，圖書館實現了「一卡通」磁卡借閱服務，此後建立網

站，實現了圖書館業務管理自動化和辦公自動化。二〇一一年十一月一日起圖書館開始實行免費服務。

敦化市博物館於二〇〇九年六月四日經敦化市人民政府批準成立，二〇一〇年被國家批准為免費開放博物館。博物館位於敦化市六鼎山文化旅遊區內，屬保管、研究、展覽綜合性博物館。博物館建築面積為五六〇平方米，占地面積五千平方米，有展廳一個，園林式文物展示區一個。館藏文物七五九件套，其中二級文物八件（套）、三級文物二十五件（套），主要以常設展覽為主，多為地方文物標本，其中有新石器時代、青銅時代、渤海、遼、金、元、明、清和近現代各類文物。二〇〇九年至二〇一〇年，敦化市博物館對館藏文物進行重新整理、歸檔，建立電子文檔，完善文物數據庫建設。博物館舉辦有《敦化歷史文物陳列展》等展覽，免費向市民開放。館外設立文物展示區，佈置擺放了石碑、碑冠、石羊、石台階、柱礎、石函，其中有依克唐阿碑、趙爕碑、額穆索正白旗佐領多祖塋碑等。

敦化市群眾文化館始建於一九四九年二月。現場館地址位於敦化市紅旗大街七十一號，於一九八五年建設，一九九九年翻蓋，二〇〇〇年六月投入使用，館舍面積為三五三〇平方米。群眾文化館承擔著組織城鄉群眾文化活動的任務，多年來，敦化市始終堅持面向農村、面向基層，積極開展豐富多彩的文化活動，在敦化的群眾文化發展過程中起到了舉足輕重的作用，被中宣部評為「全國服務農民、服務基層文化建設先進集體」。二〇一一年，敦化市群眾文化館被文化部命名為國家一級文化館。

第二章 ———

文化事件

　　敦化的文化發展歷程，是由一樁樁具有深遠歷史意義的文化事件構成的：
從多位歷史人物沿古驛路途徑敦化到貞惠公主墓碑的發掘，從唐朝宣詔使崔忻
渤海國宣詔到婁家戲樓的幾度起伏，從敦化敖東城東門「迎旭」門額石出土到
吉林省第一個縣級文聯的誕生，從論證敦化是否為清皇室發祥地到敦化最早的
地方志撰寫完成……讓我們通過對這一樁樁文化事件進行解讀，來見證敦化的
文化發展歷程。

敦化留存的古驛路文化

美麗富饒的敦化市，歷史悠久，文化底蘊豐厚。敦化市的古驛路經歷了重重的歷史煙雲，積澱了厚重的文化遺存。

早在盛唐時期，敦化境內就有了驛路。西元六九八年（距今 1316 年），靺鞨人首領大祚榮在今敦化市賢儒鎮城山子村建立震國。西元七一三年，唐朝冊封大祚榮為渤海郡王，定國名為「渤海國」，國都名稱叫「忽汗城」。於是，在白山黑水間形成了一個遼闊的「海東盛國」，區域內驛路暢通。

渤海國下轄五京十五府，六十二州，管轄人口大約十萬戶。當時，由渤海國京城、州府通往下屬區域都有較好的驛路連繫。在渤海國的廣大區域內，今天還有驛路的遺存證物——「二十四塊石」。有的專家研究，二十四塊石就是當年驛站建築的基礎石，二十四塊石在當年的渤海國域內有多處遺存。敦化市境內有三處二十四塊石遺址，有江東二十四塊石遺址、官地東店子二十四塊石遺址、雁鳴湖海青房二十四塊石遺址，這些都是當年古驛路上的驛站遺址。

到了遼金時代，敦化北額穆是由內地通往東北邊陲的必經之路。有的史料上說，北宋徽欽二帝被金兀朮虜往五國城（今黑龍江省依蘭縣），走的就是這條道路。

▲ 二十四塊石遺址

明朝永樂五年（西元 1407 年），確定吉林到額穆、寧古塔（黑龍江省寧安市）的道路為驛路，沿途設驛站，負責傳遞文書，接待來往官員和負責道路維護。今天，敦化市境內遺存

古驛站有六處。在敦化城北部一〇〇至一四〇公里處有義氣松驛站、額穆赫索羅站，由北向東北部有塔拉站、通溝站、黃土腰子站、哈爾巴嶺站。走進歷史的時空隧道，當年的驛路車水馬龍，商旅雲集，店鋪相望，喧鬧嘈雜，達官貴人和流放邊遠謫戍罪犯，都沿著此路前往寧古塔。

清朝時代，更加重視驛路驛站的管理。清同治年間設立了額穆佐領。光緒年間敦化境內有六處驛站，並修通了額穆赫索羅站經敦化通往琿春的驛路。於是，這條驛路上走來了清朝北洋外務大臣吳大澂，他翻越張廣才嶺，經額穆赫索羅站、塔拉站前往琿春與沙皇代表勘劃邊界。

清初順治十四年（西元 1657 年），江蘇吳江舉人吳兆騫（字漢槎），因涉嫌科場舞弊案，被遣戍寧古塔（今黑龍江省寧安縣），他遵驛道到額穆住宿，早起趕路，寫有《曷木沙邏（即額穆）曉發詩》一首：

樹杪月猶在，城頭角已殘，荒途分五國，歸騎發三韓。
野霧依山盡，春星落塞寒，鳴鞭及前侶，霜露溽孤鞍。

吳兆騫是當時著名的江南才子，因受了冤案，被流放戍邊，心境自然是很沮喪的。因此，對額穆驛站的景色，也就難免充滿了淒涼之感。不過從詩裡還是反映出當時額穆的交通發達，行旅不斷，北通「五國（今黑龍江省依蘭縣）」，南連「三韓（指馬韓、辰韓、弁韓）」的盛況。吳兆騫在塞外二十餘年，後經好友顧貞觀（與吳齊名的江南才子）設法營救，並以「詞」代「書」，寫下有名的《金縷曲》兩闋寄給顧貞觀，感泣了當時的文學家納蘭性德，納蘭性德便求其父明珠（時為太傅），使吳兆騫得以「納鍰（即罰金）贖歸」（見《清史稿—碑傳集》）。

▲ 吳兆騫

清康熙年間，有浙江山陰（今紹興）人楊賓，字可師，為其父得罪遣戍寧古塔，曾面觀康熙皇帝訟免得救。楊賓親去柳條邊迎父歸來，也曾遵此驛道，經張廣才嶺、額穆、塔拉站、爾站等地，寫了一路紀行詩。其中有《色齊窩集》（蛟河與敦化交界處）五言古詩一首。

納木五十里，頗極登頓苦，
色齊林更深，未入心已阻。
豺狼逐我馳，山雞向我舞。
谷口咆熊羆，樹根竄貂鼠。
雲橫道不通，霧裡眼若瞽，
幸有鑿山人，乃見天一縷。
架木度層崗，欲鞍籍茅土，
才看日色暝，不覺夜已午。
自衛憑野燒，畏懼不敢語，
俄頃雪滿衣，一一沾徒旅。
冱寒手足僵，鞍瘍從此數，
釜鬲莫為炊，調飢腹中鼓。
凍餒雖切慮，達曙才可努，
但得脫窩集，鳥道吾所取。

　　這首詩詳細記述了作者在張廣才嶺的旅途中看到的豺狼奔馳、野雞飛舞、黑熊吼叫、貂鼠竄跳等景象，非常真實。
　　敦化的古驛路文化為我們留下了豐富的歷史文化遺存，是敦化發展史濃墨重彩的一筆。

貞惠公主墓碑的發掘與古代東北遺存文化珍品發現

一九四九年，在六頂山發掘出古代墓穴，墓穴中出土的墓碑，經考古專家對碑文進行確認為貞惠公主墓碑。其出土時已破裂為七塊。碑呈圭形，花崗岩質，通高九十釐米、寬四十九釐米、厚二十九釐米。正面鐫刻墓誌，陰刻，楷書真字。碑文二十一行，序十三行，銘六行，末行為立碑年月，計七二五字，有四九一字清晰可識，其餘二三四字已經斑駁難辨。碑文周邊陰刻蔓草紋，碑首陰刻卷紋。

該碑是中國首次發現的渤海時期文字，成為東北古代遺存文化的珍品，作為渤海國重要文物被吉林省博物館收藏，一九六一年三月四日，六頂山古墓群被命名為國家級重點文物單位。

▲ 《敦化市文物志》中登載貞惠公主碑照片和記載碑文內容

由於原碑出土時已破碎，只有大部分字可清晰辨認，但是也可以看出字體，頗具唐楷歐褚之風，結構嚴謹，筆劃剛勁，從書寫功底足以顯見當時渤海人通用漢字，並有較高的文字修養。拓片辨認不全，將「渤海貞惠公主墓碑」與和龍縣出土的「貞孝公主墓碑」相比較，兩個碑只有二十二個字不同，互相參照後只有兩個字辨認不出。現將碑文按敦化書協主席李受山標點斷句並使用簡化字抄錄於下：

貞惠公主墓誌並序：

夫緬覽唐書，嬀汭降帝女之濱，博詳丘傳，魯館開王姬之筵，豈非婦德昭昭，譽名期於有後，母儀穆穆，餘慶集於無疆，襲祉之稱，其斯之謂也。公主

者，我大興寶歷孝感金輪聖法大王之第二女也。惟祖惟父，王化所興，盛烈戎功，可得而論焉。若乃乘時御辨，明齊日月之照臨；立拯握機，仁均乾坤之覆載。配重華而旁夏禹，陶殷湯而韜周文，自天祐之，威如之吉。公主稟靈氣於巫岳，感神仙於洛川，生於深宮，幼聞婉嫕。瓌姿稀遇，曄似瓊樹之叢花，瑞質絕倫，溫如崑峰之片玉。早受女師之教，克比思齊；每慕曹家之風，敦詩悅禮。辨慧獨步，雅性自然。□□好仇，嫁於君子。標同車之容儀，葉家人之永貞。柔恭且都，履慎謙謙。簫樓之上，韻調雙鳳之聲；鏡台之中，舞狀兩鸞之影。動響環珮，留情組紃，黼藻至言，琢唐潔節。繼敬武於勝裡，擬魯元於豪門，琴瑟之和，蓀蕙之馥。誰謂夫婿先化，無終助政之謨；稚子又夭，未經請郎之日。公主出織室而灑淚，望空閨而結愁。六行孔備，三從是亮，學恭姜之信矢，銜杞婦之哀淒。惠於聖人，聿懷閫德，而長途未半，隙駒疾馳，逝水成川，藏舟易動。粵以寶歷四年夏四月十四日乙未，終於外第，春秋四十，諡曰貞惠公主。寶歷七年冬十一月二十四日甲申，陪葬於珍陵之西原，禮也。皇上罷朝興慟，避寢弛懸，喪事之儀，命官備矣。挽郎嗚咽，遵阡陌而盤桓；輅馬悲鳴，顧郊野而低昂。喻以鄂長，榮越崇陵；方之平陽，恩加立厝。荒山之曲，松檟森以成行；古河之隈，泉堂邃而永翳。惜千金於一別，留尺石於萬齡，乃勒銘曰：丕顯烈祖，功等一匡。明賞慎罰，奄有四方。爰及君父，壽考無疆。對越三五，囊括成康。惟主之生，幼而詢美。聰慧非常，博聞高視。北禁羽儀，東宮之姊，如玉之顏，舜華可比。漢上之靈，高唐之精。婉孌之態，聞訓茲成。嬪於君子，柔順顯名，鴛鴦成對，鳳凰和鳴。所天早化，幽明殊途，雙鸞忽背，兩劍永孤。篤於潔信，載史應圖。惟德之行，居貞且都。愧桑中詠，愛柏舟詩，玄仁匪悅，白駒疾辭。莫殯已畢，即還靈輀。魂歸人逝，角咽笳悲。河水之畔，斷山之邊，夜台何曉，荒隴幾年。森森古樹，蒼蒼野煙，泉扃俄閉，空積淒然。

寶歷七年十一月二十四日

碑文刻於渤海國文王大欽茂的寶歷七年即唐代宗大曆十二年（西元 777 年），是唐代流行的駢體文，前有序後有銘，結構謹嚴，辭藻華麗，運典擬故爛熟，對仗工整，是敦化所見的最早的優秀詩文，也是渤海文化受唐影響高度發達的見證。碑文以實物證明了渤海國社會是以漢字為書寫和交流工具的，也可證明渤海沒有創造與使用自己的文字。

▲ 在敦化市檔案館裡珍藏的碑文拓片影本

從整篇碑文我們可以瞭解到貞惠公主是渤海文王大欽茂的二女兒，她有顯赫的家世，受到良好的教育，幼年聰慧，青年俊美，婚姻美滿。然而丈夫先亡，兒子又早夭，堅守三從四德的她四十歲不幸去世。文王十分悲痛，按最高規格殯葬了她。從大欽茂

▲ 在敦化市檔案館裡珍藏的碑文拓片影本

的稱呼年號，我們可以看到渤海是崇儒敬佛的，公主家庭的文治武功順應天意，配虞舜夏禹陶殷湯而韜周文王，都充分說明了渤海國是中華民族的一部分，以中華始祖為榜樣，以儒家學說治理國家，對於公主的歌頌與評價也是這樣，與堯的女兒、周文王女兒相比，以班昭、魯元公主、鄂長公主、平陽公主相喻，都說明渤海對漢唐的崇拜。至於引用《詩經》《易經》的典故，宋玉、曹植文中的女神都說明渤海文人對中原文化的熟悉。

貞惠公主墓碑文是有價值的歷史文獻，是不可多得的渤海國時期的文字資料。敦化早期傑出的詩文，是東北罕見的古代遺存文化珍品，更是東北在唐代就歸屬於中華民族的佐證。

唐朝宣詔使崔忻渤海國宣詔對渤海文化的影響

西元六六八年，在中國歷史上發生了一起震驚東北亞的事件：這一年，先是唐將薛仁貴率軍於四月攻剋夫余城，緊接著唐將李續率軍於十月攻克平壤，高句麗王朝在延續了七百多年後，在隋唐兩代的持續打擊下，終於走到了歷史的盡頭。

「城門失火，殃及池魚。」居住在松花江、牡丹江流域的靺鞨人，因當時的松花江被稱為粟末水，這支靺鞨人就被稱為粟末靺鞨，他們由於曾依附於高句麗的原因，而受到唐朝的「制裁」，被集體從原居住地遷往營州，也就是今天的遼寧省朝陽一帶，與當地的漢人、契丹人雜居，備受壓迫、流離失所的靺鞨人無時無刻不企盼能早日返回家鄉。

在苦苦等待了近三十年後，機會終於來了：西元六九六年，居住在營州地區的另一支內附的少數民族契丹人，不堪忍受營州都督趙文翽的任意凌辱（《資治通鑑》中記載：「契丹飢不加賑給，視酋長如奴僕」），李盡忠、孫萬榮率眾起義，並得到營州一帶各民族的廣泛響應，兵至數萬，並於六九七年攻陷營州，殺死營州都督趙文翽，營州地帶一片混亂。靺鞨人在這千載難逢的機遇面前沒有猶豫，他們在首領乞四比羽和乞乞仲象、大祚榮父子的率領下，強渡遼河，向故居地進發。當時唐朝正是武則天專權時期，她先是對靺鞨人採取了撫慰政策，赦免了他們的罪過，並加封靺鞨人首領乞四比羽為許國公，乞乞仲象為震國公，但他們拒絕接受，繼續東奔。武則天在招撫無效的情況下命大將李楷固追擊，經過一番血戰，乞四比羽被「擊斬之」，乞乞仲像在亡命途中病逝，乞乞仲象之子大祚榮臨危受命，「嗣領其眾」。據《舊唐書》記載：「祚榮合高麗、靺鞨之眾以拒楷固，王師大敗，楷固脫身而還。」最後大祚榮還歸松花江、牡丹江上游一帶，於是「保靺鞨之地，阻奧婁河，據東牟山，築城以居之」，並於武后聖歷元年即六九八年，建立「震國」，自稱「震國王」。據

考證，當年大祚榮所居東牟山是今敦化西南十二點五公里的城山子山，奧婁河即是從其山後流過的、牡丹江上游支流大石河。震國建立後，大祚榮將故居地的靺鞨人組織起來，迅速形成了一股強大的軍事力量，《新唐書》載：「祚榮驍勇善用兵，靺鞨之眾，伯咄、安車骨、號室等部遺人俱為編戶，高麗餘燼亦稍稍歸之。」

大祚榮建立震國後，雖然發展較快，但基於政權新建、實力不強、軍事較弱等原因，再加上連年的戰爭，軍民疲於奔命的現狀，大祚榮急需一個長期安定的環境來發展壯大自己。而此時唐朝的日子也並不好過：武則天已經病入膏肓，中宗李顯正在謀劃復位，朝堂上下人人自危，一片混亂；在北方，契丹、突厥長驅直下，侵擾、占領唐朝大片土地，唐朝陷入了內憂外患的困境。唐朝統治者逐步意識到，靠武力不足以剿滅突厥、契丹等部族，而利用東北的「震國」從後方牽制他們，達到「以夷制夷」的目的，不失為一個好的策略。於是在西元七○五年，唐朝表現出大國姿態，剛剛復位的中宗首先向大祚榮伸出橄欖枝，派御史張行岌赴震國進行招慰，各種文獻資料對這一歷史事件大都記載得比較簡略，但可以推測，經過一番討價還價，最終的結果是：唐朝承認大祚榮的「自治」地位，大祚榮向唐朝稱臣，並貢獻方物。大祚榮為表示對唐朝的忠誠，派次子大門藝到唐廷作侍子（亦即人質）。從而確立了從屬關係，唐廷達到了大一統的目的，大祚榮則達到了暫時偏安一隅的目的。從史料上看，當時僅是達成了「口頭」協議，並未有正式「公文」，《舊唐書》記載：「（中宗）將加冊立，會契丹與突厥連歲寇邊，使

▲ 崔忻井欄題刻拓片

命不達。」

為履行承諾，七一三年唐玄宗再遣崔忻前往震國，冊封大祚榮為左驍衛員外大將軍、渤海郡王、忽汗州都督。大祚榮所轄的地區成為唐王朝的一個郡，為同以前有所區別，大祚榮宣布將「震國」改稱「渤海」，史書載：「從此去靺鞨號，專稱渤海。」

承擔宣詔這一重要使命的崔忻，史書上無過多記載，只是說他當時的身分是鴻臚卿。《新唐書》百官志中有對這一官職的解釋：「鴻臚寺卿，秩從三品，掌賓客及凶儀之事，凡四夷君長以藩望高下為簿朝見辨其等位，夷狄官長襲官爵者辨嫡庶，諸藩封命則受冊而往海外。」可見，冊封外藩是鴻臚卿的重要職責。

崔忻於西元七一三年秋冬之際赴「震國」，次年夏天才返回唐廷，可見宣詔之路涉水跋山，歷盡艱辛，但崔忻不畏險阻、克服磨難，最終不辱使命，為渤海與唐「永為藩屏」立下了不朽的功勳。

崔忻宣召後，來自中原儒家文化在渤海也得到普及與發展。帶來儒家文化的除少數漢族臣民外，本土內漢化程度較高的高句麗遺民也成為重要的文化傳播者，而更為主要，影響力更大的則是渤海上流階層。自高王大祚榮起渤海官方就不斷派遣留學生赴唐汲取儒家文化，這些人中大多數出身貴族官僚世家，有的還是渤海皇室，他們精通儒家經典，漢文造詣極高同時又瞭解唐朝文化政治，歸國後大多躋身政界成為渤海朝廷的重要人才，因此儒家文化對渤海國作用頗巨，甚至在渤海滅亡以後仍對遼、金兩代產生過重要影響。

從崔忻宣召起二百多年間，唐、渤儘管也曾出現過矛盾及爭端甚至爆發軍事衝突，但總體來看，卻是越來越相互依賴，親睦友好，並逐漸形成「車書一家」的一體局面。其結果是既促進了渤海地區的社會發展和進步，也加強了東北地區與中原內地的緊密連繫，因而渤海國事實上成為唐朝版圖內一個重要組成部分。

作為崔忻宣詔地的震國都城敦化，為紀念崔公宣詔之功績，一九九五年敦

▲ 崔忻雕像

化市政府在六頂山勒石為記，正面為「大唐崔忻宣詔碑」七個大字，背面刻有敦化著名學者李建樹纂文、楊明谷書寫的碑文：「時移千載，山川猶麗，中華大統，今逢盛世。念崔忻當日之來，越海跋山，涉險歷辛，宣詔冊封，盛典恢弘。遂開敦化建制之始，通民族友好之情，實為壯舉，故於茲建碑，以為永世之志。」

二〇〇七年，在敦化「渤海文化廣場」南部，矗立起一尊高大的漢白玉雕像，它就是「崔忻持節立像」，崔忻左手持節，目視中原，右手直指關中，神態莊重鎮定，目光中透出堅毅，長鬚飄逸，高冠博帶，造型生動逼真，人物特點鮮明。人們垂手仰視，敬慕之情頓生。如今，當人們瞻仰崔公，憑弔其豐功偉績時，他已不是一個單純意義上的「持節宣詔使」，而成為國家統一、民族團結、和諧發展、共同繁榮的象徵。

婁家戲樓與敦化戲劇發展

一百多年前，在莽莽蒼蒼的長白山林海深處，地肥水美，百鳥鳴唱，鹿奔跑，瑞雪呈祥，奇珍異寶深藏。長白山麓山環水繞，牡丹江翻滾著銀色的波浪，錦鱗躍動在水間。這美麗的地方就是今天的敦化市。西元六九八年，渤海國高王大祚榮在敦化境內建立了震國，後唐玄宗派鴻臚卿崔忻冊封大祚榮為渤海郡王，隸屬唐朝地方政權，震國改國名為渤海國。清朝時期，當時滿語稱「阿克敦」或「敖東城」，就是今天的敦化。清廷把敖東城視為清始祖發祥地，被封禁二百多年。光緒六年（西元 1881 年），設縣立治，定名敦化，縣城初具規模。

建縣初期，經濟文化比較落後，急需開發。隨著闖關東人的流入，敦化縣境內的墾民日益增多，人口迅速增加，敖東城裡出現了最早的工商業作坊、店鋪和私塾學館，逐漸成為一個繁華的城鎮。建縣後，經過三十多年的發展，敦化經濟富裕，商貿繁榮。一九一〇年，在此產生了戲曲文化，建立了「婁家戲樓」。

「婁家戲樓」園主婁明，祖居山東省諸城縣，清咸豐年間，闖關東來到敖東城，敦化縣設立後，曾在縣衙裡擔任過「經承」之職（財政局長）。

婁明不顧父親的反對，把家中準備建造街房用的四〇〇立方米木材，全部用於建造戲樓。在當時的城內關帝廟廣場，今天的敦化市自來水公司處，建起一座戲樓，起名叫「婁家大戲樓」。

戲樓是一座一八〇平方米的木質二層樓，設池座和兩側邊座，池座後方正面還設有軍警、官員入席的雅座，樓上兩邊設有三十個包廂，可容納數百名觀眾，戲台有寬敞的男女化妝室及大衣箱，備有珍貴戲裝。西樓門前兩旁設有商販攤床，賣水果、點心等小吃食品，每到夜晚戲樓燈火輝煌，門庭若市，異常熱鬧。

婁明辛勤地經營戲院，戲院每天開廂兩次，白天一次，晚上一次。院主及手下人對官員、軍警要畢恭畢敬地迎送，恭順謙讓，不然有人就會藉故挑釁砸戲院，婁家戲院曾經發生過多起砸戲院的事件，給戲院造成很大的損失。

　　戲院還要經常聘新角，必須先領到官府、軍警去拜見，不然不敢貿然登台。晚間，官老爺們打牌時，叫坤角（女演員）去陪客，這叫作「條子」。由外省市來的和應邀的新角，第一次演出要打炮，過這一關是很難的，這是考驗新戲班子和新角技藝的慣常做法，評價標準依觀眾的喝采或掌聲而定。被請來的名角則不必過這道難關，活動隨意，來去也自由。

　　「婁家大戲樓」，自一九一〇年落成後，便以演業為生，民國初期的幾年時間裡，戲院生意興隆，主要演唱京劇和河北梆子。演員是從外地邀來的，女名角叫金綵鳳，藝名「四歲紅」，很有些演技，因相貌有男人氣派，多演須生角色，她主演過《東子披》《朱買臣休妻》等劇目頗受好評。金綵鳳擅長演京劇，常到延吉、寧安一帶巡演，受到各地觀眾的讚賞。中華民國八年（西元1919年），婁明因病去世，年僅五十八歲，婁家戲樓開始凋零，無法進行正常演出，只好停業，一九二〇年戲樓拆毀。

　　中華民國十七年（西元 1928 年），武生演員韓月華從延吉來到敦化鎮，再次創辦戲院。得到了敦化縣紳士張躍軒和婁德城的資助，在今天的敦化市原光明劇院處，建起了一所能容納數百人的木板平房，開設戲院，並從山東請來了大約三十人的小科班為班底，開業演出。園主韓月華主演的劇目有《潞安州》《八釵廟》等戲，受到觀眾喜愛。後由於經營不善，戲院一九三〇年破產停業。

　　敦化縣的戲曲活動，雖然幾經興衰，但仍此起彼落，斷斷續續地延續下來。一九三三年，敦化縣年報記載：「本縣有民眾娛樂場所、敦化戲院、東亞榮社二處。敦化戲院地址：北門裡，創立於大同二年九月。代表者為陳竟南。戲院系木架板棚斗八間，設備有黃油凳一〇〇套，演員三十人，職員二人。票價國市六角，年收入三萬元。」由此可見，當時敦化縣戲曲活動還是比較興旺

的。然而，陳竟南所經營的敦化戲院經營不長時間，由於火災而停業。

一九三九年，日本人真谷，中國人谷樹森、徐躍卿、劉芳等人，在東門外銀行胡同內，今敦化市渤海街銀行胡同，建造了一所木板平房，開辦了「落子園」，取名為「敦化大劇院」。當時，新京（今長春）、奉天（今瀋陽）的一些藝人，如愛蓮君、小麻紅、金桂茹等人，都到敦化演出過。一九四五年光復後，劉芳等人接替了日本人真谷做園主，沿用「敦化大戲院」的原稱，繼續經營戲院。

一九四六年，吉東警備二旅進駐敦化剿匪，為了慰問和鼓舞前線將士，在旅長鄧克明、政委袁克服的倡導下，著手接管敦化大劇院，創辦京、評劇團。吉東警備二旅司令部，在敦化大戲院的原址擴建了一座可容納觀眾千人的兩層木板樓並命名為「人民劇場」。由二旅供給部的侯吷兆，軍事科的武樹玉和敦化縣原戲院的韓秀燕、楊雨田到哈爾濱邀請演員，並從黑龍江阿城接來了辛豔秋、鳳鳴蓮、張盛廷、張子鐸、張鳴華等人的小股子劇團的全班人馬，趕排了新編歷史京劇《逼上樑山》，該劇目是東北解放後敦化戲劇的第一次公演。

一九四八年春，吉東警備二旅奉命南下，將劇團交給地方政府代管。當時，由於地方政權初建，無暇顧及劇團，因此，劇團由公署的供給制轉為演員群主自負盈虧、盈利分紅的小戲班子。

一九五一年冬，敦化縣戲院進行改制，建立起演員群眾股份劇院，取名「光明劇院」，意為迎來光明。一九五四年，吉林省文化局進行民間劇團登記工作，在敦化試點。經過三個多月的整頓工作後，正式批准敦化光明劇院為集體所有劇團，定名「敦化評劇團」。

敦化評劇團建立後，首任團長姜兆富。一九五五年至一九五六年排演了評劇《白蛇傳》《楊八姐游春》《情探》《杜十娘》《梁山伯與祝英台》等劇目。其中《白蛇傳》獲一九五六年吉林省第一屆戲曲觀摩演出集體表演獎、導演獎，主要演員王青霞、楊俊英榮獲優秀演員獎。此後，又排演了《拜月記》《馬寡婦開店》《小女婿》的劇目，獲得了很好的反響，受到敦化縣人民群眾的好

評，特別是評劇《小女婿》，影響較大，深受好評。

上世紀五〇年代，敦化縣評劇呈現出繁榮興旺的氣氛。演員扮相俊美，演技精湛。尤為突出的是王青霞，她擔任過多部劇目的主演。她表演的《白蛇傳》《楊八姐游春》《馬寡婦開店》《拜月記》等多部評劇，在表演技巧和演唱方面，受到省內同行和專家的讚譽。由於她的出色演技，一九五八年年初，王青霞被吉林省文化局選調，入吉林省戲曲學校青年演員進修班學習，後調入吉林省評劇團。一隻從山溝裡飛出去的金鳳凰，在省城得到了深造。

「文革」期間，敦化評劇團被迫停業。一九七八年，撥亂反正後，敦化縣評劇團恢復。

二十世紀八〇年代初，李承祥重新編劇《陳翰章》。一九八一年，李承祥新編古代戲《諸葛亮招親》《北歸雁》，連續獲得吉林省創作三等獎。主要演員張學軍、周荔、劉云鵬、虞堅分別獲得表演二等獎和三等獎。同年，敦化縣評劇團被評為「吉林省文化系統先進集體」，獲二等獎。

▲ 敦化市藝術團演出

▲ 舞臺劇《陳翰章》

　　敦化縣評劇團自一九五四年起，到一九八二年止，近三十年的時間裡，為敦化的戲劇文化發展做出了重大的貢獻。敦化評劇團歷任團長有姜兆富、臧仁榮、王貴海、謝斗貴、王春生。

　　隨著改革開放的不斷深入，敦化市評劇團改為敦化市民間藝術劇團，以表演吉劇、二人轉為主。曾演出過拉場戲《二大媽探病》《四杯記》《結婚前後》及話劇《救她》，產生過一定影響。一九八八年，敦化市民間藝術團改名為敦化市藝術團。

　　藝術團辦公面積一二〇〇平方米，在冊演員三十六名，設團長一名，書記

一名，主席一名，副團長二名，現有吉林省二級演員五人，二級伴奏十一人，主任舞台技師一人，三級演員十人，三級伴奏五人，四級演員一人，四級伴奏員一人。

自敦化市藝術團成立以來，始終堅持以「為農民服務——送戲下鄉，為市民服務——送戲進社區，為學生服務——開展法制劇宣傳演出，為企業服務——文企聯姻商業演出，為軍營服務——送戲到部隊」的「五為」服務方向，服務領域不斷拓寬，積極拓展演出市場，每年演出一百五十多場戲，取得了一定的經濟效益，被譽為是「風正、紀嚴、藝精」的「德藝雙馨」的文化團體。

敦化市藝術團注重抓創作，出精品，藝術生產喜獲豐收。近年來，創作編排了拉場戲、摺子戲、快板、滿族歌舞、地方戲、小品等，形式多樣、內容精彩的具有濃厚地方氣息和時代特徵的優秀劇節目五十多個。代表作有：青少年法制道德教育劇《為了明天》《托起明天的太陽》《愛在校園》《綠色上網》《刻不容緩》等，拉場戲、二人轉《發財之後》《天生一對》《傻子相親》《瓜棚幽會》《雇媽》《匿名紅娘》《還債》等，歌舞節目《滿族歌舞敖東摩爾根》《滿族歌舞春歌會》，說唱節目《敦化人民創輝煌》，歌曲《抗日英雄陳翰章》等一批鼓舞人、塑造人、教育人的優秀節目。二〇〇六年，法制教育劇《刻不容緩》在延吉、敦化、琿春演出了五十三場。

近年來，敦化市藝術團創作的優秀劇目、舞蹈屢屢獲獎。二〇〇六年，大型舞蹈《敖東迎旭》獲延邊州文藝演出一等獎，在央視《星光大道》節目中，敦化市藝術團憑藉舞蹈《敖東迎旭》獲周冠軍，在北京市崇文區龍潭廟會上大型舞蹈《頂水舞》《象帽舞》分別獲金獎。二〇〇七年，藝術團榮獲延邊州「民族團結進步模範集體」。

二〇〇八年七月，藝術團參加「全國鼓王邀請賽」獲金獎。榮獲「延邊州朝鮮自治州聯通世界風杯職工匯演」一等獎。大型舞蹈《康定情歌》榮獲三等獎。紀念改革開放三十週年文藝匯演的大型舞蹈《貞惠公主》獲一等獎，二

○○九年九月，榮獲「延邊朝鮮族自治州紀念改革開放三十週年文藝匯演」優秀代表隊。朝鮮族舞蹈《喜悅》獲表演一等獎。由敦化市電視台錄製的 MTV 歌曲《和諧福萬家》獲「吉林省創建和諧家園社區文藝匯演」一等獎。二○一○年六月，參加上海世博會「延邊敦化日的開幕式」，參加山西太原長坪「正月十五燈節廣場文藝演出」獲得一等獎。舞蹈《舞魂》獲「延邊朝鮮族自治州匯演」一等獎。二○一二年十月，由於全省文化體制改革，撤銷市藝術團，將人員分流到敦化市文化館。二○一三年起，創作排演話劇《陳翰章》，於二○一四年五月正式和觀眾見面。敦化市藝術團在改革開放的大潮中，堅持「三貼近」創作原則，堅定不移地服務民生、服務社會，積極推進敦化市的精神文明建設，取得可喜的成就。

敦化敖東城東門「迎旭」門額石出土

　　一九七六年，在修建人民防空工程中，「迎旭」門額石出土於原東門外，現在的中醫院門前（即今勞動保護用品商店門前）。門額——花崗岩石刻，正中以楷書刻著「迎旭」二字，兩個端莊的楷書陰線雕刻空心大字，意為每天迎接冉冉升起的旭日，上款為「光緒八年八月穀旦」，下款為「知敦化縣事趙敦誠立」。趙敦誠是清代首任敦化縣知事。

　　目前，此「門額」珍藏在敦化市博物館，據博物館資料記載：

　　「明末，滿洲興起，敦化屬於建州左衛，後來屬於窩集部的赫什赫路。一八八一年（清光緒六年十二月二十六日）經吉林將軍奏請朝廷，在敖東城西二里處建新城，西元一八八二年新城竣工後，委派趙敦誠做知事。迎旭門額（清）。」

▲「迎旭」門額石

經考證，這方石刻是敦化城東門的門額，是敦化建縣設置年代的實物證明。康熙十六年 （西元 1677 年）清政府欽定長白山為祀山，周圍千餘里劃為禁區。光緒四年 （西元 1878 年）吉林將軍銘安派人前來調查，當時阿克敦已有二百多戶人家。吉林將軍銘安經奏請皇帝恩准，開始在阿克敦（敖東）設荒務局，辦理墾荒手續，派趙敦誠主管放荒一事。光緒六年十二月二十六日（西元 1881 年 1 月 25 日），吉林將軍銘安奏准設置敦化縣，隸屬吉林府，趙敦誠任知縣。一八八一年開始動工修建縣城，於一八八二年竣工。

敦化新城的平面呈正方形，每邊長七三五米，周長二九四〇米。有東、南、西、北四個大城門，另有小東門、小西門。據說這是借鑒於山東萊陽城的形式。東門叫作「迎旭門」，上面書寫顏體正楷「迎旭」兩個大字，由趙敦誠題寫。大十字街（即現在大十字街）位於城之中央。縣衙設在十字街的東北角，面向南，門口建一牌樓，門兩旁各有一石雕獅子 （此門面對今長白路）。街面的水溝修築統一，不僅直而且深，內用木板做幫，上面蓋以木板，很整潔。所以民間俗話稱敦化「石頭帶眼，陽溝帶板」。趙敦誠選此址建城，是很有發展眼光的。今天敦化市的建設能有如此宏偉的規模，受益於那時選址的正確。

新城竣工後，取「阿克敦」的「敦」字，附會《中庸》篇中「大德敦化」一語，故名敦化，寓敦風化俗之意，此後一直沿用。

▌吉林省第一個縣級文聯的誕生和發展

　　群峰環繞，江河縱橫的敦化市是千年古都，有寶貴的歷史遺存和豐富的民族文化寶藏，很早就戴上了全國文化先進縣的桂冠。這裡的群眾文化繁榮，還盛產作家、藝術家，其影響遍及國內外。早在二十世紀六〇年代，就催生了吉林省第一個縣級的文學藝術工作者聯合會。

　　一九五五年冬，威虎嶺村小學教師劉野在上海《新少年報》發表兒歌《滑冰》，一九五六年被縣文教科推薦參加了吉林省文聯召開的青年文學創作者會議，小說《開頭》獲吉林省建國十週年文學創作獎，編入《吉林省建國十週年文學作品選》。縣文教科把劉野調入縣文化館工作，他向領導建議成立縣文聯，得到時任縣委常委、宣傳部長盧維義的大力支持，責成他本著「圍繞黨的中心工作，服務於工農兵群眾，出人才，出作品，出成果」的宗旨，按照「黨委領導，群團配合，依靠骨幹，廣泛連繫」的方針草擬《章程》，提出人員名單。得到縣委批准後，於一九六三年二月十日召開了敦化縣文學藝術工作者聯和會的成立大會，七十三人參加，選舉盧維義為主席，宣傳部副部長虞之順、文教科長臧仁恭、文化館長趙金山、評劇團長王貴海為副主席，理事會由各行業（含駐敦大企業）、鄉鎮黨委的宣傳幹部及縣內知名的文藝骨幹組成，劉野和朝鮮族文化館員金鐘默為正、副秘書長。文聯下設文學、戲劇、音樂、美術、舞蹈五個組，由文化館的業務人員和社會上的活動骨幹任組長，用文化館的業務經費開展活動。

　　文學組發動各行業的有志者寫作，開闢發表作品的園地——《群眾文藝》，是兩種形式的月刊，一種是鉛印四開的報紙，在縣印刷廠印刷，免費在城鄉發放；另一種是大畫廊，把文學作品用書法形式寫到大板面上，配上相得益彰的美術作品，在街道的繁華處展出，供群眾欣賞，以此為陣地，很快形成了一隻實力雄厚的作者隊伍，出現了在本地和外地都有影響的作家和作品，推

▲ 敦化市文聯首屆會員大會全體會員合影

動了敦化地區文學創作隊伍的形成和發展，提高了敦化的知名度。文聯的戲
劇、音樂、美術、舞蹈各組活動也很活躍，協調各行業的黨、群組織，共同發
動群眾搞匯演、比賽、展覽，活躍了城鄉群眾的文化生活。

「文革」中，敦化文聯遭到破壞，人員被遣散，集體活動被迫停止。

一九七九年縣文聯恢復並召開第二屆會議，與會二十一人。縣委宣傳部長
張鳳桐出任文聯主席，邢治安任秘書長，組織開展活動，編印不定期刊物《百
花園》《野百合》，編印敦化《文藝作品選》，擴大文聯在社會上的影響。

一九八三年，縣文聯召開第三屆會議，邢治安出任主席，劉野、董占魁任
副主席，王維臣任秘書長，會員增加到一七三人，原下設的五個組升格為九個
協會：文學工作者協會、民間文藝研究會、戲劇工作者協會、曲藝工作者協
會、美術工作者協會、書法協會、攝影工作者協會、音樂工作者協會、舞蹈工
作者協會。各協會分別舉辦培訓班，開展各項活動。

一九九○年市文聯獲得兩個人員編制，耿萬江被任命為副主席。一九九四
年機構改革，文聯併入文體局。

二○○四年七月二日召開第四屆會議，參加會議的代表共有五十九人，討
論並通過《敦化市文學藝術界聯合會章程》，名稱由「文學藝術工作者協會」
改為「文學藝術界聯合會」，選舉張春山為主席，侯麗傑任秘書長，形成了

《敦化市文學藝術界聯合會第四屆代表大會工作報告》的決議。文聯恢復為單設機構，與《敦化期刊》社合署辦公。文聯下設十四個團體會員組織。二〇〇八年，《敦化期刊》社機構撤銷，人員編制和職能都劃歸文聯，使敦化文聯成為全省人員編制最多（7人）、下設分會最多的縣級文聯。賈少林為文聯副主席，主持文聯的全面工作，工作人員增加到了二十人。

二〇一二年四月十日召開第五屆代表大會，敦化市文聯的團體會員增加到了十七個，即敦化市作家協會、敦化市戲曲家協會、敦化市刀畫協會、敦化市刀畫研究會、敦化市工藝品美術協會、敦化市美術家協會、敦化市音樂家協會、敦化市書法家協會、敦化市攝影家協會、敦化市詩詞學會、敦化市舞蹈家協會、敦化市老年書畫協會、敦化市民俗協會、敦化市長白山滿族文化研究會、敦化市大石頭夕陽藝術協會、敦化市敖東書畫院、延邊長白山攝影協會。共推選代表一三一名。另有特約人士和工作人員與會，共二〇〇人。選舉賈少林為主席，趙楠、何忠臣、修丹、林寶君、楊曉華、姜日新為副主席，徐雪嵐為秘書長，聘任楊明谷、劉野、耿萬江、張春山、李廣義和董世傑為顧問。敦化文聯歷經四十九年的發展，會員人數增加了二十七倍，達到了二〇〇〇人。各專業協會的國家級會員十人，省級會員八十餘人，參加文學藝術各領域活動的骨幹達到一萬多人。市文聯扶持創建刀畫、書法、舞蹈、音樂等一百多個工作室；每年舉辦三十多次專業講座，配合文體局打造「中國刀畫藝術之鄉」「中國民間藝術之鄉」「寒蔥嶺和濕地攝影創作基地」和「松花硯台藝術之鄉」，與全國多個省、市、地、縣及日本、韓國開展交流；二〇一一年度有一百多支演出隊伍，舉辦了三百多場各類演出，觀眾達十多萬人次，有的節目被中央電視台播出。幾年間，文學、音樂、舞蹈、書畫、攝影、根雕、剪紙等各類作品獲國家、省、州、市各類獎勵上千次。

中國第一個縣級民俗學會成立

　　敦化市民俗學會，於一九八二年冬著手籌建，一九八三年四月五日正式召開成立大會，是中國第一個縣級民俗學會。民俗學會由敦化市各界人士四十二人組成。這次會議選出十七名理事，縣政協副主席黃秉東擔任理事長，縣文化館創作室創作員李果鈞擔任常務秘書長。

▲ 《吉林省民間文學集成・敦化卷》

　　敦化市民俗學會成立以來，蒐集整理了上百萬字的滿族文化資料，在省級以上書刊上發表了一〇三篇各類民俗作品，《吉林日報》進行了長篇連載，同時發表調查報告與論文十四篇。《敦化滿族民間文學》獲吉林省優秀文化獎。此外，敦化市民俗學會還編印了《敦化風土人情》《敦化風物傳說》《敦化滿族歌謠》等敦化民俗資料，部分民俗資料收入《吉林省民間文學集成・敦化卷》。學會還結合編寫民族志，編印了《吉東滿族風俗志稿》。

　　敦化市民俗學會對民間文藝的挖掘、收集、整理取得了豐碩成果，引起了國內外民俗界的高度重視。日本和德國學者，先後來到敦化市民俗學會進行了專訪。中國社會科學院和一些高等院校與敦化市民俗學會都有不同程度的交流。

　　二十世紀六〇年代初，吉林省民間文學研究會胡昭（前省文聯主席）與文化館金忠默（中國民間文藝家協會會員）收集整理了朝鮮族民間故事和歌謠六十餘篇。他的代表作《癡子》《荷包歌》，曾發表在北京《民間文學》刊物上。中國民間文藝家協會會員、吉林省民俗學會理事、延邊民間文藝家協會顧問李果鈞，從二十世紀五〇年代起就從事民間文學蒐集工作。他的代表作《海東青

▲ 《敦化風物》

和鷿鷉》曾獲一九八二年全國民間文學作品獎。《黑娘娘的傳說》被延邊朝鮮族自治州人民政府評為首屆金達萊獎。《莫爾根的故事》獲吉林省社會科學研究項目獎。

韓再環、韓琪、劉鳳云、張洪波、王雍等敦化市民俗學者，也都推出了《帽兒山》《哈爾巴嶺和布爾哈通河》《鳳凰溝》《靴子溝》《猴石山》《貪心》《寶槽》《金雞立單刀》《狼和狗》等民間文學作品。劉鳳云的《大師傅二師傅》，被選入《中國風俗故事集》。

二○○二年十月九日，敦化市文體局根據市委、市政府機構改革文件規定，任命高景森為敦化市民俗學會主席，高春華、高飛、孔祥臣為副主席，褚德遠為學會秘書長。學會改組後，起草了學會章程，調整了學會會員，制定了民俗工作大綱，發展會員五十八人。其中，國家級會員四人，省級會員十五人，州級會員十人。學會認真履行聯絡、協調、服務、指導的職能，在市文體局和市文聯的具體指導下，開展了大量的卓有成效的工作。早在一九九三年開始，學會就傾力培植了一批民間文藝家，如硬筆書法家李文勝；軟筆書法家郭新池（字郭達）；泥人關——關延弘；剪紙藝術家高飛、李維娟；根雕藝術家王春成；民俗攝影家褚德遠；陶藝家孫敬濤；刀畫家宋俊傑；年畫作家張永吾等有著文化產業發展潛力的人物。

二○○四年七月，敦化市民俗學會高景森、褚德遠，與吉林電視台國際部「慧眼識吉林」欄目合作，組織策劃、拍攝、播出了《高飛剪紙》《敦化泥人關》《刀畫創始人宋萬清》《德林石群、德林石谷、德林石村》四部專題片，累計時間二十七分鐘。每集專題在吉林衛視播出二次，香港鳳凰衛視播出四次，在社會上產生了很大的反響。

二○○六年，敦化市民俗學會與延邊民間文藝家協會，聯合創辦了《口傳文學》雜誌，在四月份正式出版。同年五月五日，學會以會員投資聯辦的形式，開發建設了「長白山渤海古國德林石群文化園」（簡稱德林石文化園）。

開園迎客的當天，便吸引長春、吉林、西安、敦化等地五百多人到德林石文化園旅遊。《延邊晨報》《城市晚報》作了多篇專題報導。延邊信息港、延邊信息等網站轉發了「兩報」記者的文章，為宣傳敦化、發展敦化市的旅遊業做出了一定的貢獻。

在理論研究成果方面，民俗學會李果鈞的論文《生活的記錄 歷史的見證》，被延邊州政府評為「金達萊」文藝獎。高景森的《從薩滿的遺存看現代人的天命觀》論文，被吉林省長白山文化研究會評為二等獎。他的《以民俗文化促進文化產業發展》論文，被延邊州委組織部評為二等獎。二〇一二年，省民俗學會會員郭新池的楷書、行書、草書字帖出版，新華社為其發表了通訊。

在物質文化遺產申報項目工作方面，二〇〇七年四月四日在《延邊日報》上公布的全州第一批非物質文化遺產名錄中，高景森的「開山、放山習俗」列入其中。二〇〇九年，「長白山放山習俗」被列入省級名錄。在第二批非物質文化遺產申報中，敦化市民俗學會申報的「德林石的傳說」，又列入州級名錄之中。敦化德林石文化園，被敦化市列為傳播、傳承、展示基地；被中國民間文藝家協會薩滿藝術委員會，批准為「非物質文化演示基地」。

《殷氏部族文化的傳說和故事》發表與吉林省重要的長白山非物質文化發現

　　二〇一三年十二月，在中華人民共和國文化部國家級文化類核心期刊《文化月刊》非物質文化遺產專欄上，發表的《殷氏部族文化的傳說和故事》格外吸引著人們的眼球，故事講述了一位足以讓全球震驚的傳奇人物——殷振德。

　　殷振德，一九六三年生，現任敦化市關心下一代工作委員會秘書長兼辦公室主任。自幼被古龍族・殷氏部族秘定為族傳文化傳承人，經二十餘年深山和地窖中苦學，系統繼承掌握《遠古上古古龍族・殷氏部族十三萬個古文字由來及內涵傳說》和其他萬卷古經。二〇〇四年以來，尤其在二〇一一年《非物質文化保護法》出台後，敦化市文體局多次建議殷振德通過非物質文化申遺把繼承的祖上文化獻給國家。

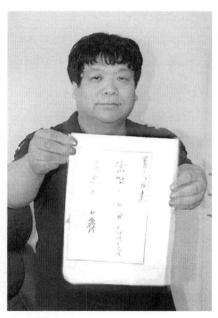

▲ 殷振德

　　二〇一二年二月八日，吉林省長春市，在中國文化報記者常雅維的引薦下，吉林省文化廳非物申遺專家組組長曹保明約見了殷振德，對殷振德本人和他帶來的部族材料進行考查。認為殷振德的古龍族・殷氏部族上古遠古族王部文化是吉林省重要的非物質文化發現。同年五月十二日，常雅維、曹保明、省非物申遺處處長王勇、文物處安文榮處長等，在省文化廳第二次接見殷振德，對殷振德及其繼承的族傳文化進行進一步考查，考查結束後，曹保明對全體人員說：「請記住今天這個不平凡的日子，五月十二日，殷振德所繼

承的文化是重要的長白山非物質文化。」八月十二日，《新文化報》記者劉中全對殷振德進行專訪，並登載《敦化「故事大王」來長講故事尋「繼承人」》，《中國企業報》、中國企業新聞網、搜狐、每日健康網、新吉林網、吉林根網、新文化網、吉和網、吉廣網、通化網、延吉新聞網、延吉新聞網、延邊風采等媒體爭相轉載。八月二十日，《敦化報》以《殷振德——咱們身邊的非物質文化傳承人》作了進一步報導。九月十二日，《吉林日報》登載《講述精彩的家族記憶——記殷振德和殷氏族傳文化》。二〇一三年十二月十九至二十日，

▲ 《殷式宗譜》

新華社記者周長慶（常務副總編）、孫陽（文化專欄記者），中國文化報記者常雅維（駐吉林記者站站長）一行，專程來敦化市，採訪殷氏族傳文化傳人殷振德。二〇一四年三月二十六日，《延邊日報》登載《一份亟待傳承與保護的文化遺產》，延邊新聞、延邊網「遺產保護」專欄轉載。三月二十八日，《吉林日報》又以「煥發異彩的文字傳說和故事」為標題再次報導，共產黨員網、海外網、中國社會科學網、《中國社會科學》雜誌、語言學術動態等亦爭相轉載，殷振德成了家喻戶曉的文化名人。

　　殷振德四歲時就開始學習和整理部族文化，十五歲時開始對族人、朋友、學生講述這些故事，三十多年來，在敦化和延邊地區有數不清的人聽過他講的故事，跟隨他長期學習的人就有數百人。

　　據殷振德介紹，古龍族‧殷氏部族是距今六七萬年前生活在今山東煙台—泰山一代的一個叫「旦旦族」的部族，後因海水上漲，一路搬到了西崑崙山，由「旦旦族」—「慧兒族」—「慧人族」—「咕嚕族」—「咕嚕龍族」—「古

龍族」後演變為殷氏部族，古龍族的字最初是一字多音，改成殷氏部族以後把字改成單音，共形成一三三〇〇字，其字音、字義怎麼創造都有完整的記錄，從「旦旦族」到「古龍族」稱第一（遠古）階段，殷氏部族創始人金翅龍兒開始一直到一〇五二代傳到殷開化時重新整理，成為第二（上古）階段；殷松王大首領看到這些字很複雜，對民俗民風進行簡化，在族內設保管員專門保管沒有簡化的字，每代保管員都叫某德建真惠子。古龍族・殷氏部族族傳遠古上古《十三萬個文字由來及內涵的傳說》就是這些沒有簡化文字的故事。

　　如「財」字故事：遠古時期，古龍族大首領的長子金翅龍兒趕上發水，房子和庫存的東西都被水沖了，他父親對他說你領著族人找點吃的，依山而居，水很大，沒有吃的，只有在水邊撿大蝸牛，那時的大蝸牛都有拳頭那麼大，看到蝸牛不怕水沖，蝸牛吃得都很胖，可是部族的人一下雨因為沒有住的地方不是生病了就是被毒蛇咬了，這時候他看著蝸牛發愣，這是為什麼呢？後來他就想明白了，蝸牛能夠找到吃的地方是說明他有一定的智慧，他看到有一些老的蝸牛走不動，餓死了，外殼受損的也死了，只有那些健壯的蝸牛生活的非常好，他就得出一個道理，有一個健康的身體、生命，還有智慧以及有良好的居住環境，這樣人和眾生才能平平安安的，所以他就造了一個「財」字。這個「財」就告訴世人：一個人要想活得好必須有物質，有居住的有吃的，要想活的好必須有智慧，一個人身體不好，如果生病，沒有生命了，有再多的財富也沒有用。這時候創造了一個「財」字，字的左邊像蝸牛的外形，右邊是個才，才的上面是人的腦袋，看事看物，心裡產生的一種智慧的現象叫作才，所以創造出「財」。他回去以後對他父親說，「父王啊，龍兒又創造出一個字，請父王按照族規給這個字定字音。」父親設好了禮儀天台，把五穀、乾果、肉絲都擺上以後，有用五穀雜糧做成的香點著以後祈禱，「神聖的上天啊，你派使者告訴我們古龍族人，今天龍兒創造的字念什麼，發什麼字音最合天意，最富靈性？」這時來了幾隻鳥，吃完東西叫得很悽慘叫「cai」「cai」……這個字就確定下來，族長就宣布，發「cai」音，歸龍兒起。

這只是其中一個典故，完整的典故有十三點三萬個。象形圖原來都有，各個階段都有。

據瞭解，殷氏部族文化是在家族中歷代傳承的文化，十三點三萬個漢字的傳說只是殷氏部族文化的一小部分，殷氏部族文化包括古龍族（漢族的前身）・殷氏部族族傳《十三萬個文字由來及內涵的傳說》《文碼秘譜、秘則、秘譯經由來及內涵的傳說》《三界化生古圖由來及內涵的傳說》《族王部養生、健身經由來及內涵》，以及族王部諸般傳說正經、各類儀規經、醫經、族王部遷演經、文化歷代傳承人生平簡介、族王部文化歷代傳承人血脈正綱、東古龍部族譜、東古龍秘行集錄等數萬卷古經構成。在這些故事中有部族造字傳說、紀年方法、古人如何採集使用醫藥、建寨、建房、造橋等，還有銅鐵鑄造的方法，以及立灶、防災、防病、防野獸儀規等，更多的是民俗、詩歌、雜記，僅經譜中就詳細記載了麻（草）紙加工、麻棉絲布加工的方法，甚至詳細到出行儀規、穿衣規、脫衣規等，內容可謂包羅萬象，簡直就像百科全書。十三點三萬個傳說故事以及養生、健身經是應用最多的，在現代生活中都具有很高的應用價值，是殷氏部族文化的精髓。

殷振德對前來的專家說：「這些年只想按族規要求保管好祖上傳下來的寶貝，現在我想開了，這些東西不屬於我自己，我只是歷史長河中的一個臨時保管員，只要國家需要，我願意無償獻出來。」

敦化——清皇室發祥地論證始末

　　文化是城市的靈魂，文化積澱對一個城市的發展起著重要的作用。號稱「海東盛國」的渤海舊國，就坐落在敦化市忽汗河（今牡丹江）畔，被唐朝中央政府封為渤海郡王並領渤海都督府都督的大祚榮，在此定都。他正是清朝女真祖先靺鞨人。大祚榮的渤海國既是一個地方民族政權，又是唐王朝的地方政權。再上溯，則是生活在黑龍江入海口以南、烏蘇里江兩岸乃至庫頁島的肅慎族，其疆域「地直營州（今遼寧朝陽）東二千里，南比新羅，以泥河為界，東窮海，西契丹」，管轄五京、十五府、六十二州一百三十餘縣。它的第一京，便奠都敦化，史稱忽汗城，也稱大祚榮初建的「震國」為舊國，至今敦化猶有城郭和六頂山上的渤海皇族寢陵，已經發掘的貞惠公主墓復原了這段歷史。

　　那麼，女真人清室發祥地究竟在哪裡？史籍中，鄂多里有很多名字，萬變不離其宗，俄朵里、斡朵里、額多力、阿克敦、敖東……都是轉音而已。長期以來，史家眾說紛紜，莫衷一是。原敦化進修學校副校長楊明谷窮畢生之精力，徜徉於浩繁的史海中，遍查《滿洲實錄》《清太祖武皇帝實錄》《大清太祖高皇帝實錄》《滿洲源流考》《皇朝通考》《清史稿》等文獻，又實地考察迷霧重重的歷史遺存，終於有了振聾發饋的立論——敦化就是歷史上的俄多里城，就是清始祖布庫里雍順的建都地，當然也就是清王室的發祥地。

　　《清太祖高皇帝實錄》中載：「努爾哈赤先世發祥於長白山，是山高二百餘里，綿亙千餘里……布庫里雍順居長白山東、俄漠惠之野俄多里城，國號曰滿洲，是為滿洲開基之始也。」《清史稿》中寫得更明確：「敦化縣，清始祖居鄂多里城即此。」

　　楊明谷把寫好的論文《鄂多里城考》寄給時任省文聯主席、省作家協會主席張笑天。張笑天在查閱典籍後，一一得到證實，並連繫國家清史編纂委員會典志組專家、中國政法大學法律史研究中心林乾教授。在得知林乾教授一行要

到東北召開學術會議的消息後，張笑天便把《鄂多里城考》發給林乾及清史專家們審讀，並代表敦化發出邀請，希望清史專家們專程來敦化開會，研討一下清皇室發祥地這一課題。

二〇〇五年八月十七日，在國家清史編纂委員會典志組組長、中國人民大學郭成康教授率領下，中國社會科學院近代史所研究員姜濤，藏學研究中心周源研究員，北京大學經濟學教授肖國亮，中國社會科學院歷史所赫治研究員，香港大學中文系教授馬楚堅，北師範大學教授劉厚生、王德忠，日本早稻田大學訪問學者、清史專家寺村正男等十位清史編寫專家借到東北開會之機來敦化參加「敦化——清皇室發祥地」研討會。會上聽取了楊明谷《敦化是清皇室發祥地鄂多里城之所在地》的發言。

發言指出，清皇室發祥地在鄂多里城。西元六九八年，靺鞨人大祚榮在距敦化市區十二點五公里的東牟山建立震國。不久，都城遷至忽汗河畔，名忽汗城。西元七一三年唐天子派鴻臚卿崔忻來忽汗城宣旨，成立忽汗州，冊封大祚榮為左驍衛員外大將軍、忽汗州大都督、渤海郡王。天寶年間都城遷走，這裡稱為舊國。西元七六二年，唐王朝下旨晉陞三代王大欽茂為渤海國王，至此，唐下屬的渤海國正式出現。西元九二六年，渤海被契丹所滅。若干年後，布庫里雍順又從鄂多里城崛起，建立滿洲之號，開創清朝建國之基。在清朝內閣檔案資料彙編《東華錄》中有詳細記述。類似史料，《滿洲源流考》《舊滿洲檔》《清太祖武皇帝實錄》《清史稿》《皇朝通考》《開國方略》《盛京通志》《吉林通志》《八旗通志》《清高宗乾隆皇帝御製全韻詩》等都有類似記載或論述。

發言指出，敦化就是鄂多里城。鄂多里城遺址在敦化市渤海街。由於市區擴大，古城已被新城區包圍在內，所以敦化就是鄂多里城。《清史稿·地理志》《吉林通志》等史料明確敘述，敦化縣，清始祖居鄂多里城即此。此外，彭光譽在《吉林通志》，無產階級革命家、教育家林伯渠到敦化所賦《游鄂達裡》詩，史學家範文瀾先生著《中國通史》，魏聲和的《雞林舊聞錄》，以及一九七五年版《中國歷史地圖集》均毫無疑問的確定，敦化就是鄂多里城。

遊鄂達里

林伯渠

故老爭傳鄂達里，登臨卻趁大寒時。

西來峻嶺連天白，北走長江入海遲。

十里炊煙控朔漠，三邊狗盜越雷池。

和戎盡有諸公策，滿眼狐鳥雨雪詩。

發言還依據《敦化市文物志》、南懷仁的《韃靼旅行記》等古書中的記述、古地圖的標註、古城的調查，對鄂多里城舊貌進行了描述。

專家們經過對典籍的推敲，通過綜合考古，認可了這個觀點：敦化就是史籍裡提到的鄂多里城，敦化地區當然是清始祖的發祥地。專家們的肯定，對敦化的歷史地位、旅遊產業的發展、資金的引進、地區經濟的繁榮，無疑都是一件好事。

在廣泛徵求專家意見和建議基礎上，楊明谷重新對《鄂多里城考》進行了修改，不久發表在國家權威雜誌——中國人民大學主辦的《清史研究》。《敦化是清皇室發祥地鄂多里城之所在地》一文在《東北史地》發表後，先後被收入在《領導幹部創新社會管理的理論與實踐》《當代思想寶庫》《中國當代改革與發展》《世界知名學術成果獲獎精選》等十餘部大型書籍。

此後，敦化作為清始祖發祥地之一，在城區建設了弘揚渤海文化的渤海廣場，並豎立東亞唯一唐鴻臚卿崔忻像，高規格建設了以紀念清始祖布庫里雍順為主要內容的清祖祠，為弘揚中華歷史文化做出了應有貢獻。

敦化最早的地方志

在敦化市檔案館，珍藏著一部中華民國
（日偽統治）時期出版的《額穆縣志》，也
是敦化最早的一部地方志。之所以這樣說，
是因為敦化與額穆始終密不可分，自敦化建
縣以來，額穆就是敦化的一部分，雖然中間
幾次分分合合，但最終還是回到了敦化的懷
抱，成為敦化市及吉林省幅員最大的鄉鎮。

額穆鎮，位於張廣才嶺東，地處吉、黑
兩省交界處，西與蛟河市毗鄰，北與黑龍江
省五常市、海林市交界，東與青溝子鄉、雁
鳴湖鎮相連、南與黑石鄉、黃泥河鎮接壤。

▲ 《額穆縣志》

東西最大距離三十六千米，南北最大距離九十三千米，總面積二五六六平方千
米。鎮政府駐地額穆村，距敦化市區五十二公里。

額穆歷史悠久，是滿族先祖居住地和明清兩代軍事、交通要沖，曾是盛京
（今瀋陽）通往寧古塔（今寧安）的必經之路和重要驛站，也是唐代、清末、
民國、「偽滿洲國」、解放戰爭五個歷史時期的縣城所在地，經歷過數百年的
繁榮與滄桑，有千年古鎮和清室祖地之稱。境內珠爾多河沿岸現仍保存有渤
海、遼金時期的三處古城遺址以及額穆古遺址、明清古驛站、古墓葬等多處古
蹟遺存，由此不難推斷出額穆當年的盛況。

敦化市檔案館珍藏的《額穆縣志》為鉛印本，書中附有額穆縣地圖和街市
圖，全書比較清楚詳實地記載了額穆的由來、歷史沿革及其地域、自然、經
濟、文化、社會生活等方方面面。

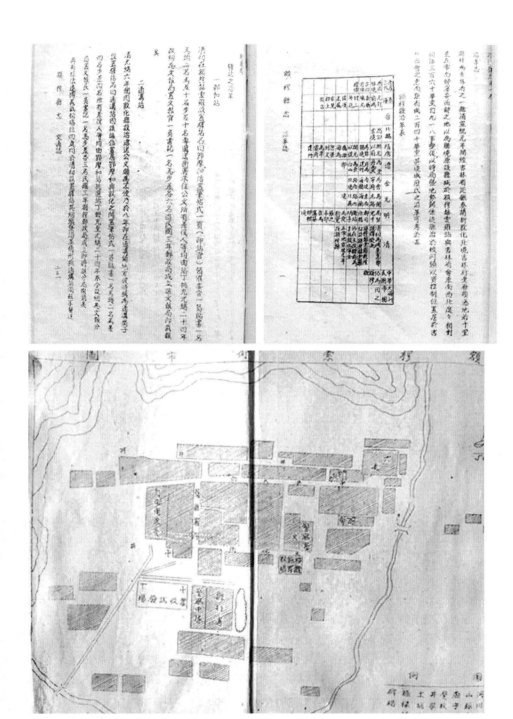

▲ 《額穆縣志》內容節選

敦化市地方志兩輪志書編輯出版

　　一九八四年十一月，敦化縣設地方志辦公室，伴隨著全國和吉林省第一輪編修地方志工作的興起應運而生，為市政府直屬機構，編制三人（另外聘用 4 人）。第一輪《敦化市志》於一九八四年十一月啟動編修工作（1985 年 2 月 11 日敦化撤縣改市），至一九九一年八月出版發行，歷時七年。

　　一九八五年四月，敦化市地方志編纂委員會召開第一次地方志工作會議，全面啟動《敦化市志》編修工作。通過組織發動、人員培訓、蒐集資料、試寫評議等步驟，指導《敦化市志》各專業篇分纂工作全面展開。根據編纂方案的要求，調集一二五名修志骨幹，參加方志理論業務學習班。主授《中國地方志學概論》《敦化百年方略》《市志編寫的文字運用》等課，講授了方志編寫的基礎知識。一九八六年，市志辦有計劃地組織編修人員先後到伊通、寧安、公主嶺等地學習修志經驗。兩次組織六十多人去大連、北京、南京、瀋陽、長春等地圖書館蒐集資料三十四萬字，為修好市志打下基礎。一九八五至一九八九年，市檔案局（館）接待敦化市委、市政府各部、委、室、局、辦及各企、事業單位等一○二個市志編寫單位五四○餘人翻閱檔案，累計查檔三萬餘卷次，摘抄複印檔案一萬五千餘卷次、六十餘萬字。為《敦化市志》的編寫提供了真實可靠的第一手資料。

　　經多次調整、補充、刪改，一九九○年完成總纂，經市、州、省三級審查驗收通過，於一九九一年八月出版。主編溫大

▲ 《敦化市志》

▲ 第二部《敦化市志》

成。全志設專業志二十八篇及概述、大事記、附錄等共計八十八點三萬字。

二〇〇一年,敦化市啟動第二輪修志工作,即續編《敦化市志》(1986 - 2000),經過籌劃準備、組織發動、人員培訓、蒐集資料、專業篇試寫等步驟,指導《敦化市志》各專業篇分纂工作全面展開。全市一五二個編寫單位四五〇餘人參加編寫,二〇〇三年開始總纂,二〇〇五年末形成《敦化市志》(1986 - 2000)初稿。在第二輪修志中,敦化市一些部門根據檔案館提供的資料撰寫專業志、部門志三十六種,檔案館為存史修志起到了不可替代的作用。二〇〇九年四月,歷經八年時間編纂完成的《敦化市志》(1986 - 2000)通過吉林省和延邊州地方志編纂委員會終審。該志編纂工作自二〇〇一年啟動,人員培訓、蒐集資料、分纂、總纂、送審、修改定稿,至二〇一〇年十一月出版。

全書設二十八個一級篇目以及概述、大事記、附錄等內容,共一六〇萬字,該志書由吉林人民出版社出版,主編閆世傑。該志為敦化市第二部地方志,全面、客觀地記載了敦化市十五年歷史進程中政治、經濟、文化、社會等方面的基本情況和重大事件。全書一六〇萬字,十六開本,印刷二千冊。設概述、大事記和建置區劃、自然環境、人口民族、中國共產黨地方組織、人民代表大會、人民政府、人民政協、群團社團、公安司法、民政、人事勞動、軍事、經濟綜合管理、農業、林業、水利、工業、商貿、城建環保、交通郵電、金融保險、財政稅務、科技、教育、衛生、文化體育、社會、人物二十八個篇目及附錄等。二〇一一年六月公開出版發行。

《敦化日報》——敦化第一張全國發行的報紙

　　一九九八年，敦化經濟和社會發展走到一個重要的節點，市領導審時度勢，提出創辦一張全國發行的報紙的設想。當年十一月十一日，敦化報籌備辦公室成立，一九九九年五月二十八日《敦化報》試刊正式出版，二〇〇三年十二月三十一日根據中辦發〔2003〕十九號文件精神，《敦化日報》停刊。《敦化日報》以「做全國最有影響力的縣市級主流媒體」為口號，歷時五年，從弱小到成熟，成為全省縣市級內容最豐富、發行量最大的主流媒體，成為正確引導輿論、搭建黨和政府連繫群眾的紐帶和橋樑，成為省內外讀者認識敦化、瞭解家鄉變化，溝通信息和交流合作的窗口。

　　一九九八年十一月，《敦化報》籌備辦公室正式成立，由張春山出任主任。一九九九年五月二十八日《敦化報》試刊正式出版，最初是在印刷廠排版、校對，採用的是 WPS97 排版、針式打印機打印方式，出版四開四版的黑白小報，當時也沒有專人發行，籌備辦的三兩個人，既是記者又是編輯，也到街上派發報紙。一九九九年十一月，市裡為報社撥付啟動經費，報社辦公地點設在市委院內綜合樓，報紙採編、排版、出版逐漸走向規範化，從剛出報的不定期到一月一期，到半月一期，到最後基本做到每週一期，當年出刊報紙十三期。

　　二〇〇〇年一月一日，獲得吉林省內部刊號，《敦化要聞》正式創刊，定為每週一期，報紙排版系統也購置到位，開始自行排版，人員也擴充到十幾個，五月十五日，設立了報社內部機構，分為要聞部、經濟部、社會生活部和副刊部，對各版版性進行了重新定位。當年十二月，有關部門決定從二〇〇一年起每週出三期報紙，分別為每週二、週五和週日出刊，試運行一個月。

　　二〇〇一年一月一日，報社的發展又邁上一個新台階，《敦化要聞》全面改版，每週三期，在一些重大活動的報導深度、廣度和時效性上都有了質的飛越。

報社總編輯張春山提出打造名欄目、名編輯、名記者活動，進而提高報紙品牌內涵和知名度、美譽度。實施了五加一工程，打造五個名欄目，這五個名欄目，靠人才計劃完成實施。報社還創新視覺圖片運營機制，推出「圖說敦城」「瞬間」兩大新聞圖文故事專欄。推出「鄉鎮名片」欄目，把全市十六個鄉鎮的特色產業、自然風貌、風土人情、美食展現給本地讀者和外來客商，提高了鄉鎮的域外影響力和美譽度。還推出「身邊人身邊事」欄目。《敦化要聞》還開闢了「新聞熱線」，隨時出擊新聞現場，為群眾排難，為政府解憂。

二〇〇二年一月一日，在全市人民的期盼聲中，敦化人民政治生活中的一件大事誕生了，《敦化日報》正式創刊，四開四版，黑白套紅印刷，週五刊。

正式創刊後的《敦化日報》影響力不斷擴大，在省州及域外知名度不斷提高。許忠文撰寫的《敦化境內發現東北虎》一文被多家國內外媒體轉載，報社編輯記者的外宣稿件數量實現歷史性的突破，平均每人外宣稿件數量年均在一〇〇篇以上，于豔玲的《農村手機族隊伍壯大》、徐雪嵐的《粘玉米甜了萬福人》在卓越杯全省首屆記者節新聞大賽上獲獎。

二〇〇二年四月一日，當地創刊《敖東週末》，《敦化日報》由週五刊改為週六刊。《敖東週末》以其生花的妙筆將敦化的人文地理一一道來，提高了黨報的文化價值，充分挖掘地方文化底蘊，打造副刊品牌。

▲ 《敦化日報》

二〇〇二年七月二十四日，《敦化日報》經國家新聞出版署批准，為國內公開發行正式報刊，國內統一刊號為 CN22-0058。

二〇〇二年十二月二十日，敦化日報社改革運行機制，取消編輯部、記者部，設立總編辦、要聞部、社會生活部、輿論監督部、副刊部、攝影部、廣告部。

二〇〇三年五月，報社社長兼總編輯張春山，接到省裡邀請，參加全省新聞單位經驗交流會，並在會上介紹經驗。

二〇〇三年七月七日，收到國家新聞出版署關於報刊、期刊暫停徵訂的通知。

二〇〇三年十二月三十一日，《敦化日報》出版最後一期報紙，完成它的使命，成為定格在敦化文化畫卷上的一個永恆的閃光點。至此，《敦化日報》共出刊七一五期。

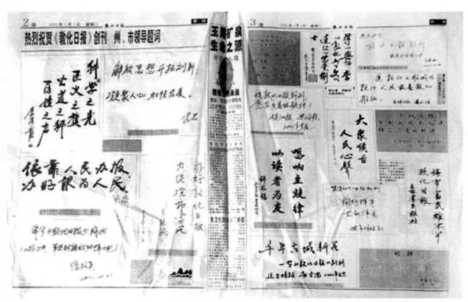

▲ 祝賀《敦化日報》創刊，州、市領導題詞

大山鎮因張笑天小說《雁鳴湖畔》改名為雁鳴湖鎮

現今的敦化市雁鳴湖鎮原為大山嘴子鎮，這一帶地方尤為引人入勝的是離市區約五十公里的雁鳴湖自然保護區。因其有廣闊的原生態濕地和如詩如畫般的湖泊林木，更有千姿百態的候鳥和珍奇動物在此棲息出沒，使這裡的風光獨特秀麗，有如超凡脫俗世外桃源的仙境一般。由於這裡素以物產豐富、氣候宜人、蒼山碧水之魚米之鄉而聞名遐邇，所以「雁鳴湖」的名號已成為敦化市的一種對外響噹噹的旅遊及商業品牌。然而，在二十世紀七〇年代之前，這個原稱大山嘴子的鄉鎮，儘管有如此秀麗別緻的風景，牡丹江如一條晶瑩彎曲的玉帶，連起這裡大大小小的水泊濕地，水鳥成群嬉戲，魚翔淺底，雁鶴高飛，但這裡一直沒有個令人稱心如意的名稱，當地百姓農民都俗稱之為大山「泡子」。

那麼，大山嘴子鎮如何正式改名為雁鳴湖鎮的呢？說來這與著名作家張笑天有著不解之緣。

張笑天大學畢業後到敦化縣第一中學當教師。成名家後曾任吉林省文聯主席、省作協主席，現為中國作協主席團委員。二十世紀七〇年代初期，張笑天當時到敦化縣大山嘴子鄉小山嘴子村一帶體驗生活，寫出了以知識青年上山下鄉為主題的短篇小說《小鷹展翅》，在報刊上發表後深受廣大讀者歡迎和喜愛，隨後他將其改寫成長篇小說

▲ 張笑天以筆名紀延華所著小說《雁鳴湖畔》

▲ 二〇〇四年八月二日，張笑天到雁鳴湖鎮（原大山嘴子鎮）故地重遊時，在鎮政府會議
室題寫「雁鳴湖鎮」。

《春風楊柳》。可不巧當時上海出版了一部同名文藝作品，經延邊作家何鳴雁
提議，張笑天將其作品改名為《雁鳴湖畔》。該小說出版後即在全國暢銷，竟
先後出版發行一二〇萬冊。因其書名而得此鎮名，大家還把這一帶的湖泊水面
稱之為雁鳴湖。小說《雁鳴湖畔》被長春電影製片廠改編拍攝成電影在全國發
行放映後，雁鳴湖便享譽國內外。

　　一九九一年，敦化市政府在雁鳴湖這裡設立縣級自然保護區，東西長四十
四公里，南北長二十三公里，總面積為五四〇〇〇公頃，屬自然生態系統類
別，內陸濕地和水域生態類型，水利資源充足，濕地類型多樣，如天然濕地、
湖泊濕地、人工濕地，它有著均化洪水、降低洪峰、儲蓄水量、調節氣候等作
用。同時，這裡野生動物資源非常豐富，是國家一級保護動物丹頂鶴、黑鸛等
珍稀水禽的繁殖地、遷徙地，也是東北虎的遷徙走廊，具有相當重要的保護價
值和科研價值。二〇〇二年十二月二十八日，經吉林省政府批準成立大山嘴子

省級自然保護區，後於二〇〇四年七月十三日正式更名為吉林雁鳴湖省級自然保護區，其保護區管理局與敦化市林業局合署辦公；最後於二〇〇七年春，國務院辦公廳下發了《關於吉林雁鳴湖省級自然保護區晉陞為國家級自然保護區》的文件，這無疑是敦化市經濟社會發展史上的一件大事，也是延邊朝鮮族自治州乃至吉林省自然保護和旅遊業發展中的一件盛事，它為國內外客商和遊人體驗生態平衡、回歸自然、觀賞秀美風光提供了又一處新鮮而絕佳的去處。此外，雁鳴湖鎮的特產小粒黃豆馳名中外，出口到日本、韓國等一些國家和地區。於是這裡還建成了雁鳴湖工貿公司，推出了雁鳴湖牌大米、小粒黃豆、雁鳴湖魚、雁鳴湖山野菜等特色產品，與日本合資的雁鳴湖納豆工廠也投產運營。可見，雁鳴湖已不僅僅是與張笑天所著的一部小說及同名電影緊密相關，還接連不斷地成為敦化市一個又一個商品名牌陸續走向全國和世界的經濟市場。

正是由於敦化市雁鳴湖鎮的農村面貌日新月異，生態環境和人文景觀不斷優化，敦化市領導班子為加快發展區域經濟，打造一個美麗、宜居、生態、和諧的敦化城鄉新形象和嶄新的旅遊業品牌，決定將原大山嘴子鎮改名為雁鳴湖鎮，經國務院批准於二〇〇四年正式命名為雁鳴湖鎮。這既是地方特色品牌與當代經濟的一個頗佳的結合，也是緣於著名作家張笑天第一部長篇小說《雁鳴湖畔》而得名。

值得一提的是，在二〇〇六年十月份的《人民日報》副刊上，張笑天先生在這副刊版的頭條位置發表了一篇散文《雁鳴湖新綠》，其中有這樣一段文字描述：「……可以說，雁鳴湖是我的夢中情人，是我文學處女航的出發港，它構成了我生命的一個樂章。我的第一部長篇小說《雁鳴湖畔》就誕生在這碧水蒼蒼的水鄉。那是我三十五年前深入生活的地方。那時候，這裡還不叫雁鳴湖，大山嘴子、小山嘴子的名字延續了不知幾百年。誰也不會料到，這默默無聞的小山村因我的這本小說而聞名，直到弄假成真，真的改了名姓……」

著名作家張笑天到敦化創作拍攝電視劇《陳翰章》

　　一九八九年初，敦化市委、市政府為紀念抗日英雄陳翰章將軍（陳翰章將軍，敦化翰章鄉人，出生在敦化縣城西半截河村，生於一九一三年六月，犧牲於一九四〇年十二月八日）為國捐軀五十週年，決定拍攝一部電視連續劇。為儘快落實拍攝經費，早日開機拍攝，宣傳、廣電系統領導分別南下深圳，同當時深圳電視台台長王偉商談聯合錄製電視劇《陳翰章》事宜。王偉先生是敦化翰章鄉人，他隨解放軍南下後留在深圳工作，聽說敦化要拍攝電視劇《陳翰章》既高興又激動，當即決定由深圳電視台出資與敦化聯合錄製四集電視連續劇《陳翰章》。

　　該劇本《陳翰章》的編劇是紀延華（即張笑天的筆名，當時他是長春電影製片廠的著名編劇和作家）。劇本是在敦化教師楊明谷先生和董占魁先生合寫的文學作品基礎上改寫而成的。此劇拍攝完成後，於一九九〇年十月在全國各地電視台正式播出。該電視劇是由長影著名導演白德章和青年導演張夷非合作導演的。劇中男主角是由曾主演電影《關東大俠》的著名演員劉威扮演，女主角是由著名演員於藍扮演，全劇演員陣容強大。

　　該劇所有外景都是在敦化的新開嶺、大山嘴子、小山等郊區拍攝完成的，拍攝時間是從一九八九年冬天開機，一九九〇年九月完畢。這是一部根據歷史史實創作改編的劇目，全劇真實並藝術地再現了抗日英雄陳翰章將軍率領抗日聯軍馳騁在白山黑水之間，勇挫日寇、浴血奮戰、可歌可泣的感人事蹟。它是一曲英勇悲壯的抗日戰歌，所以有很多地區、城市把這部電視劇作為革命傳統教育和愛國主義教育的生動教材來組織收看。當時，陳翰章將軍的英名和業績更加響徹東北大地，尤其引為敦化各界人民群眾的廣泛敬仰。

　　《陳翰章》電視連續劇曾榮獲東北電視劇「金虎獎」，東北城市台「東北

風獎」一等獎。此劇的拍攝受到敦化市委、市政府的高度重視和大力支持，相關部門的多名領導同志親自參與了劇中的編排、拍攝及監製工作任務，並動員組織了眾多同志投入劇中群眾人物和場景的拍攝，使此電視連續劇獲得成功。值得一提的是，在二〇一三年六月，該電視劇首次播放的二十三年後，為隆重紀念陳翰章將軍誕辰一〇〇週年，敦化市電視台又重新播放了這部《陳翰章》電視劇，觀眾感到格外親切，這充分體現了陳翰章將軍的英烈形像永遠在敦化人的心目中熠熠生輝。陳翰章將軍永遠是敦化人民的驕傲！

▲ 陳翰章將軍雕塑

敦化市被譽為全國文化藝術秧歌之鄉

　　作為渤海舊國、清朝皇室重要發祥地之一，敦化這座被文化浸潤的城市每一個角落都播揚著文化的氣息。從「全國文化先進縣」到「全國文化藝術秧歌之鄉」，從「吉林民間秧歌之鄉」到「延邊州秧歌之鄉」，從傳統到現代、從火爆的東北秧歌到滿族秧歌的原生態，從大雅到大俗，從火辣熱烈到底蘊深厚，敦化詮釋著多元的、令人目不暇接的文化內涵，其文化魅力猶如一首詩、一幅畫、一部史書，值得品讀。

▲ 秧歌

　　敦化市從挖掘特色民俗文化入手，提出打造一個特色文化名城。有這麼幾句順口溜「只要鑼、鼓、鈸一響，百八十人就上場；聽見鑼鼓點兒，擱下筷子擱下碗；聽見唱秧歌，手中活兒放一放；看見秧歌扭，拼上老命瞅一瞅⋯⋯」，說的就是人們對敦化大秧歌的喜愛。一九八〇年以來，敦化充分發

揮民間秧歌群眾基礎好、喜聞樂見的優勢，把秧歌作為打造文化名城助推器，通過加工、改造、創新、普及，進一步挖掘、包裝、做大秧歌文化，「搭文化台，健全民身，唱經濟戲，揚和諧魂」，每年都成功地舉辦了「元宵節」秧歌匯演，已堅持三十三年，選拔出三十支傳統滿族秧歌隊和東北秧歌隊進行匯演，場面火辣勁爆，傳統滿族秧歌比唱秧歌柳子賽舞，互相拜訪行三十多種禮節，各種造型的韃子官、克里吐、拉棍的、傻柱子、薩滿人兵丁，成為賽場上一道亮麗的風景線。東北秧歌生動活潑，多姿多彩，紅火熱鬧，規模宏大，氣氛熱烈，具有扭、盼、逗、丑、浪、雜耍等多種技巧。

東北秧歌在表演中分大小場，大秧歌講究百人以上、行當多、樸實大方、對稱美觀，中間穿插舞龍、舞獅子、跑旱船、老漢推車、踩高蹺、跳大花籃等

▲ 秧歌演出

▲ 秧歌

妙趣橫生的形式，小場是短小精悍，花樣繁多，活靈活現，被安置在大場中間，實際是秧歌的間歇形式，將匯演推向高潮。匯演由最初五千餘人參加的盛大秧歌文化活動，發展到現在的十萬餘人。二天的活動時間，敦化的十七個廣場都有秧歌隊在表演，十六個鄉鎮也同時開展活動，遍地開花，使敦化成為歡樂的文化海洋。在敦化市委、市政府的正確引導下，把敦化的秧歌文化從群眾自發的文化活動塑造成為整個城鄉特色文化品牌。以秧歌匯演為載體，敦化的群眾文化活動有了文化品牌、文化根系和文化靈魂。每年一度的元宵秧歌匯演成為這個城市的全民文化狂歡節日。政府的強力推動使敦化的秧歌文化越做越大。目前，敦化百分之九十五以上的行政村都組建了群眾秧歌隊，每天城鄉廣場有一百六十多只秧歌表演隊在活動，秧歌已經普及成為全市人人會扭、人人參與的文化活動，每逢重大節慶日少不了扭大秧歌。「鑼鼓震天走雷喧，嗩吶悠揚流細涓，滿族秧歌傳神韻，高蹺龍獅舞街前。」

多年來，敦化的秧歌舞熱黑土，敦化的鑼鼓名揚四方，敦化的嗩吶響徹雲霄，秧歌成為這座城市最靚麗、最具特色的城市文化名片。敦化的大秧歌先後

登陸央視三頻道、七頻道和吉視衛視頻道。一九九六年，敦化市賢儒鎮秧歌隊，代表吉林省參加國家農民體協在琿春市組織的「全國北十二城市新式秧歌大賽」中，榮獲第二名的好成績。二〇〇二年，在「延邊朝鮮族州慶五十週年」活動中，敦化文化館表演的滿族秧歌《敖東迎旭》獲得表演特別獎。二〇〇三年，敦化市林業局滿族舞表演隊，參加「全國中老年民族舞蹈比賽」，滿族秧歌《敖東情》獲得「荷花杯」二等獎。二〇〇七年敦化市藝術團的滿族秧歌《滿鄉情》，參加北京龍潭廟會「全國民間民俗文化藝術展演」獲得金獎。一九九七年，敦化市賢儒鎮被延邊州文化局命名為「秧歌之鄉」。東北秧歌作為舞蹈中的「豪放派」當之無愧。因它比較善於吸收學習、借鑑其他民族的文化營養來豐富自己的文化土壤，並且加入了自身文化元素的民間舞蹈藝術形式，更有它深刻的文化背景。成為展示敦化經濟社會發展成就的文化窗口，成為建設和諧社會的強大載體，成為敦化加快對外開放的推介平台，成為提升城市經濟和文化競爭力的「城市名片」。

▲ 秧歌

首屆「長白山朱果節」成功舉辦

　　相傳，在中古時代某年暮春的一天，長白山東北布庫里山下的布爾湖（今六鼎山下聖蓮湖）上空，飄來了三朵彩雲。雲頭降落湖邊，竟是三位仙女翩翩下凡。三位仙女是親姐妹，大姐恩古倫，二姐正古倫，小妹佛庫倫。三仙女進入湖中沐浴時，一神鴉口銜一顆紅通通的果子飛來，並將果子放在了佛庫倫的衣裳之上。佛庫倫吞食後，受孕誕下一男嬰，取名布庫里雍順，姓愛新覺羅。布庫里雍順，便是清朝皇室的始祖。而古城敦化，便是清朝皇室發祥地之一，鄂多里城之所在。千百年來，朱果與布庫里雍順的故事，在敦化這片土地上口口相傳，生生不息。

　　二〇一二年十月十二日，八旗山下、聖蓮湖畔、清祖祠前，彩旗飄揚、人流如織。以「游清祖故里、品吉祥朱果」為主題的「中國・敦化首屆長白山朱

▲ 首屆長白山朱果節開幕式

▲ 祭祖儀式

▲ 滿族舞蹈

果節」在這裡隆重舉行。

省作家協會名譽主席張笑天，省散文學會副會長劉貴鋒，著名詩人張洪波，中國薩滿文化藝術委員會主任王松林，省政協常委、省民俗學會理事長施立學，省師範大學滿語教授、滿族文化專家趙東昇，省政協常委、吉林市滿族聯誼會會長愛新覺羅恆紹，黑龍江省滿族文化研究會秘書長謝全真，香港滿族協會主席關香雲，軍旅歌唱家、總裝某部文工團團長黃一鳴，著名軍旅詞作家聶正罡，著名電影藝術家霍藝峰，總裝某部文工團音樂製作人張鶴以及相關領導等參加了這一盛事。

由吉林市滿族聯誼會會長愛新覺羅・恆紹為主祭司，吉林市滿族聯誼會會成員和敦化滿族代表現場舉行祭祖儀式，

在祭祀台前禮拜先祖讀誦祭文。之後舉行文藝表演，著名電影藝術家霍藝峰等人為觀眾們獻上了歌曲、快板、舞蹈等精彩絕倫的文藝節目。

節目結束後，由主辦方主持遊園品朱果活動。令現代元素與古典風格相融相合，共鳴呼應，將現場氣氛一次次推向高潮。其間，觀眾們還品嚐到了主辦方精心準備的「朱果」盛宴，鮮嫩的果子，將人們的心，再一次與那古老的「朱果」傳說拉近、再拉近。

敦化市舉辦「滿族頒金節」

▲ 滿族舞蹈

敦化市首屆滿族頒金節

　　為追憶滿族祖先的豐功偉績，拉近與滿族同胞的友誼，激發各民族建設敦化的熱情，促進各民族的團結進步，二〇一一年十一月十二日由敦化六鼎山文化旅遊區管委會主辦、長白山滿族文化研究會和敦化市文化新聞出版和體育局承辦的「敦化市首屆滿族頒金節」，在六鼎山清祖文化園內舉行。省政協常委、吉林市滿族文化聯誼會會長愛新覺羅‧恆紹，中國薩滿文化藝術委員會主任王松林，敦化市領導，正覺寺主持釋佛性法師，敦化市著名學者楊明谷參加慶祝活動。

　　頒金節上午九點開始，敦化滿族同胞和吉林省內的滿族同胞，游離海外的滿族兒女齊聚八旗山下，共同紀念滿族先祖。首先由敦化市領導致辭，吉林市滿族文化聯誼會會長愛新覺羅‧恆紹（乾隆帝第七世嫡孫）宣讀祭文，由各皇室後裔穿著清朝朝服在廣場正中祭祀台前進行祭祖儀式。寶藍色的朝服，鮮紅

的頂戴花翎，文武鳥獸補服還有滿族同胞穿著各色民族服裝，讓時間彷彿回到了三七五年前。據史料記載，十六世紀末十七世紀初，建州左衛首領努爾哈赤崛起，統一了女真各部。統一後的女真，需要有個新的族名，於是皇太極天聰九年（西元 1635 年）農曆十月十三日，下詔建號滿洲。「滿洲」在滿語中讀「曼珠」，原來只是一個部落的名稱。從一六三五年農曆十月十三日起，滿洲就成了以女真族為主體，加上其他編入的漢族、蒙古族、錫伯族、回族、朝鮮族、鄂倫春族等民族，形成一個新的民族共同體「曼珠艾曼」，漢語為滿洲族。新中國成立後，國務院於一九五二年正式規定「滿洲族」改稱「滿族」。這標誌著一個新的民族共同體「滿族」的形成。一九八九年十月，在遼寧省丹東舉行的「首屆滿族文化學術研討會」上，正式把每年的農曆十月十三日確定為「頒金節」。「頒金」是滿語，意為滿族命名之日。近年來，國內外許多地方的滿族同胞於每年農曆十月十三日舉行滿族「頒金節」慶祝活動。

祭文宣讀結束後全體滿族同胞進入清祖園正殿，向清始祖愛新覺羅‧布庫里雍順行祭祀禮。這是首次在清始祖發祥地舉行的大型頒金節祭祖聯誼活動。這一刻讓敦化地區的滿族同胞內心中那似已遠去的民族情感在瞬間像泉水湧出了心扉，又讓全世界的滿族兒女的民族情結在此刻重歸故里，在祖先放飛海東青的山上再次聚會，追憶那像年輪一樣深刻在血脈裡的民族情誼。

敦化第二屆滿族頒金節

二〇一二年十一月十七日，為弘揚民族傳統文化，構建和諧幸福家園，在滿族頒金節到來之際，由敦化六鼎山文化旅遊區管委會主辦，長白山滿族文化研究會、敦化市文化新聞出版和體育局承辦的「敦化第二屆滿族頒金節慶祝活動」，在六鼎山文化旅遊區清祖祠舉行。

清晨，早已被白雪覆蓋的敦化六頂山景區清祖文化園，迎來了如期而至的來自全國各地的滿族同胞、東北各地的民間滿族團體和滿族文化民間組織。敦化滿族同胞身著民族盛裝早早地來到清祖祠迎接遠方的同胞親朋，紛紛在文化

園內留下合影交談。風雪盡染八旗山，八旗烈烈更威儀。比風雪更持久的是滿族同胞的熱情，比嚴寒更堅毅的是各界滿族兒女的尋根之心。銀裝素裹的世界被人群點綴得絢麗，歡聲笑語讓寒風悄然迴避。

　　繼首次敦化滿族頒金節後第二屆滿族頒金節已成為吉林省內重要的旅遊文化節日和地區性民族文化活動。

▲ 祭祖儀式

▲ 滿族後人表演刀舞

敦化六鼎山文化旅遊區被命名為 AAAAA 級景區

　　敦化市素有「千年古都百年縣」之稱，是清始祖發祥地之一、渤海古國第一城。坐落在敦化市南郊的六鼎山文化旅遊區，風景優美，鐘靈毓秀，是吉林省唯一一個省級文化旅遊區開發區，東北亞最大的人文、歷史、佛教文化旅遊景區，是渤海文化、佛教文化和清始祖文化集大成者，蜚聲國內外。近年來，隨著敦化市委、市政府「大旅遊、大產業、大發展」思路的逐步清晰，六鼎山文化旅遊區正逐步被打造成長白山最佳文化旅遊勝地，敞開她迷人的懷抱，迎接著四面八方的遊客。景區遊客量逐年遞增，二〇一四年達八十萬人次，二〇一五年有望突破一〇〇萬人次。

　　二〇一五年十月十五日，國家旅遊局正式授予敦化六鼎山文化旅遊區「國家 AAAAA 級旅遊景區」稱號——這是中國旅遊界的最高榮譽！此次被批准為

▲ 景區入口

▲ 景區俯視圖

國家 5A 級旅遊景區的十四家景區之中，東北三省僅六鼎山文化旅遊區一家，也是延邊州首家！

近幾年來，六鼎山景區及周邊總計投入近五十億元，景區標誌性大門及廣場、金鼎大街、中京大路、環山和環湖路、清祖祠、景區綠化、其他附屬配套設施等項工程均已完成或部分完成。六鼎山文化旅遊區將以成功創建國家 5A 級旅遊景區為契機，吹響新一輪衝鋒號角，向著國家全域旅遊示範區、國家旅遊度假區的全新目標再次發起衝擊，竭力實現文化、生態、人性、智慧景區的完美再造！

敦化市開展「百姓講堂」進基層活動

　　在敦化市城鄉大地上，一個以「服務群眾」為出發點的「百姓講堂」進基層活動正如火如荼地進行，已經「遍地開花」，來自不同行業的「草根宣講員」進農村、進社區、進機關、進企業、進學校，走進地頭、坑頭，解困難事、嘮實在嗑、講真心話，成為群眾真正的貼心人。

　　為深入實施「理論教育全覆蓋工程」，推進理論教育社會化、大眾化，進一步密切連繫群眾，讓理論走進幹部群眾的心靈，自二〇一三年十二月起，敦化市委宣傳部創辦「百姓講堂」，在全市範圍內開展「百姓講堂」進農村、進社區、進機關、進企業、進學校「五進」宣講活動。

　　「百姓講堂」以「傾聽群眾意見、汲取群眾智慧、反映群眾需求、維護群

▲ 百姓講堂

▲ 國稅局開展百姓講堂

眾利益」為出發點，以群眾滿意為主要目的，暢通基層群眾反映問題、建言獻策的渠道。通過開展「百姓講堂」進基層活動，充分發揮了「面向基層、服務百姓、促進發展、構建和諧」的作用，真正成為理論進基層的宣傳陣地，使宣傳思想工作不走形式、深入人心，架起一座黨和政府連繫、服務群眾的思想橋樑。「百姓講堂」以時事政策、惠民政策、傳統文化、現代科學、實用技術、法律、文明禮儀、健康知識、健身常識等為主要內容，同時應群眾需求增加群眾熱點話題。講堂選題貼近群眾生活實際，關注群眾熱點難點問題；講堂內容具有思想性、知識性、普及性，力求做到雅俗共賞、健康文明；講座力求做到內容豐富充實、語言生動活潑，富有現場感染力。「百姓講堂」充分運用群眾喜聞樂見的有效形式，以組織輔導講座為主要方式，綜合運用觀看課件、現場指導等方式，使群眾易於參與，樂於參與。

冬季裡，為提高農民科技文化素質和致富本領，變冬閒為冬忙，在全市十六個鄉鎮開展「百姓講堂」送科技鄉下行活動，組織市內農口部門農科專家赴

村屯進行授課，發放學習資料，現場解答問題，內容涉及特色產業種植技術、保護性耕作技術、等離子體機種子處理技術等，並針對農民春耕生產做了細緻的講解。市消防大隊的軍官和氣象局的專業人員走進學校，為廣大師生講解消防常識、火災危急處置方法、雷電防護和避險常識，並幫助街道、學校開展消防演練。司法局的律師和鄉鎮、街道的司法所人員現場為老百姓答疑解惑，排解矛盾糾紛。在順城技術學校，組織相關技術專家為敦化市殘疾人群講授養殖、種植方面的科技知識。舉辦「弘揚傳統文化，做一個有道德的人」敦化首屆道德公益論壇，教育引導廣大市民學習中華民族傳統文化、弘揚中華民族傳統美德，提高市民文明素質，提升城市文明程度。各街道、社區的居民也紛紛自發投入到「百姓講堂」當中來，渤海街工農社區現在堅持每週開講一課，來

▲ 百姓講堂走進農民家中

聽課的居民也越來越多。開設「百姓講堂」以來，社區居民參加公益活動的多了，鬧矛盾的少了；笑臉多了，計較少了；親情多了，冷漠少了。

　　截至二〇一四年年底，全市共有九十五個部門和單位參與進來，「百姓講堂」共計開講五〇〇餘堂，受益群眾達五萬餘人。「百姓講堂」進基層活動，充分發揮了「面向基層、服務百姓、促進發展、構建和諧」的作用，真正成為理論進基層的宣傳陣地，使宣傳思想工作不走形式、深入人心，架起了一座黨和政府連繫、服務群眾的思想橋樑。

第三章 ——

文化名人

「小德川流，大德敦化。」敦化歷史悠久，豐厚的文化底蘊，孕育了敦化人崇尚進取的文化意識和文明理念。古時，無論是清朝重臣吳大澂，還是敦化第一任縣知事趙敦誠，都在敦化的文化發展歷程中留下了濃墨重彩的一筆。近代，敦化又湧現出很多文化界的名人，可謂人傑地靈。其中影響較大的人有：張笑天、常萬生、孫玉勝……古往今來的文化人士推動了敦化文化事業的進步與興盛，為敦化的文化發展與繁榮做出了巨大的貢獻。

古驛使者——吳大澂

吳大澂（1835年-1902年），初名大淳，字止敬，又字清卿，號恆軒，晚號愙齋，江蘇吳縣人，善畫山水、花卉，精於篆書。同治元年（1862年）中進士，歷任編修、陝甘學政、河北道、左副督御使、河道總管、湖南巡撫等職。曾受命幫吉林軍務、督辦吉林、三姓（清代前期東北地區重鎮）、寧古塔防務屯墾，是清末金石家、文學家。

▲ 吳大澂

一八八六年，吳大澂受命赴吉林琿春與沙俄代表勘劃邊界，寫下了《皇華紀程》一書。《皇華紀程》以日記形式記錄了吳大澂赴琿春的沿途見聞和與沙俄代表會勘邊界的情景。清朝晚期，沙皇俄國強行霸占了黑龍江以北和烏蘇里江以東的一百多萬平方公里的中國土地，還不斷在琿春邊境製造事端。吳大澂在談判中據理力爭，收回了黑頂子要隘，使中國船隻可以自由出入圖們江口。吳大澂此次由吉林行往琿春談判，途經敦化驛站時寫下了四首大氣磅礡的詩章。在翻越張廣才嶺時寫道：

一八八六年二月十九日

過張廣才嶺

狂風似虎卷地來，吹凍頑雲撥不開。

下罩千山同一被，滿空飛絮攪成堆。

天公玉戲巧難就，重陰密密誰相摧。

特遣封姨作大磨，迴旋鼓蕩聲如雷。

須臾輾出白餐粉，落花片片皆瓊瑰。
老農拍手笑不止，頓令茅屋成瑤台。

一八八六年二月十九日

宿額穆站所作

嶺長二十有五里，平岡一伏又一起。
首尾蟠屈如臥龍，半身隱現白雲裡。
遠脈原從長白來，蜿蜒下飲松江水。
滿山鱗甲煙翠重，亭亭直節攢古松。
千株萬株不記歲，子孫多受秦王封。
門底雜樹紛羅列，忽橫忽縱皆奇絕。
俯聽流泉汨汨鳴，中有萬古不化之冰雪。
此山深處無人行，熊羆夜斗狐狸驚。
遠聞伐木聲丁丁，又疑車輪觸石相硼砰。
山靈怪我往來久，無句題留不放走。
我順當年張廣才，何物區區，乃與山靈同不朽。

▲ 《皇華紀程》

▲ 吳大澂作品《岸邊茅屋》

　　此詩詳盡地敘述了張廣才嶺的自然景貌，並對當年的張廣才嶺予以熱情讚頌。離開了額穆赫索羅驛站，在敦化境內的最後一站是必爾罕站，題詩：

二十三日夜宿必爾罕站

兩山之麓多窪塘，草根結作蒲團黃。
二三十里一茅舍，蓬蒿遍野田半荒。
傍溪鑿水成孤井，繞廬列柵為短牆。
瘦犢或隨犬同臥，飢鳥乃與馬爭糧。
古驛之間津吏屋，七年六度朱墩岡。
野老相逢似相識，偶來松下談農桑。

　　這是清朝北洋外務大臣吳大澂到琿春與沙俄勘劃邊界時，在古驛路上留下的詩作。千百年來，一些達官貴人，名人韻士，在這條漫長的古驛上行走安歇、惆悵吟詠，留下了豐富的文化遺產。

敦化第一任縣知事——趙敦誠

趙敦誠（1852 年 - 1903 年），山東萊陽縣四家樓人。官宦世家，進士出身。一八八二年首任敦化縣知事。

趙敦誠的祖父曾是道光皇帝的伴讀，後來又當了咸豐皇帝的老師，在朝廷裡頗有地位。趙敦誠的父親在太平天國戰事中立過功勛，所以趙敦誠在考取進士功之後，便被派往吉林將軍銘安手下候補做官。敦化清末廢除封禁，一八七八年，趙敦誠受吉林將軍之命，率士兵五〇〇名，來敦化主持放荒墾殖事務，他體恤民情，因勢利導，變通科賦，採取官民兩利的開明政策，共放荒上萬坰。在主持放荒工作中，他首先留出了大量的土地用作學田，一方面可以利用收租來為將來設立學校、振興教育提供資金；另一方面也能因為租金少而便於窮人租種，以吸引外來人口。同時，在辦理買荒中，他一直堅持價格一律平等的原則，所以很受百姓擁護，地人口大量增長。

經過三年，阿克敦（敦化建縣前的名字）的人口與產業已具有一定規模。後經吉林將軍批准，於一八八〇年開始動工修建縣城。敦化城就是在趙敦誠監督下建成的。「敦化」寓《中庸》中「小德川流，大德敦化，此天地之所以為大也。」又意：敦風化俗。雖然已被證實為誤解，但在當時，很多人曾認為，敦化縣的名字，源於趙敦誠的名字中含有「敦」字，從某一方面來說，這也算是對趙敦誠在任期間所作工作的一種肯定吧。

趙敦誠於一八八二年敦化正式建縣開始，任職知縣。工作期間，他經常走訪民家，瞭解實情，還寫得一手好字。所題東城門「迎旭」牌匾，至今還在市文物管理所保存。任職期間，為防止克山病（地方病）猖獗蔓延，他廣交國醫郎中，遍搜醫書驗方，並令其子趙中思棄官從醫。一八八五年他離任調走，民眾很是留戀。一九〇一年至一九〇三年，他二次任敦化知縣。趙敦誠兩度赴敦化做官，他處事開明，清正廉潔，厚愛下屬，知民疾苦，離任時，百姓將他的

官靴留下，置於東門城樓上，以示他的德政。一九〇三年，趙敦誠病逝，浮厝於敦化城內城隍廟後院。一九三六年尤其長孫媳李桂馨將靈柩運回故鄉安葬。

敖東中學的奠基人 —— 張成之

　　張成之（生卒年月不詳），字器瞻。敦化縣城西小石河村人，幼貧，得親友相助，得上學。一九一九年畢業於北京高等師範學校（今北京師範大學）英語系。就讀時正逢五四運動，故思想進步，主張開明。

　　自任敖東中學校長以來，兢兢業業於校務，克勤克儉於創業。他聘請來許多業務精湛，思想進步之師資，如湖南新高等師範畢業的郭度，北京平民大學畢業的吳恆頤，廈門大學畢業的安達洲（朝鮮族），還有省內知名教師程沐寒、何云祥等等。他們不僅學業精通，有的思想很為進步，程沐寒先生在教學語文課中把「五四」新文化思想如魯迅先生等文章講給學生，還把列寧領導的十月革命的一些無產階級文學，即普羅文學介紹給學生，使學生受到了很好的思想教育。張成之校長為了辦好學校，還通過敦化在日華僑孫啟世在日本進行募捐，購買了大量理化儀器，辦置學校的實驗室圖書室。

　　在張校長的精心經營下，敖東中學辦得日見成長。一九三〇年吉林省教育廳視學視察該校後曾給予如下評價：「該校長辦事熱心，慘澹經營不遺餘力，各教員亦能群策群力，氣象頗佳，堪與省立校媲美也。」因此，敖東中學與長春自強中學、吉林毓文中學成為吉林省三大私立名校。

　　一九三二年三月，日軍在吉林逮捕和殺害了學校校董會會長萬茂森，張成之也被日軍兩度逮捕。敖東中學在經濟上斷絕了來源，又沒了校長，自此，一所很有前途的學校便隨著民族的罹難而結束。值得驕傲的是，由於反日愛國思想的薰陶，很多敖東中學師生毅然參加了抗戰。張成之後被營救出獄。敵人為利用他，令偽吉林省長熙恰委任張成之為扶餘縣縣長，但張成之斷然拒絕，在吉林以代課和開一小藥店為生，表現了凜凜的民族氣節。

東北評劇界著名坤伶——花秦樓

▲ 花秦樓

花秦樓（1912 年 - 1983 年），女，原名高璧穎，河北新城縣人。十一歲在天津拜花蓮舫為師，學唱評戲，專攻青衣花旦，藝名花秦樓。一九三五年出關，先後在長春、吉林、瀋陽、哈爾濱等地與　桂花等人同台演出，是東北評劇界嶄露頭角的坤伶之一。

一九五一年參加錦州市國營評劇團。一九五二年加入敦化評劇團，以評戲「老旦」應工。她的唱腔渾厚，字正腔圓，板頭瓷實，「丹田」氣尤見功力。她從人物性格出發，設計了一系列符合人物的唱腔並配以恰到好處的表演動作，令人物栩栩如生，真實可信地表現了所扮演的人物形象。她所扮演的《楊八姐游春》中的佘太君、《秋江》中的老尼姑等角色，大放異彩，深受觀眾讚賞。花秦樓為人正直，潔身自重。雖屢遭挫折，仍與官僚、警憲等邪惡勢力頑強抗爭，深得觀眾和同行敬佩。

一九五八年，花秦樓被選為敦化縣婦聯委員和縣人民代表。歷任延邊朝鮮族自治州二、三、四屆政協委員。一九八三年十一月病逝於遼陽市，享年七十一歲。

延邊書法名家──李受山

▲ 李受山在創作書法作品

李受山（1927 年 -　），出生於山東即墨。一九五七年畢業於北京師範大學中文系，後被分配到敦化，先後在市文化館、市實驗中學、市文化局創作室等單位工作。曾擔任敦化市文聯、書協副主席、主席等領導職務，現為世界藝術家聯合會會員。

在大學時代，李受山師承書法大師啟功先生，至今已從事書法藝術四十多個春秋。多年來，醉心翰墨，不尚浮名，臨池不輟，遍臨歷代名碑名帖，善北碑，兼工行書。其行書有山谷（宋 黃庭堅）、元章（宋 米芾）形貌，融清人稚拙渾穆氣象，格調高古、峻嚴質樸，自成一格。

其作品先後參加省第一、二、三屆書法展覽，多次在州展中入展或獲一、二等獎。一九九二年他的書法作品獲延邊州第二屆「金達萊」文藝獎。一九九七年為迎接香港回歸祖國，在敦化文化館舉辦了「李受山個人書畫展」，受到了專家同仁的稱道。

▲ 李受山

文化學者──楊明谷

楊明谷（1930 年 - ），吉林省敦化市
人。一九四六年，「新站、拉法」作戰時，
他在額穆縣參加了自己隊（民兵），手持紅
纓槍站崗放哨，在西山嘴修築戰略工事。一
九四七年投身教育工作，參與了敦化市實驗
中學的組建工作。

他被十幾所學校和多支駐軍聘為校外輔
導員和軍外輔導員。曾獲省十佳輔導員，省
先進黨史工作者，省、州離休幹部先進個人
稱號和獎勵。多年來，他共給學校、部隊、
機關企業講課達百餘次，聽講人員逾萬，培
養的學生遍布世界各地。

▲ 楊明谷

做黨史工作期間，楊明谷跑遍了大江南北，訪問了數十位老幹部，查閱了
很多檔案館、圖書館、報社的歷史資料，徵集了上千萬字有用的材料，寫出了
百餘篇有價值的文字材料，大多收編在《偉業千秋》《吉林黨史資料》《敦化
市文史資料》和他撰寫的《鄂多里札記》以及他主編的《大德敦化》中。接待
過中央電視台、東北三省電視台、吉林市電視台和延邊電視台的單獨採訪和聯
合採訪，參與了重走抗聯路敦化境內的錄製工作。同其他同志一起編寫了四集
電視劇《陳翰章》在全國播映。楊明谷愛好詩詞，在任敦化市詩詞學會會長期
間，主編了《敖東古韻新風》。他徵集了五十餘幅領導和名家題詞，裝裱後送
敦化市檔案館保存，這是敦化的一筆寶貴財富。

楊明谷所寫的《鄂多里城考》在《清史研究》上發表。寫的《敦化是清皇
室發祥地鄂多里城所在地》一文在《東北史地》上發表後，相繼被《中國當代

▲ 《鄂多里箚記》

思想寶庫》《中國當代改革與發展文獻》《世界知名學術成果獲獎精選》等十幾種大型書籍收錄並獲獎。他還參與了敦化市委主編的《中國共產黨敦化歷史》《陳翰章將軍傳》《敦化市革命遺址彙編》的編審工作。

二〇〇三年三月十五日，在敦化舉行的「中日兩國關於銷毀在敦化哈爾巴嶺所埋藏的毒氣彈」論證會上，楊明谷從歷史的角度揭露了日本軍國主義的罪惡，宣揚了中國人的大仁大義，提出了加快銷毀毒氣彈的重要性，使日本代表和其他與會人員極為震驚與感慨。之後，又起草了《敦化人民給日本政府的一封信》，以敦促日本政府加快銷毀化學武器的進程。此信已通過外交途徑交給了日本政府。

▲ 書法創作中的楊明谷

被寫入《中國專家名人辭典》的教育專家 —— 李守田

　　李守田（1930 年 9 月 - 1998 年 8 月），生於遼寧省寬甸縣八河川鄉。一九五二年十月畢業於吉林師專中文科，後又參加東北師範大學中文系函授，於一九六六年本科畢業。一九五二年分配到敦化一中工作，長期任語文教研組組長。

　　他在教學中認真勤懇，教學方法靈活有趣，知識廣博，講授踏實，深受學生歡迎。所任高中畢業班課程，每年學生高考語文成績，在全省居於領先地位。他鑽研業務，並幫助和帶領全教研組教師學習課業知識，一絲不苟。他待人坦蕩、友愛。一九七一年被調到敦化縣教師進修學校任語文教研員後，深入研究語文教法，始終堅持到各校聽課，組織全縣語文教學研討會，並把全國先進的教學方法介紹給大家，使敦化縣語文教學質量不斷提高。他在敦化曾任第三屆政協委員。一九七八年李守田老師調到延邊州教育學院工作，對本身業務更加精益求精。一九八二年評為副教授，一九八七年評為教授。李守田教授曾擔任過延邊教育學院教研室主任、副院長、學報副總編。曾為州政協第六、七屆常務委員、副秘書長兼提案委員會主任、延邊州社會科學聯合會副主席、吉林省中學語文教學研究會副會長、吉林省語言學會常務理事、延邊漢語學會會長，中國訓詁學會會員。多次被聘為吉林省成人高校高級職稱評審委員、延邊大學漢語系碩士研究生畢業論文答辯會主席、延邊詩詞學會會長、延邊儒學會顧問、延邊州關工委副主任等職。退休後他仍工作不輟，被

▲ 李守田

▲ 李守田

聘為《延吉晚報》副總編。李守田教授在講課時能將思想、科學、藝術融為一體，不尚空談，務求實用，不泥古、不拘謹，時發個人創見，因此，頗為學生與同行所稱道。

　　他在學術研究方面的主要論著涉及現代漢語、中學語文教學、邏輯學、教育學、中國古代歷史、歷史文獻學、新聞學等方向計有五十餘篇，二五二萬字。他常說：「人生社會處處皆學問，只看人是否去觀察，去積累，去思索，去發現，去動手形成文字。研究之道，積與思而已。」另外他還有詩詞作品三〇〇餘首。他因其成就被收入《中國專家名人辭典》《全國高校編審名錄》。一九九八年八月八日，他因患肝癌，治療無效，在延吉病逝。

敦化教育事業發展的見證者——李建樹

李建樹（1933 年 8 月- ），生於瀋陽市小南關丙吉胡同。曾就讀於遼寧公學、遼源師範、東北師大中文系。一九五八年八月分配到敦化市直屬機關業餘大學任中文系教師，後調到敦化市第一中學。一九七九年敦化成立重點高中——實驗中學，遂調入擔任語文教研組組長。一九八一年任教導處主任，一九八三年任學校領導。

▲ 李建樹

一九八五年抽調到敦化市教育局教育志編纂辦公室任主編，編寫《敦化市教育志》。一九八八年轉任敦化市教育學會常務副會長。一九九三年退休。二〇〇二年又任市教育局教育志編纂辦公室主編，編寫《敦化市教育志續編》，該教育志二〇一二年完成。《敦化市教育志》記錄了清末至一九八五年敦化教育事業發展概況。《敦化市教育志續編》記錄了改革開放後敦化經濟社會文化快速繁榮發展的大背景下，全市教育事業走上「快車道」，取得了令人矚目的發展成果，城鄉教育面貌發生了巨大的變化。

李建樹曾是敦化市政治協商會議第七、八、九屆特邀委員，吉林省青少年作家協會常務理事，敦化市詩詞學會第二屆會長，延邊州詩詞學會副會長，吉林省長白詩社社友，中國文藝家協會名譽理事，高級研究員。

詩詞作品先後發表在《華夏吟友》（首卷）、《鴨綠江文藝》《中華當代絕句精選》《世界華文詩詞藝術大賽全榜集》《當代百家旅遊詩詞精選》《中華詩詞文庫》《吉林詩詞卷》《長白山詩詞》《世界文藝》《延邊詩詞集》《長白寄情》等刊物。

民俗學者——李果鈞

　　李果鈞（1933 年－　），滿族，筆名灑達，副研究員。中國民間文藝家協會會員，吉林省民俗學會名譽理事長，省滿族說部學會學術顧問，長白山詩社社友。敦化民俗學會的組建者，首任秘書長。

▲ 李果鈞

　　曾任《中國諺語集成‧吉林卷》責任編輯，獲「全國文藝集成志書編纂成果」二等獎。還編撰了《吉林民間故事集成‧延邊州卷》《吉林民間故事集成‧敦化卷》《延邊州民族志》（滿族篇章）《敦化市民族志》（滿族篇章）。曾對吉東滿族做多年考察，撰寫了《吉東滿族族源》《吉東滿族禮儀》《吉東滿族婚俗》《吉東滿族信仰禁忌與歲時風俗》《敦化滿族》《敦化滿族民間文學》《談滿族歌謠》等學術成果，引起一些國內外滿學專家學者的注目。

▲ 《血沃丹江》

　　他曾在《吉林日報》週末版開闢《民俗通》專欄，每期發表民俗小文章。收集整理發表了陳翰章抗日英雄戰績十餘篇，還與王維臣合出了一本《血臥丹江》，歌頌抗日英雄。收集整理發表了百餘篇滿族民間文藝作品。發表了滿族民間故事傳說《黑娘的傳說》《漁郎的來歷》《鄂多里人搬家》《長順將軍》等四五十篇作品。發表了滿族民間歌謠八十餘首，有漁歌、獵歌、時政歌、情歌、生活歌、兒歌等。還蒐集、整理、編撰了一部近十萬字的滿族說部《小莫根逸聞》。

▲ 《釣叟哼韻》

　　文學創作有短篇小說《岔路口上》《錯位》（獲全國微型小說三等獎），電影劇本《金鏡》由長春電影製片廠拍攝成動畫片，上映後獲少數民族騰龍獎，並於一九九一年五月在中央電視台播出。散文《山野童年》載於《聽說讀寫》「作家漫話童年」欄中。詩歌有新詩百首，其中組詩《荷戀》在「中國芙蓉杯詩書畫印大賽」中獲「特別優秀大獎」，收入名人名作欄目。出版了詩詞集《釣叟哼韻》，共創作了五〇〇餘首詩詞，獲得過多種獎勵。

刀畫創始人 —— 宋萬清

▲ 宋萬清

宋萬清（1936年-2006年），吉林省敦化林業機械廠工人。自幼酷愛藝術，不斷吸取各畫派之長，潛心研究中西畫技。他借鑑渤海國貞惠公主墓木雕技法，一九七八年五月十五日創始了以刀代筆的減色畫法，於是「刀畫」在中國藝術界不斷得到推廣。

宋老先生苦思冥想，不斷地研究探索，拋棄了傳統的束縛，拓展了用色技巧及繪畫工具的新領域，並得到了國家領導的認可與鼓勵，從而使刀畫這一藝林奇葩大放光彩！一九八四年，他創辦了「宋記刀畫」學習班，傳授了四○○多名學生，遍及全國各地。刀畫很快傳播開來，引起了吉林省文化廳和各地媒體的關注，吉林省電視台及各地報社多次報導、刊登。吉林省文化廳授予宋萬清老先生「省民間藝術家」稱號。二十多年過去了，宋老從未間斷對刀畫的研究，畫技日臻完善，他的刀畫是國畫、油畫、版畫和剪紙藝術的結合，具有油畫的透視感和國畫的染暈的效果，立體感分外強烈。其作品兼得中西繪畫之長，既突出國畫深遠的意境，又具有油畫的光感、質感、空間感方面的優點，表現手法新穎獨特，令觀者讚不絕口。

其代表作品《長白雪峰》被魯迅文學院收藏，另一幅《長白雪峰》被王蒙收藏，其他作品被二十九個省、市的美術收藏者收藏，有些還漂洋過海，走進了英國、法國、韓國、美國、新加坡、日本等國家。

▲ 宋萬清作品

▲ 宋萬清作品

綽號「金嗓子」的女戲劇家——楊金娥

楊金娥（1936年- ），女。一九五一年由瀋陽市來敦化加入原敦化縣評劇團當演員，拜花愛君、花秦樓、花鳳霞為師學戲，成為花派傳人。一九五三年秋，劇團排演大型評劇《望娘灘》，她擔當主要角色。一九五七年成為敦化評劇團的台柱子。

▲ 楊金娥

在四十多年的戲曲工作中，領銜主演近二百個劇目，在延邊州頗有名氣，並有「活錄音機」「金嗓子」的稱號。一九七二年至一九七四年，擔任戲曲學員班教師。一九八七年，擔任「敦化百花劇社」社長。多年來，一直是省、州、市的劇協會員，曾任理事、會長等職務，並被推選為州人大代表。曾被評為國家二級演員，多次榮獲優秀青年演員稱號。

楊金娥繼承了花派藝術的特點，高亢豪放，聲情並茂，柔剛相濟，具有大口落子的風格。唱腔富有表現力，激越處高亢激昂，低沉時似溪水委婉，行腔高、中、低音上下滑動，運用自如。嗓音高、亮、甜、潤，清脆華麗，給人以戲曲演唱美聲之感。楊金娥在表演上既保留了花派的藝術風格，又恰到好處地糅合了自己的個性追求。花派明亮清脆的演唱技巧，加上她善於抓住和把握劇目中人物內心世界的刻畫，不拘泥於老套，能夠深入人物心理世界的發展脈絡，可以說是相得益彰，形成了獨特的風格。

吉劇名伶──王青霞

　　王青霞（1936 年 -　），女。京劇演員，曾被選為敦化縣人民代表、縣婦聯委員，一九五八年被選調到吉林省吉劇團，現為吉林省吉劇團主要演員。

　　她五歲時其生父母因貧窮於營口將其賣於戲院班主王明君，七歲時拜李蘭舫為師學唱評戲。一九四四年隨京劇著名武生張云溪（後為中國京劇團演員）學習「把子功」「毯子功」，同時還學會了許多京劇名家膾炙人口的唱段。二十世紀五〇年代初，王青霞在敦化演出《紡棉花》，在劇中她演唱《轅門斬子》中楊六郎的唱段，由於她唱得高亢洪亮、字正腔圓，博得滿堂彩。她還向名角劉豔霞、鄭麗豔、劉翠霞、花鳳霞、金玉霞學習，在二十世紀五〇年代初成為敦化評劇團挑大樑的主角。一九五四年吉林省文化局舉辦匯演，她榮獲優秀演員獎。一九五七年吉林省第一屆戲曲匯演中，她在《楊八姐游春》《馬寡婦開店》中分別飾演楊八姐、馬寡婦，表現出很高的造詣。

　　一九五六年，經吉林省文化局推薦，王青霞被作為尖子人才派往北京學習。王青霞尤以唱功見長，被不少戲劇專家贊為「眼睛會說話」的好演員。

　　作為吉林省吉劇團旦行的主要演員之一，王青霞憑藉紮實的表演功底取得了顯著的成就。王青霞在她演出的二十七個吉劇劇目中扮演了各色性格鮮明的角色，用紮實的唱功和手絹絕活贏得了不少觀眾的心。如今的王青霞，已經很少會登台演唱了，「年紀大了，在唱功上的咬字、吐字、氣口、音韻上的功夫已經大不如前了，但偶爾還會唱上一段」。吉劇，這個王青霞為之奮鬥了半個多世紀的戲劇，如今早已成為了她人生中無法割捨的一部分。

敦化朝鮮族民族、民間文學事業的先行者
—— 金忠默

金忠默（1936 年 -　），朝鮮族。敦化地區朝鮮族民族、民間文學事業的先行者。一九三六年生於敦化縣沙河沿，畢業於延邊大學中文系函授部。

▲ 金忠默

他在縣文化館館員兼縣文聯秘書的崗位上，積極深入群眾，蒐集、整理朝鮮族民族、民間文學作品，如：《虎頭山》《奉親》《枕頭山與愛情湖》《貓和老鼠》《蝙蝠的「本事」》《公野雞的哭聲》《灰鶴、螞蟻和螞蚱》《背夾鹽商》《聰明的孩子》《孝子洞》《風匣謠》《搓麻歌》《葫蘆歌》《搖籃曲》等被收入《吉林省民間文學集成》。他與吉林省文聯副主席、省民間文學研究會會長胡昭合作，整理了六十多篇、二十餘萬字朝鮮族民族、民間文學作品，故事《麋子》和歌謠《荷包歌》在國家級的《民間文學》上發表，廣為流傳。

經過金忠默的不懈努力，敦化許多朝鮮族民族、民間文學的作品被收集、整理成冊，從而得以被人們所熟知。可以說，金忠默有力地推動了敦化地區朝鮮族民族、民間文學事業的發展。

敦化文學事業發展的推動者——劉野

▲ 劉野

劉野（1936 年 - ），吉林省敦化人，中國作家協會吉林分會會員。一九五五年開始，在上海、長春、延吉、北京等地的報刊發表作品。其詩歌、小說、散文、故事、報告文學、評論等散見於《新少年報》《人民日報》《工人日報》《吉林日報》《延邊日報》、《延邊文學》等報刊。一九五九年獲吉林省建國十週年文學創作獎，一九六三年獲

▲ 圖中彈奏鋼琴者為劉野

▲ 劉野在二〇一二年獲延邊第七屆「金達萊文藝獎」

「延邊州十年來優秀作品、表演獎」，一九七九年獲延邊州國慶三十週年文藝創作獎，二〇一二年獲延邊第七屆「金達萊文藝獎」，被州政府授予「小說家」榮譽獎牌。

劉野原是敦化農村學校教師，一九五八年調入縣文化館。為開展群眾性文學事業，他向上級建議成立文學藝術工作者聯合會，得到大力支持，於一九六三年建成了吉林省第一個縣級文聯，創辦刊物《群眾文藝》，並向省內外報刊推薦佳作，湧現出張笑天、楊明谷、李建樹、李守田、李果鈞、劉德昌、孫來今、陳洪山、顧香庭等一大批作者，掀起了敦化文學的第一波浪潮。劉野通過延邊作家協會促成延邊大學創辦青年作家班，促進了賈志堅、張偉、汪皓、金學泉、徐偉林、張波等一批文學新人成長。《敦化市中小學校本課程》第八冊用第一、第二兩課講述劉野的文學活動。

現在，年近八旬的劉野仍作為敦化市文聯顧問，《雁鳴湖》文學季刊的編委，活躍於文壇。他家依然是新老文友們聚會的沙龍，一些稿件和出版物的中轉站。他的網絡空間，有更多的敦化作者活躍其中。

敦化地區文物、考古事業的奠基人──劉忠義

　　劉忠義（1937 年－1999 年），敦化地區文物、考古事業的奠基人。一九五八年考入瀋陽魯迅美術學院，在學習美術史的過程中對文物、考古事業產生了濃厚興趣，遂在一九六二年離開寧夏回族自治區幼兒師範學校美術教師的崗位，回到家鄉敦化，開始文物、考古工作，一九六五年掛帥成立敦化縣文物管理所，把敦化的文物事業推向了新的階段。

　　劉忠義一面大量研究歷史資料，一面帶領同事跑遍敦化的山川大地，調查了三十二處古遺址、九處古墓葬、十六處古城遺址、十處古建築、六處古驛站、四處古碑刻、二十二處現代遺址、七處帝國主義侵華遺址，採集、徵集了文物標本，繪製了地形圖和器形圖，拍攝了照片，用科學、嚴謹的態度，立項一〇六處、一四四個條目，撰寫了十二萬字的《敦化市文物志》，由吉林省文物志編委會審定出版，為敦化及東北地區的史學建設做出了重要貢獻，受到高度讚譽。

　　歷史書籍記載了東北地區的靺鞨族首領大祚榮據東牟山建立震國，但東牟山在哪裡，一直是史學界爭論不休的問題。一九八二年劉忠義在黑龍江省社科雜誌《學習與探索》發表論文《渤海東牟山考》，論定東牟山就是敦化市區西南二十二點五公里處的

▲　《敦化市文物志》

城山子，就是渤海國的開國都城。此論引起史學界一片譁然，經權威專家嚴格考察辯論，最終認同了此論，遂填補了《中國歷史地圖集》的一處空白，明確了敦化的歷史地位。

劉忠義被評聘為副研究館員，曾任政協敦化市第五、第六兩屆副主席。他於一九九九年病逝，享年六十二歲。

▲ 劉忠義（左一），任市文物管理所所長時，在六鼎山為省內專家介紹渤海古墓群。（右一為時任市文化局副局長劉野在陪同）

▌鄉土散文家——陳洪山

　　陳洪山（1939 年 -　），中國作家協會會員，中國林業文協常務理事。一九三九年生於山東，在敦化林業局參加工作，後任敦化林業機械廠黨委宣傳部副部長等職。一九七五年調任吉林省林業廳高級工程師。

▲　陳洪山

　　二十世紀六〇年代在敦化開始文學創作，其散文《春滿江南》首刊於《吉林文藝》，後被收入《中國文學》中文版和英文版，在國內外發行，一九七二年被吉林人民出版社收入小說散文集《重任在肩》，一九七三年被人民文學出版社收入散文集《珍珠賦》，一九七五年被編入吉林省中學語文課本教材。同年又更名為《塞北魚米鄉》，編選為東北師範大學中文系教材。

　　陳洪山的散文作品中，大自然具有人的靈性，景因情之融入而更美，而蘊含有豐富的情感內涵。這種融情入景，情景相生的藝術特點，使其作品具有抒情詩的韻味和風景畫的情致。其筆調輕倩靈巧，語言清雋流麗，既有白話通俗流暢的特點，又有古典文言精練雅緻的長處。

中國著名文藝家 —— 張笑天

▲ 張笑天

張笑天（1939年 - ），著名的文學和影視作家，筆名紀延華、紀華、嚴東華。一九三九年十一月十三日出生於黑龍江省延壽縣黑龍宮鎮，祖父做過民國的督學，父親設館從教，因此從小受到較好的文學薰陶。十三歲時，在《中國少年報》發表第一篇小說《新衣》。一九六一年畢業於東北師範大學歷史系，畢業後分配到延邊朝鮮族自治州敦化縣任中學教師九年，後調入縣文化局、宣傳部等部門工作。一九七五年調到長春電影製片廠任專業編輯，後任長春電影製片廠副廠長。曾任省作協主席，現任省文聯名譽主席，中國作家協會第六屆、七屆、八屆主席團委員，中共十六大、十七大代表，一級編劇，二〇〇五年被國家授予優秀電影藝術家稱號。

張笑天迄今出版文集三十卷，長篇小說二十八部，中篇小說五十餘部，電影劇本二十五部，小說集、劇本集、散文隨筆集十八部，短篇小說六十餘篇，創作文字總量逾三千萬字。代表作品：長篇小說《太平天國》《朱元璋》《永樂大帝》《永寧碑》《孫中山》《台灣首任巡撫劉銘傳》《施琅大將軍》《抗日戰爭》《三八線往事》《雁鳴湖畔》等，創作電視劇六百多部集，其中《太平天國》等反響強烈。另有大量的散文、隨筆、雜文、文論散見於各報刊，作品多次獲得國內外大獎。中篇小說《前市委書記的白晝和夜晚》獲第四屆全國優秀中篇小說獎；電影《開國大典》劇本獲第十屆中國電影金雞獎最佳編劇獎，電影《重慶談判》劇本獲廣電部主辦的全國優秀電影劇本徵集二等獎，第二屆「中國長春電影節」最佳編劇獎（金鹿杯），電影《末代皇后》獲第四屆「巴西里

約國際電影節」評委特別獎，劇本《白山黑水》獲首屆中國夏衍電影文學獎，全國電影劇本徵文二等獎，劇本《世紀之夢》獲一九九八年度中國電影華表獎優秀劇本獎，電視劇《鐵人》（改編）榮獲建國四十週年全國電影電視劇本徵稿一等獎，中國電視劇飛天獎一等獎、劇本一等獎，《太平天國》獲第二十一屆中國電視飛天獎二等獎，《台灣首任巡撫劉銘傳》榮獲第二十四屆中國電視飛天獎二等獎。

▲ 作品《太平天國》

潛心砥礪數十載的書法家──劉憲臣

劉憲臣（1941 年 -　），吉林省敦化市人，中國書法家協會會員。

從事書法創作五十四年，其間未曾從師，全憑自身琢磨，一路蹣跚成為書法家。作品曾入選全國首屆扇面展，全國第四屆楹聯展，全國第八屆書法篆刻展。作品一九八七年入選全國「第二屆峨杯書畫賽」；一九八八年入選「長白山國際書法大獎賽」，

▲ 劉憲臣

獲佳作獎；一九八八年獲第二屆延邊「金達萊文藝獎」；一九九三年入選中日合辦「破體書法國際展」，獲三等獎；一九九四年入選「一九九四·北京·當代書畫家福壽作品精選展」，併入選《作品大觀》，一九九四年入編《中日書法作品彙觀》獲優秀獎；一九九四年入選「中日書法交流大展」；一九九四年入選「唐詩宋詞頌」書畫印赴日展，獲銅獎；一九九六年入選《二十世紀中韓書法家作品精賞》，獲優秀獎；一九九六年入選紀念聯合國教科文組織成立五十週年「世界和平友好國際書畫藝術大賽」，獲優秀獎；二〇〇一年入選慶祝中國共產黨成立八十週年「吉林省書法作品展覽」，獲特別獎；二〇〇二年入選「吉林省黨政幹部千人書法展」，獲一等獎。

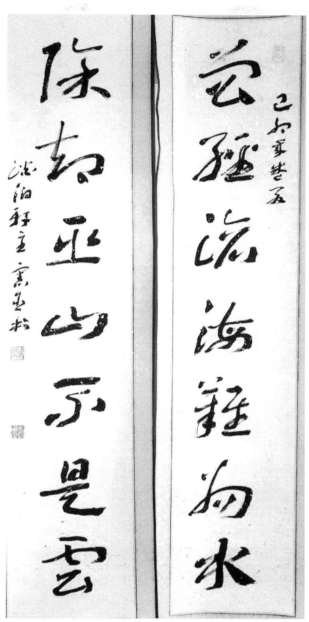

▲ 書法作品

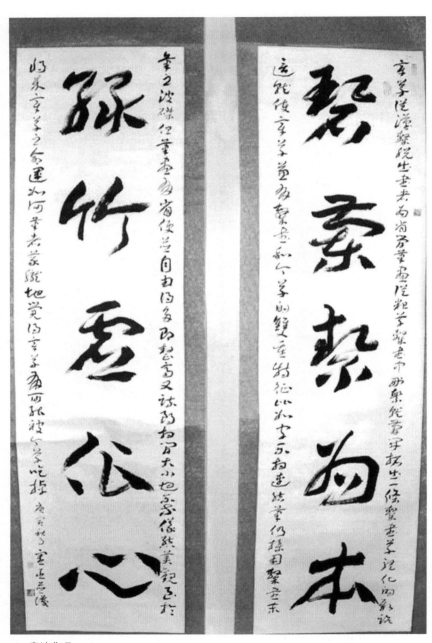

▲ 書法作品

成就非凡的女編輯——陳道馥

　　陳道馥，女，高級編輯，清光緒進士、民國初年總統徐世昌曾外孫女。

　　二十世紀六〇年代來敦化，在縣製藥廠工作。一九七七年恢復高考後以敦化縣總分第一名考入東北師範大學。畢業後，先後參與籌備並創辦了《旅行家》《中國企業家》《經濟月刊》三份在國內外極具影響力的雜誌，歷任團中央《旅行家》編輯部副主任、經濟日報《中國企業家》總編、經濟日報經濟研究中心研究員兼《經濟月刊》副社長、特約評論員；參與籌建中國女企業家協會並任理事，曾任首都女記者協會理事、廣東省經濟學家企業家聯誼會副會長、河南省周口市等地方人民政府經濟顧問。

　　她在《經濟日報》《人民日報》《光明日報》《中國青年報》《世界哲學》《編輯之友》和多家出版社發表各類文章及著述、譯著約三〇〇萬字。曾採訪著名美籍華人陳香梅、著名建築師貝聿銘、美國登月宇航員歐文、世界著名大提琴家馬友友等。專著有《現代企業制度巡禮》《中國企業徽標賞析》《丁一嵐傳》《點點四季文存》和「企業家人文修養叢書」之《回報社會》《迎接挑戰》《求知超越》《善待人生》《生生和諧》《無形權威》《人際溝通》《臨變善應》八冊；主編論文集《時空理論新探》；譯著有《宏觀世界、巨大世界和微觀世界的空間和時間》《認識結構和科學革命》。其中，《企業家人文修養叢書》獲得高度評

▲ 陳道馥

價並為之作序；范敬宜稱其為「貼近生活、豪情滿懷的優秀記者」。採寫的有關哈爾濱棚戶區改造、農民增收問題的「內參」，引起了各級政府高度重視，並促進了問題的解決；策劃並主持的「中國企業家的歷史方位大型研討會」「中國首屆企業徽標展示暨理論研討會」「全國優秀基層企業WTO高層論壇」「中國中西部農業論壇」等大型會議、活動均產生了重要影響。與《人民日報》、中央人民廣播電台、中央電視台等共同策劃組織的「全國經濟改革人才獎」，在中央宣傳部、中央文獻研究室、中央黨史研究室、文化部、中央檔案館、國家博物館共同舉辦的「世紀偉人鄧小平——紀念鄧小平同志誕辰一百週年展覽」上獲得高度評價。

▲ 《丁一嵐傳》

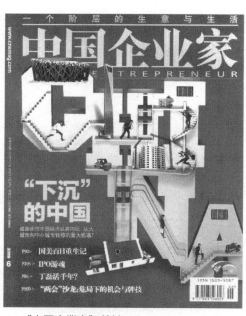

▲ 《中國企業家》雜誌

長白山文化沃野上的耕耘者——劉德昌

▲ 劉德昌

劉德昌（1942 年 - ），滿族，筆名寧心、鄭青。歷任敦化林業局黨委宣傳部幹事，《延邊日報》文藝部編輯，延邊作家協會《天池》雜誌主編，專業作家，文學創作一級。吉林省作家協會理事。一九九〇年加入中國作家協會。劉德昌一直致力於家鄉的文學事業發展，在從事編輯、主編工作時，為延邊及敦化培養了大批作家、詩人和文學愛好者。

一九五八年開始發表文學作品，幾十年來，共發表文字作品一二〇多萬字，其中包括小說、散文、詩歌、雜文、隨筆等，曾出版詩集《鷹星》，主編出版詩集《長白詩草》（舊體詩集）、《長白詩情》（舊體詩、新詩合集）、散文詩歌集《雪泥鴻影》《長白詩草》（歌詞集）《海潮湧起》《青春你好》《長白寄情》（舊體詩集）。

《長白詩草》（舊體詩集）共收錄了近百位作者的詩詞作品，以本籍作者創作的詩詞作品為主，還收錄了少量的外籍作者創作的作品。在舊體詩詞中，集中以「上海知青詩選」為專題收錄了二十首反映來延邊插隊的知青生活的作品，再現了那段激情燃燒的歲月。在這部詩詞集裡，佳作迭出。作品直接取材於民族風情和民俗文化，不僅從內容上為這部詩集奠定了厚重的人文基礎，也使這部詩集形成了鮮明的地域風格，這是一部延邊人為延邊唱響的深情頌歌。

入選《中國音樂家大辭典》的敦化人
——金明哲

　　金明哲（1943 年 - 　　），朝鮮族，畢業於延邊歌舞學校長笛專業。先後擔任小學音樂教員，中國人民解放軍某部隊文藝宣傳隊戰士，退伍後在敦化縣文工團、群眾文化館工作。

　　作品情況：兒童歌曲《歌唱共產黨》一九六二年發表於《延邊少年兒童歌曲集》，並在延邊廣播電台播放。歌曲《我笑了》一九八九年發表於《中國音協延邊創作歌曲集》。歌曲《乘務員之歌》《雙影子》《歡迎朋友來延邊》在延邊廣播電台、中央電台播放。歌曲《盼回歸》《吉林，我的故鄉》分別榮獲吉林省香港回歸歌曲徵集活動、我愛吉林徵歌活動二等獎。歌曲《同學之歌》榮獲中國朝鮮族祝酒歌徵集優秀獎。在吉林省、延邊州各種文藝匯演中，多次榮獲指揮、作曲、編曲獎，音樂創作簡歷入選《中國音樂家大辭典》（由人民出版社出版發行的《中國音樂家辭典》（增訂本）一書，由著名文史學家黃勝泉主編，中國著名音樂家呂驥、賀綠汀、傅庚辰、吳祖強、徐沛東、馮光鈺、王次照、金鐵霖等擔任總顧問。全書收入了一九一九年「五四」新文化運動以來以聶耳、冼星海為代表，以中國音樂家協會會員為主體的海內外著名華人音樂家（含音樂理論家、音樂教育家、作曲家、指揮家、歌唱家、演奏家、音樂活動家、音樂文學家等）的藝術傳略，是二十世紀以來中國音樂界具有權威性、全面性、史料性的辭典）。

敦化走出的將軍 —— 韓錫平

韓錫平（1944 年 6 月 - ），出生於吉林省敦化市額穆鎮。軍旅生涯分別在黑龍江省軍區政治部宣傳處、瀋陽軍區某部工作，先後任青年科（處）長，副部長、部長等職。任組織部長期間，被選送到國防大學基本系學習兩年，一九九三年二月某集團軍政治部主任，後改任副政委；一九九五年七月被授予少將軍銜；一九九六年七月任某集團軍政治委員，期間當選為黨的十五大代表。

韓錫平將軍勤勉剛正，長期從事部隊思想政治工作，在撥亂反正中做了大量工作，著有《維軍權 穩軍心》。他十分關注珍寶島戰鬥宣

▲ 韓錫平

傳，主持的東北地域文化採風工程歷時七年，《白山黑水三人行》一書中對他有這樣一段描述：

> 從戰士到將軍，機關秀才，首長秘書，我軍高級政治工作幹部，有許多得意之筆，作為秀才，莫過於整理戰鬥英雄孫玉國事蹟，總結學雷鋒經驗。

韓錫平將軍於繁忙中始終熱心敦化家鄉的建設，他先後邀請軍界領導為敦化抗聯戰跡地題詞紀念，韓錫平將軍親筆為襲擊額穆警察署戰跡地題寫：神兵天將，激勵後人緬懷英烈。近年來，東北抗聯英雄陳翰章將軍的後人盼望英雄早日身首合一，韓錫平將軍親自向敦化市委建議，同時在全國人大會議期間邀請部分將軍共商遺首回歸事宜，後又專程去黑龍江省，代表敦化老兵與哈爾濱

▲ 《維軍權 穩軍心》

民政局協商。終於，在多方呼籲和努力下，二〇一二年五月，中共中央辦公廳、國務院辦公廳批准了《關於恭請陳翰章將軍頭顱回家鄉遺體合葬的請示》，同意將陳翰章將軍頭顱從哈爾濱烈士陵園請回吉林省敦化市與遺體合葬。二〇一三年四月十一日將軍誕辰百年之際，抗聯將領陳翰章的頭顱終於得以回歸故土，安於陵園之內，圓了將軍家人以及敦化人民的共同心願，對弘揚東北抗聯文化具有深遠意義。

▲ 韓錫平與作家李占恒、戰鬥英雄孫玉國三人結伴行走東北，歷時多年得有《白山黑水三人行》一書

軍旅作家——常萬生

▲ 常萬生

常萬生（1945年-），其父母為吉林省敦化縣大石頭林業局工人。他是中共黨員，著名作家，現任大連藝術學院傳媒學院廣播電視新聞採訪與寫作教授。一九六九年畢業於東北師範大學歷史系。一九七〇年應徵入伍，歷任解放軍某部隊戰士、排長、幹事，大連陸軍學院教授。中國歷史文獻研究會、中國唐史學會會員。他從一九八一年開始發表作品，一九九一年加入中國作家協會。

常萬生所創作的歷史文學作品，既有史，又有文；既能包容真實可信的歷史知識，又具有一定的文學性和趣味性，能夠激起人們的閱讀興趣，使讀者在文學的愉悅中獲得真實可信的歷史知識，得到某些歷史的啟示和教育，讓人們通過文學的形式來瞭解歷史、認識歷史、接受歷史。著有專著《東南英傑王金髮》《女皇武則天》《趙武靈王》《國防史鑑》《陸戰的故事》《油城鐵軍》《狄公奇決六十二案》《弒主逼宮》《口蜜腹劍李林甫》《斷頭肥鼠李斯》《宋太祖趙匡胤》《長生殿》《常萬生史傳春秋系列》（9卷），電視連續劇劇本《漢宮飛燕》（與張笑天合作編劇，已錄製播出）等。

他曾被評為全軍優秀教員，全軍院校《大學語文》學科專家，獲全軍育才金、銀獎，國務院特殊津貼。他編輯專著《治世滄桑》獲一九八九年吉林省優秀圖書獎，歷史傳記文學《美人趙飛燕》獲大連市一九九二年至一九九四年優秀作品獎、《貞觀天子》和《西楚霸王》分別獲一九八一年、一九九一年瀋陽軍區優秀作品獎，並在中國台灣再版。

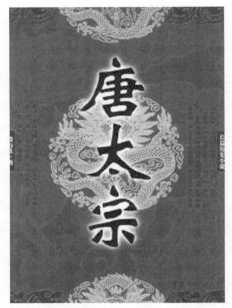

▲ 《唐太宗》

▲ 《項羽》

北方著名編輯——郭俊峰

郭俊峰（1945 年 -　），曾任時代文藝出版社社長，吉林省新聞出版局報刊圖書審讀室主任，著述、編輯成果豐碩，多次獲省內外圖書出版獎。

▲ 郭俊峰

郭俊峰一九四五年生於敦化，在吉林大學畢業後參軍，曾在濟南軍區任教，轉業回到敦化縣委宣傳部，後到延邊州委任常委秘書、綜合處處長，一九八七年後任吉林省人才研究所副所長、吉林省政協辦公廳綜合處處長、吉林省政府辦公廳綜合辦公室秘書、吉林省新聞出版局辦公室主任時代文藝出版社社長、吉林省新聞出版局審讀室主任等職。

郭俊峰在從事行政工作的同時，致力於編輯、輯錄、策劃出版圖書，同時致力於文學著述。主編或與人合作主編的圖書有：《四大名著點評青少年讀本》《青年編輯實用讀本》《中國歷代笑話集成》五卷、《中國現代小說家作品全集》八部、《佛經精華》二卷等。譯註、譯評的圖書有：《論語譯註》《戰國策譯註》

▲ 《增廣賢文譯評》

▲ 《青年編輯實用讀本》

《紅樓夢評析》《增廣賢文譯評》（與人合作），還校點了一批晚清及民國時期小說。策劃的圖書有《中國古典文學精品大系》十捲、《梅里美全集》三卷、《絕妙小品文文庫》四卷、《中國民族風俗敘錄》等。在《人民日報》《中華讀書報》《中國圖書商報》《前進報》《吉林日報》等報刊發表書評、散文、隨筆、詩歌、小說數百篇。藏書三萬餘冊，除中外名著外，鼓詞、歌謠、《西廂記》書系、戲曲、東北史為主要特色。

中國體育社會學和體育管理學的奠基者
——劉德佩

劉德佩（1947 年 -　），自幼在敦化大石頭森工子弟小學就讀。一九五九年被下放農村，自尊心受到傷害的他在小學五年級時選擇了輟學。兩年後插班到大石頭鎮一所半工半讀的農業中學。一九六三年成了該校唯一考入敦化一高中的學生。進入

▲ 劉德佩

敦化一中後被選入校體育代表隊，開始長跑、競走訓練，後來又練習滑雪。從此開始了他的體育生涯。恢復高考的第一年，他以通化地區文科總分第二名的成績被吉林大學歷史系列入錄取名單，然而單位政審未獲通過。翌年國家恢復研究生考試，他成了瀋陽體育學院體育理論專業的首位研究生，畢業留校任教。

一九八九年被派往蘇聯科學院新西伯利亞分院作高級訪問學者，並先後在莫斯科體院，柴可夫斯基體院和列寧格勒體院任教和合作研究，此期間獲得榮譽哲學博士學位。

他是中國體育界第一個獲得國家社會科學研究基金的學者，是中國和體育管理學兩個學科的奠基者，出版了中國第一部《體育社會學》專著，並被譯成俄文在俄羅斯出版；與他人合作出版了中國第一部《體育管理學》教材，多篇論文被譯成英、俄、日、蒙古文等文字在國外發表。一九九五年在德國漢堡的年會上被破格增選為國際體育社會學委員會（ICSS）的委員，他一九九六年被

▲《體育社會學》　　　▲《體育基本理論教程》

特招入伍。一九九七年作為中國軍隊代表赴捷克首都布拉格出席國際軍體理事會（CISM）第十屆科學大會，結束了在這一國際舞台上沒有中國軍人的歷史。二〇〇〇年在博茨瓦納的首都哈博羅內舉行的國際軍體理事會第十二屆科學大會上，他奉命代表中國軍隊申請國際軍體理事會第十三屆科學大會的舉辦權。他所做的申辦陳述報告贏得了多數國家代表團的支持，最終戰勝了巴西等申辦國，以絕對多數票為中國贏得了舉辦權。二〇〇四年在突尼斯舉行的CISM第十六屆大會上，獲得了「國際軍體理事會主席獎」。

勤於文學創作的教育家——陳光陸

陳光陸（1947 年 5 月 - ），出生在敦化，一九六五年高中畢業在額穆鎮擔任代課教師。一九七八年考入東北師範大學，畢業後從教於延邊教育學院，二〇〇六年去職並應聘到長白山管委會做督學。

▲ 陳光陸

幾十年下來，他在自己的主業領域取得的成就與在文學領域所收穫的成果幾近相當。他從教近半個世紀，教學研究取得的成果頗豐。教育類的各種著述近六十餘部，學術論文近百篇。獲得國家、省級教育科研成果獎五項，並因此獲得教育部曾憲梓教育基金獎和吉林省勞動模範稱號。

在文學領域，文學著作（包括文學評論、詩歌、散文等）頗多。代表作品有《中國現代文學創作散論》《中國現代文學流派概觀》《生命的斷想》《師恩難忘》等。其中，《二十世紀中國文學創作散論》從一個獨特的文化視角審視並詮釋了二十世紀中國文學成長和發展的軌跡。如今，近古稀之年的他尤懷故鄉情結，並鼓餘勇致力於敦化及延邊的文化建設。

享譽世界的華人經濟學家——楊小凱

▲ 楊小凱

楊小凱（1948 年 - 2004 年），原名楊曦光，出生於吉林省敦化，澳大利亞經濟學家。一九八八年獲普林斯頓大學經濟學博士學位，曾任哈佛大學國際發展中心（CID）研究員、澳大利亞莫納什大學經濟學講座教授、澳大利亞社會科學院院士。

他的論文見於《美國經濟評論》《政治經濟期刊》《發展經濟學期刊》《經濟學期刊》《城市經濟學期刊》等匿名審稿雜誌。他和黃有光合著的《專業化和經濟組織》一書被權威雜誌書評稱為「蓋世傑作」。財務理論奇才布萊克稱此書為「天才著作」。他的《經濟學：新興古典與新古典框架》被匿名書評人稱為「對經濟學根基進行重新梳理，為經濟學教學提供了嶄新的方法」。該書評人認為「楊正在建立起一個全新的領域。是的，我敢預見，人們對新興古典

▲ 《經濟學：新興古典與新古典框架》

▲ 《專業化和經濟組織》

經濟學的興趣將迅速興起，我認為它很可能成為未來的潮流。」

諾貝爾獎得主布坎南認為他的工作比盧卡斯（Lucas）、羅默（Romer）、克魯格曼（Krugman）的要好得多。另一位諾貝爾獎得主阿羅稱讚楊的研究使亞當·斯密的勞動分工論與科斯的交易費用理論渾為一體。

他最突出的貢獻是提出新興古典經濟學與超邊際分析方法和理論，獲得了世界級的成就和同行的推崇。楊小凱曾經兩次被提名諾貝爾經濟學獎（2002年和 2003 年），被譽為「離諾貝爾獎最近的華人」。楊小凱於二〇〇四年在澳大利亞去世，享年五十六歲。

碩果纍纍的鄉土作家——于雷

▲ 于雷

于雷（1948 年 - ），出生於吉林市，成長於敦化，中國作家協會會員，發表小說、影視劇、報告文學等作品四百五十多萬字；其中「關東女三部曲」即《屬羊女》（獲首屆吉林文學獎）、《屬龍女》（獲第六屆延邊文學獎）、《屬蛇女》（第八屆茅盾文學獎入圍作品）被評論界譽為「自由地運用東北方言創作的『地方志』式優秀小說，是白山松水之間，思想藝術大樹上結出的奇葩」，「是近些年來少見的具有觀賞價值和保存價值的文學新著」。還著有長篇傳記文學《游尼弘願》（又名《佛性法師》）、長篇兒童文學《長白山童話》（第九屆中國兒童文學獎參評作品）、長篇小說《海蘭江戀歌》（第九屆延邊文學獎）、長篇傳記文學《鐵拐下的足痕》、長篇紀實文學《晨曦時刻》和《於雷電視作品選》等。他主編了以《延邊五十年文藝作品選》為代表的文藝類叢書八卷（82 冊），計二千多萬字。此外，還編導各種電視專題片近百（部）集。其中，大型電視風光片《長白山奇觀》（趙忠祥解說）第一次把長白山搬上銀屏，獲一九九三年全國電視優秀風光片獎。六十集電視連續劇《不要忘記他們》、十集電視連續劇《朝鮮族百歲老人》及專題片《長白山天

▲ 《海蘭江戀歌》

池怪獸》《中國朝鮮族民俗》《美麗的敦化》《邊陲明珠——琿春》《延吉風情》等在省台、州台播出後,得到廣泛好評;曾擔任中央電視台《正大綜藝》一二六、一二七、一二八期延邊專場特約編導,榮獲國家、省、州的各種獎勵近百項,榮獲延邊文學界終身榮譽獎。

▲ 《屬蛇女》

白山黑水孕育出的著名詩人——李廣義

▲ 李廣義

　　李廣義（1948 年 -　），生於敦化，中國作家協會會員，《雁鳴湖》雜誌主編，是《野百合》青年文學報的創辦人。先後在《紅色社員報》《吉林文藝》《解放軍文藝》《詩刊》《中國文學》（英文版）《新苑》《青春》《星火》《新港》《北方文學》《延邊文學》（朝鮮文版）《金達萊》《吉林日報》《黑龍江林業》《新疆林業》以及吉林人民出版社、延邊人民出版社出版的各類詩歌選本發表作品，並在吉林人民廣播電台配樂播放。一九七九年與人合作出版詩合集《啊，長白山》，同年獲吉林省詩歌創作獎。他於一九八〇年與賈志堅、張偉、張洪波一起成立「寸草詩社」，出版油印詩刊《寸草》，參加吉林省業餘創作積極分子代表大會，並受到獎勵。在慶祝延邊州成立三十週年徵文及延邊首屆青年詩歌大獎賽中，獲一等獎。一九八三年出版詩合集《我們的森林》。一九八六年在《詩刊》發表《延邊》一詩，後被香港現代出版社出版的《中華詩選》和哈爾濱文藝出版社出版的《經典新詩》轉載。他兩次主編由時代文藝社等出版的《雁鳴湖叢書》，培養了一批新人。個人在《詩林》《詩探索》《詩選刊》《中國詩人》《文壇風景線》《吉林日報》《城市晚報》《延邊日報》《山東政協報》《圖們江週刊》《延吉晚報》《新詩文》《江海文藝》等發表作品。出版了詩集《棲息之鷹》《心之吻》，詩合集《四友詩選》，散文集《驕傲的回顧》。其作品入選《吉林省五十年作品選》《延邊五十年作品選》及《詩刊》社選編的《中國詩庫二〇〇七卷》。為四集電視紀录片所作的歌詞《正氣千秋》被中央電視台播發，

與劉德遠合作《稅務之歌》被吉林電視台選用。歌詞《延邊之歌》入圍「唱響延邊」三十首新歌，《我愛延邊》獲優秀歌詞獎。詩集《棲息之鷹》獲金達萊文藝獎，《四友詩選》獲延邊文學獎。先後在《中華詩詞》《詩詞報》《詩詞月刊》《詩選刊》等期刊發表作品，著有散文集《裸露的山岩》，為《神采敦化》攝影集配詩，出版舊體詩詞《新醅集》。

送

有一支歌
瀰漫了長長的月台
車站裡夜藍如水
我佇立成水邊的樹
和一樹葉子幽綠的期待

鋼軌碾過心田
留下一道深深的血痕
車廂關閉了思路
使你的眷顧無法探出窗外
我只能握住風的手指
好久也不願撒開

我俯下身子
聽列車遠去的足音
漸次地 把我的心跳掩埋
我只能默默地眺望天邊
雲淡 風輕 月白

（摘自李廣義詩集《心之吻》）

筆耕不輟的作家 —— 賈志堅

賈志堅（1950 年 -　），筆名嚴浪、一夫、鷺鵜等。曾與李廣義、張洪波、張偉創辦了《寸草》詩刊，被譽為詩壇四友。後考入延邊大學中文系文學創作班。其間，與友人創辦《白樺林》文學刊物、《天池》詩刊。後赴北京大學進修。一九八六年後就職於《時代姐妹》雜誌社（《女人坊》）。

▲ 《天池》

多年來任社長兼總編，雜誌被列為省一級期刊，五佳期刊之一，享譽國內外。獲評編審職稱，被省政府評為優秀總編輯和出版工作者等榮譽。參加美國ABA 書展，德國法蘭克福書展，並到澳大利亞和其他國家進行交流訪問。任《婚姻家庭熱點問題侃談叢書》副總策劃。後加入吉林省攝影家協會。

從事文學創作近四十年，創作散文、詩歌、報告文學等作品千餘篇，發表於《人民文學》《詩刊》《散文》《光明日報》《解放軍文藝》《萌芽》《作家》《兒童文學》等報刊，並被收入多種選集。著有詩集《啊，長白山》《我們的森林》（合著）、自選詩集《年輕的世界》、文集《喧囂的無定河》《氣質、風度、幽

▲ 《喧囂的無定河》

默》等。與四友合集有《四友詩選》。作品曾獲中央電台、團中央徵文、作家協會、全國報刊優秀作品等多個獎項。

他的名字和事蹟近年來被不斷收入各類辭典:《中國當代青年作家名典》《中國當代藝術界名人錄》《中華人物辭海(當代文化卷)》、中國藝術研究院的《中國文藝人才庫》《中國專業技術人才辭典(第一卷)》《世界華人文學藝術界名人錄(第三卷)》《世界優秀專家人才名典》《中華百年(人物篇)》《中國當代創業英才》等。

業餘愛好並擅長美術、書法、音樂等。現任雜誌顧問,同時兼任長影愛樂合唱團副團長。近年曾到北京國家大劇院和北京中山音樂堂等參加演出。

▲ 賈志堅與詩人胡昭合影,左為賈志堅

敦化走出的著名新聞工作者——解守陣

▲ 解守陣

解守陣（1951 年 - ），生於吉林敦化，高級記者。現為香港《環球新聞報》副總編輯。一九七二年開始在《延邊日報》《吉林日報》、吉林電視台及多家出版社發表文學作品。

他於一九八一年至二〇一一年結合新聞工作實踐，獨立或合作出版《新聞採訪範例發凡》《中外新聞界趣聞》《新聞人物的今昔》《觀滄海文叢》等二十多部新聞專著、編著（主編）。一九九二年至今，適應改革開放和文化市場需要編撰出版了《吉林英才》《藍盾之光》《中華娛樂大觀》《長白山天池怪獸和世界水怪之謎》《延邊旅遊》《長春經濟技術開發區區志》《琿春及周邊國家（地區）概況》《延邊企業概覽》《超達之光》《超越》《中國吉林》《向祖國匯報》《中國賽得》《長白山下放歌行》等十多部文化圖書、科普讀物、經濟和文化類工具書。還參與了《現代漢語辭海》《中華成語典故大辭典》《現代漢語多功能詞典》等大型教學工具書的編撰。迄今，他獨立或合作發表文學和新聞作品、出版各類圖書總計一千多萬字。

其中，由中國國際廣播出版社出版的新聞專著《中外假新聞大曝光》被北京廣播學院列為碩士新聞學研究生四十種閱讀參考書目。由延邊大

▲ 《新聞人物的今昔》

▲ 中華娛樂大觀

學出版社出版的《新聞知識總覽》（260 萬字）系中國第一部大型的新聞輔導工具書，一九九五年獲第十屆東北三省及北京漢文優秀圖書一等獎。新聞作品曾多次在《吉林日報》、新華社及全國獲優秀新聞作品評比中獲得一、二等獎。撰寫的吉林省有關民營企業非法集資、琿春開發開放等問題多次引起領導的重視，傳略載入《世界名人錄（中國卷）》《中國專家人才庫》《中國專家名人辭典》等多部辭書。

貢獻突出的朝鮮語學者——金基石

金基石（1953年- ），教授、博士生導師，上海外國語大學東方語學院朝鮮語系主任，全國語言文字標準化技術委員會語法語篇分委會委員、全國非通用語種教學研究會理事、全國韓國語教學研究會理事，延邊大學兼職教授，遼寧師範大學客座教授，《漢語學習》雜誌特約編委。

他於一九八二年一月延邊大學漢語專業畢業，後在延邊大學朝文專業獲得博士學位，一九九八年一月晉陞為教授。他先後擔任中文核心期刊《漢語學習》雜誌主編、《延邊大學學報》（社科版）編委、中國語文報刊協會常務理事、吉林省語言學會副理事長，吉林省社科規劃專家組成員，二〇〇四年調入上海外國語大學。

一九九六年以來，他主持完成《朝漢雙語對比研究》《朝鮮、韓國的漢語教育現狀與發展趨勢》《韓國漢語教育史綱》等五項國家和省部級科研項目；出版《朝鮮韻書與明清音系》（國家社科基金重點項目）《對外漢語教學的理論與實踐》（國家漢辦項目）《中韓大辭典》

▲ 金基石

（中韓合作項目）等十餘部專著和工具書；在《中國語文》《民族語文》《語言研究》《中國朝鮮語文》《語文研究》等國內外學術刊物上，發表五十多篇論文。十多篇論文被《高等學校文科學術文摘》《人大複印報刊資料》轉載，十多部（篇）論著獲得吉林省政府、延邊大學的優秀科研成果獎和中國朝鮮語文

▲ 金基石（右）獲獎

「正音獎」。其中，國家「九五」社科基金重點項目《朝鮮韻書與明清音系》，鑑定等級一等，鑑定結論認為該成果「豐富了近代語音史的內容，為中國音韻學研究做出了重要貢獻」。

一九九八年評選為「吉林省跨世紀學術帶頭人」後備人選和延邊大學學科帶頭人，一九九九年獲得曾憲梓「高等師範院校優秀教師」獎，二〇〇〇年被批准為延邊大學首批「長白山學者」，二〇〇一年被聘為首批「新世紀吉林省高等學校主講教授」，二〇〇一年獲得延邊大學一九九六至二〇〇〇學年度科研一等獎和延邊大學優秀教師獎。

▌中國著名媒體人 —— 張偉

▲ 張偉

　　張偉（1955 年 - 　），筆名張目，吉林敦化人。一九五五年生於長白山林區。敦化四友詩人之一，文學博士，職業報人，曾任《吉林日報》記者、《城市晚報》副總編輯、《新文化報》總編輯、《巷報》總編輯、《江淮晨報》總編輯。傳媒學者，現任中國海洋大學新聞系主任、教授、學科帶頭人。

　　發表詩歌五〇〇餘首，詩集《我的深湖》《四友詩選》《我們的森林》，學術著作《現代詩學》《轉型的邏輯：傳媒企業研究》《談美小札》等，論文數十篇。通訊《心裡想著農民》獲一九九七年度中國新聞獎（國家級）三等獎，同年獲全國黨報新聞一等獎、吉林省新聞一等獎。系列論文《現代詩學》獲一九九六年度吉林省政府最高獎長白山大獎。

　　作為擁有二十年以上傳媒工作與經營管理經驗的資深傳媒業人士，張偉職業生涯最成功的經歷，莫過於在短短幾年的時間裡將《新文化報》從一個名不見經傳的小報，發展成長春乃至吉林省內發行量、閱讀率、影響力最大的報

紙。《新文化報》超常規跳躍式的發展速度，被眾多媒體稱為「報業發展史上的奇蹟」。

▲ 《我的深湖》

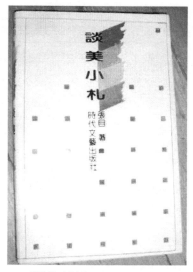

▲ 《談美小箚》

▲ 《新文化報》

從敦化走出的長江學者──張福貴

張福貴（1955 年 - ），生於敦化，國家級教學名師，「國家特殊支持計劃領軍人才」、教育部長江學者特聘教授，吉林省作家協會副主席、吉林省文學學會常務副會長。

他於一九五五年生於敦化，一九八二年畢業於延邊大學，獲學士學位，一九八八年畢業於吉林大學研究生院，獲文學碩士學位並留校任教，一九九七年獲東北師範大學博士學位。曾在日本西南學院大學國際文化學部進行合作研究，為日本創價大學客座研究員，中國台灣云林科技大學客座教授。

▲ 張福貴

他曾任吉林大學中文系主任、文學院院長，現為吉林大學由文學院、歷史系、考古學系、古籍所、國際交流學院、大學語文教研部合併而成的人文學部學部長兼國際交流學院院長，校學術委員會委員，學位委員會委員，東北文化與社會發展研究中心主任，《華夏文化論壇》主編，兼任教育部高等學校中文學科教學指導委員會副主任委員，國務院學位委員會中文學科評議組成員、國家博士後管委會專家組成員，教育部本科專業目錄修訂專家組成員，世界華文文學學會副會長，中國魯迅研究會副會長，全國大學語文研究會

▲ 張福貴

▲ 張福貴到通化師範學院做學術報告

副會長，《文學評論》編委，中國現代文學館學術委員，教育部跨國家級精品課程、精品資源共享課負責人，國家社科基金重大課題《東北地域文化研究》首席專家，教育部首批「馬工程」重點教材《二十世紀中國文學》編寫組首席專家，北京魯迅博物館與青島大學「魯迅研究中心」學術委員會委員，吉林省哲學社會科學研究規劃文學學科專家組組長。入選中國校友會網「二〇一一年中國傑出人文社會科學家」，享受國務院政府特殊津貼。

張福貴從事魯迅研究、二十世紀中國文學與文化、中日比較文學、東北地域文化等方面的研究。在《中國社會科學》等海內外刊物上發表論文一百六十餘篇，獨立或合作出版專著十部，譯著二部，主編學術著作和教材七部。論文八十餘次被《新華文摘》《中國社會科學文摘》《高校文科學報文摘》等轉載或摘編。《光明日報》《文學評論》等四十多家報刊對其研究成果進行過評價，有五篇論文被譯成日、英、韓文在國外發表，在國內外多次獲得重要獎項。

中國著名詩人——張洪波

張洪波（1956年- ），當代詩人、兒童文學作家、書法家。中國作家協會會員，中國詩歌學會常務理事，吉林省散文學會常務副會長，中國作家書畫院藝委會委員，吉林大學文學院客座教授。現任吉林省大家文化傳播有限公司總經理、《詩選刊》雜誌副主編。

▲ 張洪波

他於一九五六年生於遼寧，長於吉林敦化，曾在敦化人民銀行工作。一九八三年調入石油部華北石油管理局，任新聞文化管理處副處長兼華北石油報社副社長、文聯副主席、中國石油作家協會副秘書長、河北省作家協會理事等，一九九七年借調在中國作家協會《詩刊》雜誌社任刊中刊「中國新詩選刊」編輯，一九九八年調至延邊教育出版社，二〇〇一年初被借調到吉林日報社任《關東週報》執行副總編，同年調入北方婦女兒童出版社任少兒圖書出版有限責任公司經理，二〇〇四年調任時代文藝出版社副總編輯。

主要著作有：詩集《黑珊瑚》《獨旅》《沉劍》《張洪波石油詩選》《張洪波短詩選》《生命狀態》《旱季》《最後的

▲ 《獨旅》

▲ 《沙子的聲音》

公牛》《沙子的聲音》《多雲》《野果》（兒童
詩集）、《穿越新生界》（長詩）；散文隨筆集
《擺脫虛偽》《詩歌練習冊上的手記》《雜記》；
童話集《童話石油國》（上、下）、《九頭鼠和
八爪貓》《八爪貓九頭鼠卡通畫書》十本；書
法集《草書小札〈離騷〉》《詩書畫‧張洪波
作品選》。其作品獲得「吉林文學獎」、中國
石油作家協會創作成果獎、「中華鐵人文學
獎」、河北省文藝振興獎等多項獎勵。被授予
「吉林省業餘文藝創作積極分子」，出席了全
國青年文學創作會議。擔任責任編輯的圖書

▲ 《九頭鼠和八爪貓》

曾獲第九屆上海市中小學優秀課外讀物獎、吉林省長白山優秀圖書獎等。其傳
略被收入《中國作家大辭典》《中國當代詩人大辭典》《中國地質文學志》《河
北文學通史》等。中央人民廣播電台、上海人民廣播電台、吉林人民廣播電
台、河北人民廣播電台、天津人民廣播電台都曾介紹或播送張洪波的詩歌。中
國國際廣播電台「中國文化」節目曾以「石油詩人張洪波」為專題用多種語言
向國外報導。

《東方時空》《焦點訪談》《實話實說》的策劃人之一——孫玉勝

▲ 孫玉勝

孫玉勝（1960 年 6 月 - ），出生於吉林省敦化市，一九八〇年至一九八四年就讀於吉林大學。一九八四年七月畢業分配到中央電視台，曾任新聞採訪部副主任、主任、新聞評論部主任、新聞中心副主任，一九九八年二月任新聞節目中心主任，二〇〇〇年任中央電視台副總編，二〇〇五年五月任中央電視台黨組成員、副台長、高級編輯。

他一九八七年採製的新聞《一條馬路隔斷了兩個企業的產需連繫》獲全國新聞評比特等獎，同年編輯製作了全國第一部全面介紹中國改革開放的六集系列片《時代的大潮》。

一九九三年、一九九四年和一九九六年他分別參與策劃並創辦了《東方時空》《焦點訪談》《新聞調查》和《實話實說》。一九九七年參與策劃實施了七十二小時大型直播「香港回歸特別報導」，期間為駐香港總部節目負責人。一九九九年參與策劃實施了《國慶五十》、慶典《澳門回歸》《相逢二〇〇〇》等特別節目。同年參與組織創辦新聞欄目《現在播報》。

一九八七年獲全國新聞評比特等獎，一九九三年獲中國新聞界編輯最高獎——首屆「韜奮新聞獎」；一九九五年被評為「中國十大傑出青年」；一九九七年被選為中國共產黨第十五屆全國代表大會代表。

代表作品為《十年——從改變電視的語態開始》《小鯉魚歷險記》。

▲ 《十年——從改變電視的語態開始》

▲ 《我的奧林匹克》發布會，孫玉勝上臺發言

著名漢語言學者 —— 李無未

　　李無未（1960 年 9 月 - 　），生於吉林省敦化市，歷史學博士、語言學家李守田之子。現任廈門大學人文學院特聘教授、中文系漢語言文字學專業教授、博士生導師、廈門大學中國語言文學學科博士後流動站負責人、中文系主任、人文學院教授委員會主任，廈門市語言學會會長。曾任吉林省語言學會第四屆理事會理事長、吉林省歷史學會常務理事，福建省語言學會副會長兼秘書長。曾在日本關西學院大學文學院任客座研究員（高級訪問學者），合作

▲ 李無未

教授小倉肇博士（日本著名漢語音韻學與日語漢字音研究專家）。

　　李無未對漢語語音史與中外漢語音韻學史、近代日韓中國語教科書語言、中國先秦禮儀制度、明清東亞文明「生成互動」史頗有興趣。在《中國語文》《古漢語研究》《民族語文》《當代語言學》《中國語言學報》等國內外著名雜誌發表一一〇餘篇論文。出版《音韻文獻與音韻學史》《漢語音韻學通論》《音韻學論著指要與總目》（上、下）《宋元吉安方音研究》《周代朝聘制度研究》《對外漢語教學論著總目》《中國歷代賓禮》《日本漢語音韻學史》《日本明治北京官話課本語言研究》《日本近現代漢語語法史要論》《日本漢語教科書彙刊（1912 年前）》（30 冊）等著述。獲得省部級二、三等獎勵五次，獲「王力語言學獎」二等獎

▲ 《音韻文獻與音韻學史》

一次。

作為首席專家，他主持《東亞珍藏明清漢語文獻發掘與研究》，國家社科基金重大招標項目。主持完成國家哲學社會科學基金一般項目《宋元吉安方音研究》（2005）、《日本明治時期北京官話課本語言研究》

▲ 《宋元吉安方音研究》　　　▲ 《周代朝聘制度研究》

（2012）、國家級「十五」規劃教材《漢語音韻學通論》（2006）、全國高校古委會重點項目《九經直音整理與研究》、教育部留學歸國人員基金《日本漢語音韻學研究史》（2006）、吉林省社科規劃等國家、省部級項目七項。

▲ 「東亞珍藏明清漢語文獻發掘與研究」課題論證會合影，前排右五為李無未

入選《中國音樂家大辭典》的朝鮮族作曲家 ——金日光

　　金日光（1960 年 -　），朝鮮族，二〇〇二年畢業於中國音樂學院作曲系。現為中國音樂家協會會員、中國音樂家協會鋼琴調律學會會員、中國音樂著作權協會會員、敦化市音樂家協會主席。一九八三年至今，他在吉林省敦化市文化館從事鍵盤教學、演奏與作曲、音樂製作工作，創作並製作了大量的廣場文化活動演出音樂。二〇〇一年，他擔任電視劇《陳真後傳》、電視動畫片《小恐龍尋根記》編曲和音樂助理。二〇〇二年，創作編曲《敖東迎旭》在延邊「中國朝鮮族民俗文化旅遊節」中榮獲最佳音樂獎。二〇〇四年和二〇〇六年，他分別為電視紀錄片《陳翰章將軍》《楊靖宇將軍》創作音樂及插曲並在中央電視台播放。二〇〇六年，他創作歌曲《安寧哈謝喲》在全國出版發行。二〇〇九年，他創作《為祖國母親獻花》參加中央電視台少兒頻道的「全國少兒才藝展演活動」並獲金獎。其音樂創作簡歷入選《中國音樂家大辭典》。

▲ 電視劇《陳真後傳》

朝鮮族主旋律作曲家──洪昌道

洪昌道（1964 年 11 月 - ），
朝鮮族。二〇一二年四月被評為敦
化市「十佳文藝工作者」；二〇一
二年九月被評為延邊州民族團結進
步先進個人。二〇〇八年四月創作
的歌曲《祝酒歌》《乾杯朋友》（作
曲）分別榮獲吉林省首屆作品徵集
評獎活動一等獎和二等獎；二〇一
〇年，在延邊朝鮮族自治州暨吉林

▲ 洪昌道

省朝鮮族藝術館、文化館歌曲創作會上創作的歌曲《歡迎你到延邊來》獲得一
等獎，並刊登在線裝書局出版的《崢嶸歲月》一書中；二〇一一年八月創作的
歌曲《乾杯，朋友》在慶祝中國共產黨成立九十週年「唱支頌歌給黨聽」全國
原創音樂活動中榮獲三等獎，此歌曲發表在中國文聯出版社出版的《慶祝中國
共產黨成立九十週年「唱支頌歌給黨聽」──全國原創歌曲歌詞獲獎作品集》
中。二〇〇七年八月參加吉林省文化廳主辦的第五屆吉林省藝術系列大賽，創
作的歌曲《再見了大別山》榮獲成人組一等獎；二〇一〇年八月參加吉林省文
化廳主辦的第十八屆吉林省藝術系列大賽，創作的歌曲《長白頌》榮獲成人組
一等獎，同期輔導的歌曲《彩虹》獲得幼兒組一等獎；二〇一一年八月參加吉
林省文化廳主辦的第十九屆吉林省藝術系列大賽，創作的歌曲《三峽情》榮獲
成人組一等獎。

辛勤耕耘的鄉土作家——楊曉華

▲ 楊曉華

楊曉華（1965 年 -　），生於敦化，筆名楊樹。一九九二年加入敦化作家協會，一九九三年創辦青年文學報《野百合》。

二〇〇五年其詩集《爬滿心樹的青藤》獲延邊「金達萊」政府文藝獎，二〇〇八年詩集《季風》獲第八屆「石花杯」延邊文學獎，二〇一〇年詩集《渤海的月亮》獲中國魯黎詩歌獎等五十多個獎項，散文集《留不住斜陽》獲中國散文作家論壇徵文大賽圖書獎，詩集《渤海的月亮》在中國作家金秋筆會全國徵文評比中獲一等獎，併入編《中國作家創作書系》（2010 卷）。國家圖書館、艾青詩歌館、中國現代文學館、大家詩歌典藏館均有作品被收藏。

他著有詩集《爬滿心樹的青藤》《季風》《雁鳴湖之戀》《魯迅的院子》《詩探索》（合集）六部，散文集《留不住斜陽》、長篇散文《唐朝的影子》、長篇小說《往生泉》《決戰東寧》。其中，長篇小說《決戰東寧》獲得二〇一二中國作家協會重點扶持項目，長篇小說《往生泉》獲得二〇一二吉林省重點扶持項目，長篇散文《唐朝的影子》獲得吉林省二〇一三年重點扶持項目。

其作品入選《感動中國——音樂探索與實踐》《二〇一二年度中華詩詞藝術節慶祝香港回歸十

▲ 《渤海的月亮》

五週年兩岸最高成果獎——紫荊花金獎》《中國新詩經典》《中華詩歌精選》《吉林文學選二○一三》《中國歌詞精選》《三蘇杯全國獲獎詩歌》《長白詩草》等六十多種選本。

▲ 《雁鳴湖之戀》

▎民間工藝大師——林志德

　　林志德（1965 年 -　　），敦化人，吉林省工藝美術大師、硯雕大師，現任吉林省工藝美術協會理事、敦化市工藝美術協會副會長、延邊石木軒文化發展有限公司法人代表。二○○一年起從事松花石雕刻行業，其作品屢次獲得像徵松花石雕最高榮譽的「吉林省工藝美術百花杯」金獎、銀獎。

　　一九六五年四月，林志德出生在大石頭鎮紅星村一個農民家庭，二歲時不幸患上小兒麻痺症，導致右腿殘疾。十歲時母親去世，少年家境貧寒，遭遇不幸和坎坷。一九七八年，剛滿十三歲的林志德獨自一人踏上了去長春的列車，去尋找屬於自己的人生。那段時間，他做過鐘錶修理，搞過服裝裁剪，當過油漆工，做過木匠活。後來，他拜師學習書法繪畫、木雕工藝，為後期的發展奠定了基礎。

▲ 林志德

二〇〇〇年，林志德聽說長白山的松花石在北京、上海、廣州等地很有市場，於是投入很多精力專門研究松花石的歷史和雕刻工藝，沒想到，越學越有興致。二〇〇一年，他扔掉了服裝剪裁和木雕工具，帶著所有的積蓄回到敦化，與幾位殘疾好友一道投入十萬元開了一間松花硯雕工作室。由於文化底蘊不足，他雕刻出來的作品缺乏內涵和深度，再加上管理經驗不足，一年下來，沒有賣出一件作品，工作室也隨之倒閉。一些冷嘲熱諷接踵而來，巨大的壓力使他徹夜難眠。於是他再次北上省城，拜師學藝，專門學習、鑽研硯雕藝術，刻苦練習書法、繪畫等相關技藝。兩年後，他學成歸來，借了五萬元，租了一間不足十平方米的小屋，購置了簡單的雕刻工具，再一次開始了艱難的創業。

苦盡甘來，通過幾年的艱辛奮鬥，林志德的雕刻作品逐漸被認可。二〇〇八至二〇一〇年，在長春國際博覽會上，他的硯雕作品受到專家和收藏者的好評，幾十件松花硯台銷售一空。經過多年的努力，在創意和雕刻技法上都形成了自己的特色，在全國硯石雕刻界小有名聲。二〇一三年，林志德被認定為省級硯雕大師，這是對他這麼多年來硯雕事業最大的肯定。

目前，慕名來學習的愛好者日益增多，他均免費傳授技藝。二〇一四年，在敦化市丹江文體中心，由林志德倡導成立的石木軒文化發展有限公司已經開始運行，硯石雕刻隊伍規模達到十三人，公司設培訓會議室，手工實習、生產車間，機雕生產車間（位於江源市），創意工作室，主題體驗式展廳、陳列式展廳等，總面積八〇〇多平方米，可安置就業人員三十多人。

▋「圖蘭朵公主」女高音歌唱家 —— 王霞

▲ 王霞

　　王霞（1966 年 4 月 - 　），中央歌劇院女高音歌唱家，國家一級演員。第十屆全國政協委員、第八屆全國婦聯執行委員、中國文聯第七屆全國代表大會代表、世界傑出華人基金會常務理事、中國綠色環境保護基金理事、中國殘疾人聯合會「愛心慈善大使」、中國音樂家協會會員、中國造血幹細胞捐獻者資料庫（中華骨髓庫）愛心大使，享受政府特殊津貼。

　　王霞是吉林省敦化市人，其演唱活動開始於一九七六年。她一九七九年考入中國人民解放軍藝術學院，一九八三年畢業後即入中國人民解放軍總政歌劇團。一九八八年考入中央歌劇院。曾在外國歌劇《托斯卡》《這裡黎明靜悄悄》《蝴蝶夫人》（片斷）《藝術家的生涯》《圖蘭朵》及中國歌劇《一滴泉》中飾演主要角色。一九八四年在音樂舞蹈史詩《中國革命之歌》中擔任《祖國頌》的領唱。一九八八年赴日本桐棚大學聲樂系攻讀研究生，並獲日本橫濱聲樂大賽一等獎。回國後曾在「登喜路杯」聲樂比賽中獲二等獎。一九九六年，因在歌劇《圖蘭朵》中飾演圖蘭多，在全國歌劇觀摩演出中獲「優秀演員獎」。一九九七年六月，應拉脫維亞國家歌劇院邀請，出演了《圖蘭朵》中的圖蘭多公主，獲得極

▲ 2012 年，王霞到安徽省嶽西縣慰問演出

大成功。

　　二〇〇一年六月，王霞被邀請參加了《世界三大男高音紫禁城廣場音樂會》的演出，與帕瓦羅蒂、多明戈、卡雷拉斯一同演唱了歌劇《茶花女》中的《飲酒歌》。二〇〇二年三月二十三日，與中央歌劇院合唱團、交響樂團合作成功地在香港舉辦了《王霞慈善音樂會》。王霞曾獲得的部分獎項：第二屆全國歌劇觀摩演出「優秀演員獎」（1996 年）、中國電視音樂 MTV 大賽金獎（2000 年）、匈牙利布達佩斯國際藝術節優秀演員獎（2002 年）、全國電視十佳文藝星光獎（2002 年）、首都精神文明建設獎（2004 年）等。

▲ 2002 年，王霞在香港舉辦慈善音樂會

軍旅畫家——李連志

▲ 李連志

李連志（1966 年 - ），筆名墨溪。一九八四年於吉林敦化入伍。曾先後就讀於解放軍藝術學院、魯迅美術學院、中國藝術研究院。現為中國美術家協會會員、武警政治部文藝創作室創作員、國家一級美術師、全軍高評委。榮立二等功兩次、榮立三等功三次。

他作品參加全軍第六、第七、第八、第九、第十、第十一屆美展，全國第六、第九、第十屆美展，其中《巡邏》《衛士》獲全軍美展一等獎，《衛士》獲全國衛生美展金獎同時獲武警部隊首屆文藝獎一等獎，《風雨同舟》獲解放軍文藝新作品獎，《生命之堤》獲全國抗洪精神讚美展優秀獎。《潔之初》獲中國美術家協會金彩獎優秀獎，《蕉林》獲中國美術家協會中國畫三百家銀獎，《綠林》獲全軍美展優秀作品獎同時獲武警部隊建國五十週年獻禮工程成就獎。《冰凍三尺》獲中國美術家協會中國畫展優秀獎，《海訓》獲全軍美展二等獎，《遵義會議》獲國家文化部紀念紅軍長征七十週年畫展一等

▲ 李連志作品

獎。

　　出版畫集《李連志中國畫集》《中國當代實力派畫家李連志》《墨溪以墨》。作品被中國美術館、中國軍事革命博物館、毛主席紀念堂等國內外多家藝術館、博物館收藏。

▲ 李連志作品

鍾情山水的畫家——姜日新

姜日新（1966年- ），字茗馨，號悟道堂主人。吉林省敦化人，自幼習畫，對中國傳統水墨藝術特別鍾愛，多年來臨摹大量歷代書畫名作，打下了堅實的基礎。近年來得到眾多名師點撥，畫技大進，並師法古人不斷推陳出新，作品清新自然、渾然天成，具有獨特的魅力，具有一定的欣賞價值和收藏價值，備受書畫愛好者喜愛和歡迎，其作品被國內外人士廣為收藏。

作品入選文化部二〇一二群星璀璨優秀作品展、第七屆當代中國山水畫展、共建綠色家園構建和諧社會全國書畫大賽，在第三屆當代中國文人書畫藝術展中獲金獎。現為中國國家畫院龍瑞工作室畫家，文化部中國山水畫創作院畫家，吉林省美術家協會會員，長白山美術家協會副主席，敦化市美術家協會主席，渤海書畫院院長，敦化市政協委員。

▲ 姜日新作品

▲ 姜日新作品

當代巾幗書法家——修丹

修丹（1966 年 - ），女。國家二級美術師、中國書法家協會會員、中國書法家協會婦女工作委員會委員、吉林省書法家協會副秘書長、吉林省書法家協會婦女工作委員會主任。

修丹從小就喜愛書法、美術，初中畢業後考入職業高中美術班。中專畢業後先是在印刷廠從事美術設計，後調入市文化館專門從事美術、書法的輔導創作和教學。修丹對書法情有獨鍾。先研習魏碑、米芾、後又臨王羲之父子帖，對王鐸的書法更是研究深入，深得其道。修丹對事業有著執著的追求，可以廢寢忘食，做到了苦其心

▲ 修丹

志、勞其筋骨。修丹作為女性，尤其成家後，家裡家外事務繁忙，因此，她利用一切時間刻苦鑽研，學理論，廣泛閱讀各類文學、美術等書籍，研帖、習帖、探究書法真諦，學有所成。

修丹書法作品入展全國第四屆中國書壇新人作品展、全國第三屆婦女書法篆刻展、全國第四、第五、第六屆楹聯書法展、紀念鄧小平誕辰一百週年書法展、全國杏花村汾酒集團杯電視書法大賽、首屆中國書法家協會會員優秀作品展、西泠印社首屆楹聯書法展、第一、第二屆中日女書法家代表作品展、全國著名女書法家邀請展，獲吉林省書法精品展金獎、第六屆亞洲藝術節書法展優秀作品獎，出版《修丹書法作品集》等。

▲ 書法作品

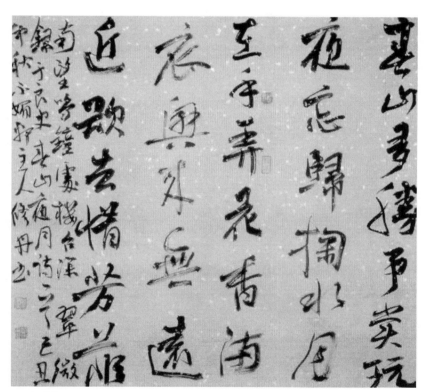

▲ 書法作品

▲ 書法作品

敦化首位在「全國篆刻展」上獲獎的篆刻家——張軍

▲ 張軍

張軍（1967 年 - ），二〇〇三年畢業於中國美術學院書法篆刻專業，現為中國書法家協會會員、吉林省書法家協會理事、吉林省書法家協會篆刻委員會秘書長、吉林省書法家協會評審委員會委員。作品先後入展全國第八屆書法篆刻展、浙江省青年臨帖展、第三屆西泠印社書法篆刻展、中國美院優秀學生作品留校收藏展、中國書協打造名家工程中國書協會員書法篆刻千人展、中國書協打造名家工程中國書協會員書法篆刻五百人展。篆刻作品在二〇〇八年中國書協主辦的「全國第六屆篆刻展」中獲二等獎，是吉林省首位篆刻獲獎作者。二〇〇七年篆刻作品入展由中國文聯主辦、中國書法家協會承辦的「中國當代首屆篆刻作品藝術大展」，是吉林省唯一一位入展作者。

近年來，他先後在《中國書畫》《中華藝術家》《青少年書法報》《詩選刊》等多家報刊刊發專題。並著有《叩開書法藝術之門》

▲ 張軍篆刻作品

《殘窗依夢——我的筆墨心跡》。張軍是近年來在書壇頗為活躍且具有專業實力的中青年書法篆刻家。

第四章 ——

文化景址

　　敦化作為中國優秀旅遊城市，不僅山川毓秀，自然景觀獨特，還有很多歷史演繹中沉澱下來的文化景觀。從肅慎人文化、渤海國文化、女真人文化、滿族文化、抗聯文化等不同文化留下的遺址遺跡，到現代發展旅遊業建造的各種文化旅遊景區，敦化形成了一處處風格迥異、特色鮮明的文化景觀。這些或飽含歷史陳韻或充滿現代文明氣息的文化景址，讓人沉醉其中，感受敦化的歷史變遷，領略敦化文化的萬千氣象。

雁鳴湖肅慎人遺址

在雁鳴湖鎮大山嘴子東北方五〇〇米山岡的西南坡上，有一處原始文化遺址，它西靠水庫，東靠山，地勢平緩向陽，南去五〇〇米為牡丹江，西面有沙灘與耕田，地理環境優越，是古代人棲息的好地方。

遺址範圍，南北長二〇〇米，東西寬六十米。在這一萬二千平方米左右的範圍內，散布著大量的陶器殘片。陶片為夾砂細質的紅陶與灰陶，紅色居多，外表有光澤，一般為素面，也有少量飾有弦紋，陶片破碎嚴重。遺址上層還有相當一部分渤海文物。地表以下六十五釐米至九十釐米為灰層，九十釐米至一〇五釐米是文化層，在這僅十五釐米厚的堆積層中夾有大量的碎陶片，其質粗多砂，火候不高，多平底器與乳頭狀耳器，還有眾多的陶網墜。

近年，因水庫水位提高，複查中沒有發現成型的器物。一九六〇年州文物普查隊，對該遺址進行過調查，得知這裡曾出土過石磨盤、陶罐、石斧等器物。

遺址下層中，陶器製作過程簡單且粗糙，近似於小山嘴子與黑龍江省牡丹江中下游地區出土的器物，有夾砂粗陶，也有夾砂細質陶片，有素面，也有飾以弦紋的。因器物形制與黑龍江省寧安市鶯歌嶺出土物十分相似，可認為該遺址是肅慎人的居住址。這一時期這裡居住的人們主要從事漁獵生產。石磨、石斧和大量陶片的發現，表明當時已有一定規模的農業生產。地表上除有新石器時代的遺物外，還夾有大量渤海文化遺物，說明靺鞨人及其祖先肅慎人曾在這塊土地上生息繁衍過。

目前，雁鳴湖肅慎人遺址已列為州級重點文物保護單位。

東牟山古城遺址

東牟山位於敦化市西南紅石鄉臨江西村西，距市區八千米，距二〇一國道僅一千米。山城與永勝遺址、敖東城遺址、渤海古廟、六頂山古墓群遙遙相望，互相呼應。東牟山因山城而著名，東牟山山城又叫城山子山城，坐落於大石河南岸海拔六〇〇米的東牟山上。現山上多生有灌木、榆柳等樹木，幾條小路直通山頂。

▲ 東牟山古城遺址

此城大體呈橢圓形圍繞在山腰上，居高臨下，易守難攻，是古代控制東、西、南、北各路交通的要沖。城垣的周長約二千米左右，它隨著山巒的高低，蜿蜒起伏於山腰間。城牆基寬五至七米，有的地方寬達十米以上，是土夾石築城的，由於年代久遠，現城牆殘高一點五至二點五米。

▲ 東牟山古城遺址

城的平面東北低，西南高，北壁恰在臨水的四十多米的懸崖上，地勢極其險要。此城共有東西兩門，兩門之間，依山形外凸，分別在不同距離設置了三個「馬面」，用於瞭望和防守。

東門以內偏南，是一個面積較大的平緩山坳，那裡遺留著五十多個半地穴式的房屋遺址，房址多為四米寬，六米長。這種「掘地為屋」的建築方式是靺鞨人的習俗。距西門百米許，有一石頭砌成的水池，呈鍋底狀，深一米，有出口通向北面山崖下，離水池不遠，還有一大儲水池，據說以備兵馬圍城解困之用。

在城的中部，有幾塊剷平的操場狀平地，大者長達百餘米。這便是當年渤海國大祚榮擁兵演藝所在地。

東牟山城房屋遺址之多，演兵場之大，地勢之險，是在牡丹江上游渤海遺址中罕見的。在山城內外出土的文物有矛頭、鐵刀、鐵鏃、唐朝錢幣等，為渤海早期歷史的研究提供了寶貴的資料。

二〇〇六年五月二十五日，城山子山城被公布為第六批全國重點文物保護單位；二〇〇七年在城山子山城安裝保護界標四十塊、標誌說明牌二塊，二〇一二年至二〇一三年完成城山子山城項目包裝工作。

二十四塊石

▲ 二十四塊石

　　從敦化往寧安去的公路上有幾處為人們覺得奇怪的古建築遺址，因它們的上部建築已完全毀掉，地表只存三行大石塊，每行八塊，故當地老百姓稱之為「二十四塊石」。

　　「二十四塊石」敦化境內有四處，分別在江東、官地、林勝、腰甸。

　　江東「二十四塊石」，坐落於敦化敖東古城東南的高埠之上，西側是長圖鐵路線，北面距牡丹江三〇〇米，南面是通往延吉、寧安的公路。

　　遺址為渤海早期的建築址，系由二十四塊大石頭組成的建築基礎。石質均為玄武岩，石塊分三行，南北排列。北列長十點一五米，八塊；中列長九點九〇米，七塊；南列長十點五三米，八塊。南北寬度：東端為七點八五米，西端為七點七〇米，石塊間距〇點五米左右，行距為三米，石塊頂面較為平整，直徑大約為〇點八米，每塊石頭都有明顯人工打磨、加工痕跡。地表以下〇點五

米為夯土層，再往下為○點九米厚的碎石混土夯築的基礎，因地上的大石頭為三行，碎石基礎也相應分三行。行間只是夯土，未加碎石。遺址內散布著大量灰色和紅色的布紋瓦片、筒瓦殘片、滴水等。

遺址處現存二十三塊大石頭。據清代文獻記載，遠在一百多年前，人們在地表上就見到的就是二十三塊，民間傳說，那塊丟失的石頭是被大風颳走了。近年來，遺址附近的居民為維修房屋，經常到那裡去挖土，所以危及遺址的存在。為了更好地加以保護，當地政府於一九八一年，在遺址的周圍建起了一道鋼筋花紋欄杆，並由延邊朝鮮族自治州政府公布為州級重點文物保護單位，設立了水泥標牌和說明牌。

江東「二十四塊石」，向西南離渤海時期的六頂山古墓群僅六千米，和敖東城遺址隔江相望，僅距一公里，隔江相望。從採集的板瓦、筒瓦殘片來看，與六頂山古墓群和敖東城的同類物相同，所以應屬同一時期的遺跡。而且大量的板瓦片、筒瓦殘片、滴水等可證明遺跡上應有瓦頂覆蓋，當為亭台式的建築物。

關於遺跡為何種建築物，史料並無記載，近年來學術界眾說紛紜。主要有五種說法：一種說法為渤海國在外地的王室貴族死亡後，回歸祖墳運靈柩途中臨時停靈的建築物；第二種說法為渤海國王室紀念性建築物；第三種說法為殷商時期軍隊行軍作戰的指路標識；第四種說法為渤海國遷都上京（今寧安）時所留的歷史遺跡；第五種說法為渤海國早期的驛站建築物。當然要確切弄清該遺址的真正用途和歷史原貌，破解這歷史疑謎，尚待考古工作者進一步調查研究才能結論。

總之，雖然對「二十四塊石」儘管眾說紛紜，但這處歷史遺跡還是為研究渤海早期歷史和渤海建築形制，提供了寶貴的科學依據。

敖東古城遺址

敖東城遺址坐落在敦化市內東南部位，牡丹江的北岸。據目前考古學界掌握的資料顯示，它是渤海王國早期都城舊國的所在地。

渤海王國是唐聖歷元年（西元 698 年）由中國東北的古老民族靺鞨人建立起來的地方政權，因受唐朝冊封，隸屬於唐。

《舊唐書》和《新唐書》都記載了渤海王朝建立的過程：「睿宗先天中，遣使拜祚榮為左驍衛員外大將軍，渤海郡王，以所統為忽汗州，領忽汗州都督，自始去靺鞨號，專稱渤海。」據史料記載，渤海王朝建立初，是先以東牟山為根據地，號稱「震國」。其經過十幾年的休養生息，發展壯大，又在東牟山附近，牡丹江的沖積平原上，修建了一座城，這就是冊封大祚榮為渤海郡王之所在。旅順黃金山出土的崔忻井欄題刻記述：「敕持節宣勞靺鞨使鴻臚卿崔忻井兩口永為記檢開元二年五月十八日」，這是崔忻受唐玄宗派遣，前往渤海都城冊封大祚榮後一年，返回中原經過旅順時的題刻。由此可證，冊封之年為唐開元元年（西元 713 年）。這年起，去除震國的稱號，正式稱渤海。

《舊唐書》載「冊拜祚榮為左驍衛員外大將軍，渤海郡王，仍以其所統為忽汗州，加授忽汗州都督」。唐朝時，稱牡丹江為忽汗河，所以把這座坐落於忽汗河邊的都城命名為忽汗城，把以忽汗城為中心的牡丹江流域稱為忽汗州。忽汗城即是現在敦化所在地。

渤海王國從第一代王大祚榮建國，在敦化定都五十七年

▲ 省級重點文物保護單位——敖東古城遺址

後，到第三代王大欽茂（西元 755 年）時遷都到上京龍泉府（今黑龍江省寧安市渤海鎮），從此稱敦化為「舊國」。

敖東城之名不是渤海時代的名稱，而是到了明朝末葉，滿洲民族在東北興起後的名稱。當時在不同文獻中還有鄂朵哩城和阿克敦城之稱，這幾個名稱，都是同音的轉化。

敖東城遺址坐落於牡丹江北岸的一塊台地上。城的平面為長方形，分內外二城。《吉林通志》載，外城「周長約四里」，據日本人山本守的調查報告《琿春·敦化》記載，「本城有內外兩城。外城除東面，其他三面都比較完整。外城長度約四百米，南北等於半數，約二百米。」城牆上不規則地設置了一些馬面，即堡壘狀的構築，南牆三個，北牆兩個，西牆兩個，東牆已破壞，情況不明。內城為正方形，各邊長八十米，位置偏西。內城西牆距外城西牆九十米，內城東牆距外城東牆二二〇米；城內所在部位，地勢略高，四周設有城壕。據日本人岩間茂次郎《敦化縣敖東城調查報告書》載：「城門在南側城牆的中間向外突出。」門口有甕城；北牆偏東部位，有個缺口，不知是門與否；西牆無門，東牆因早年破壞。另據《雞林舊聞錄》記載：「城外有水池環繞，由西向東入江，料系當年隍塹。」

「九·一八」事變後，日本侵略者在敖東城東半部，修建了兩個製材廠，偏北一個叫「大二製材廠」，偏南一個叫「敦化製材廠」，破壞了城址。目前，外城的南牆殘長二五二米，西牆殘長一九〇米，北牆無存。

一九五六年吉林省博物館對此進行了調查。一九五八年七月，東北人民大學歷史系講師單慶麟先生和張伯泉先生，帶領二十名學生到此進行考察。歷年來，這裡出土了一批珍貴的文物，如銅錢、石臼、陶器、兵器、鐵鍋、車穿、磚、瓦等。有些遺物都帶有明顯的渤海早期特徵，為研究渤海早期的政治、經濟、軍事、文化及社會生活等，提供了可靠的資料。為加強對敖東城遺址的保護，一九六一年四月，吉林省人民委員會公布其為省級重點文物保護單位。

六頂山古墓群

　　六頂山古墓群，坐落於敦化城南四公里處的六頂山上，為國家級重點文物保護單位，六頂山又名牛頂山。在六頂山上從北向南看，東西走向，連綿起伏的六座山峰呈一字排列，像一道屏風矗立在田野上。其主峰南坡有個向陽避風的山坳，這裡便是古墓群之所在。墓區西南七公里處為渤海初期大祚榮建立震國的東牟山城，古墓南三公里為當時的建築及居住地遺址──永勝遺址。古墓群依山北凹而葬，取山地靈氣，墓區綠樹環繞、青草芳茂，在一派肅穆中給人一種歷史的沉重感。

　　六頂山古墓群是渤海國早期王族和貴族的陵寢，是古渤海時期重要文化遺存之一。墓區前面不遠，有個不高的平崗，像一個書案，它的西邊右側矗立著一座尖形的小山。有人說，那是一支筆，「宰相筆，案頭出」。是啊，當年靺鞨族首領大祚榮，就在不遠處的東牟山上，擁兵自固，建立了震國。西元七二六年大欽茂晉陞為渤海國王，同時唐王朝又授予他相當於宰相的「檢校太尉」之職。

　　六頂山古墓群包括兩個墓區，分布有一百餘座墓葬，這些墓葬中，以貞惠公主墓最為著名。貞惠公主是渤海國第三代王大欽茂的次女，生於西元七三七年，死於西元七七七年，終年四十歲。去世後曾停柩待葬三年，於七八〇年正式下葬於「珍陵之西原」，即現在的敦化市六頂山上渤海王室貴族墳塋地內。

　　貞惠公主的陵墓為大型石

▲ 六頂山古墓群

▲ 貞惠公主墓碑

室封土墓，現存殘高一點五米。發掘出了珍貴的墓碑一方，雄雌石獅各一尊，鎏金圓帽銅釘等文物，貞惠公主的墓誌碑用漢文書寫：「大興寶歷孝感……法王（渤海第三代王大欽茂第二女也）。生於深宮、綽質絕倫、溫如昆峰之片玉……早受女師之教每慕曹家之風。」墓碑的文體是唐代流行的駢體文字，字體清奇、筆法流暢、極富文采，在書法和文辭方面都堪稱稀世之珍品，墓中石獅造型雄渾生動，一派唐風，反映了那段時期吸收漢民族文化後燦爛的渤海文明。從公主的碑文中「七年（西元 779 年）陪葬於珍陵之西原」看，在其附近應有大欽茂之墓葬地，但是，是否如此，尚有待於考古挖掘。

六頂山的百餘座墓葬雖未全部挖掘，然僅貞慧公主墓的典型的渤海時期文物，就為渤海考古提供了重要的實物資料，解決了渤海史研究上許多懸而未決的問題，證實了牡丹江上游敦化一帶當是渤海舊國都城所在，反映了當時渤海古國與唐朝的密切關係，還有力地證明了六頂山古墓群為渤海歷史遺存，具有重要歷史及現實意義。

一九六一年，六頂山古墓群被國務院列為第一批全國重點文物保單位。六頂山古墓群是六頂山文化旅遊區的一個重要考古專項旅遊項目，它必將為進一步研究渤海歷史文化、培育深層次旅遊市場起到重要作用。六頂山古墓群正在申報世界遺產，保護區面積〇點七一平方千米。二〇〇九年至二〇一一年，敦化市對六頂山古墓群進行大規模本體保護工程建設，對墓區採取了整體保護措施，對山體進行了恢復和綠化，新建了停車場、台階、圍欄、水泥路、保護房、監控等。

▲ 全國重點文物保護單位——六頂山古墓群

腰甸子古城

　　腰甸子古城堡位於雁鳴湖鎮腰甸子村北三〇〇米處的馬鞍山上，向南一五〇〇米為牡丹江，山下地勢平坦開闊，早已闢為耕地。這裡年平均氣溫高於市內其他鄉鎮，所以莊稼長得好，可謂敦化的「小江南」。

　　城堡盤踞於山頂之上，向下俯視，遠近景象，盡收眼簾，南面山坡陡峭，北部較為平緩，有一山坳，略低平。城牆隨山勢作圓形，直徑三十三米，周長九十八米，在東北角有一豁口，當為城門，牆為土築。據傳，西城牆外曾有一口井，現已無跡象，城內雜草叢生。城堡基本完好，四周是參天的大樹，森嚴而幽靜。

　　古城堡所處的地理位置十分緊要，易守難攻，能控制牡丹江水路交通，而且對附近地域起著護衛的作用。其東南方四〇〇米處有渤海時期的「二十四塊

▲ 腰甸子古城遺址

石」建築址（腰甸子二十四塊石，位於敦化市雁鳴湖鎮腰甸子村東，現存礎石二十二塊，三行大石頭，南北排列在地表之上，北列長九點五米，八塊；中列為九點二米，七塊（西起第四塊缺）；南列則為七點八米，間距〇點五米，行距三米。地表以下二十至三十釐米為夯土夾石層，遺址內分布著大量的紅、灰色瓦片，還有筒瓦、滴水等殘片，其堆積厚度為二十釐米，有三塊石塊有裂痕。二〇〇八年在建築址周圍鋪設水泥塊，四周是耕地，現有標誌牌一塊。村口一直向東有一片較大面積的居住址——腰甸子遺址。遺址的東北部位有一建築址，曾有十餘個刻有蓮花線的花崗岩刻制的基礎石和一具黑色玄武岩石刻制的階梯石。遺址東西長五〇〇米，南北寬三〇〇米，地表遺物甚多，有黑陶、灰陶等，調查時在遺址內發現一條新開的排澇溝，因此得知文化層（文化層為考古學術語，指古代遺址中，由於古代人類活動而留下來的痕跡、遺物和有機物所形成的堆積層）深度距地表五十釐米，厚度三十至六十釐米不等，採集的標本有夾砂紅陶口沿，褐色夾砂橋狀耳和灰色夾砂陶紡輪，紡輪直徑為五點五釐米，厚一點三釐米。此外，還發現有一較大石柱礎，由熔岩石打製而成，直徑四十釐米，基部寬六十釐米，通高四十五釐米。在這些出土的遺址中發現了大量的渤海文物，從遺物和遺址的關係來看，可以推斷該城當為渤海時期的城址。為妥善保護這一城址和深入研究這一時期的歷史，有關部門現已經將該城址定為市級重點文物保護單位。

依克唐阿碑

依克唐阿碑位於大石頭鎮哈爾巴嶺村東北部，敦化、安圖兩縣哈爾巴嶺分界線敦化一側。碑址處也是清末吉林至琿春驛路之側，當時驛路從嶺上通過。該碑是當地官民給清朝副都統依克唐阿豎立的。碑是漢白玉刻制，共三座，其中兩座保存在市文物管理所內，一座在三○二國道附近。人們可在碑前玩味精細的雕刻藝術，鑑賞優美的語言文字，弔古撫今，宣傳依克唐阿功績，追念前人的業績。

據傳，此處有碑三座，現僅存兩座，一高一矮，均為依公德政碑。依公即依克唐阿，字堯山，扎拉里氏，滿洲鑲黃旗人，祖上為蒙古察哈爾貝勒，授三等副將。嘉慶二十五年（1820年）依克唐阿承襲爵位，年少出征，相繼陞遷至佐領、協領。同治八年（1869年），依克唐阿任墨爾根副都統。光緒二年駐（1876年）璦琿，任黑龍江副都統。光緒十五年（1889年）授黑龍江將軍。光緒二十一年（1895年）任盛京將軍。光緒二十五年（1899年）正月卒。依克唐阿任軍職三十多年來，帶領邊疆軍民抗擊沙俄倭寇多次入侵，戰績卓著。光緒十三年（1887年），依克唐阿與清使吳大澂赴俄勘界，與俄簽訂《琿春東界約》，重新設立界標，防止沙俄入侵，堪為清代愛國將領。

兩碑中，較高的一座，高度為二

▲ 依克唐阿碑

點二一米，立於清光緒十五年（1889 年）六月上旬，正是依克唐阿授黑龍江將軍上任之際，落款為南崗六社敬立。從碑文可知，南崗一區原為敦化市所轄，後劃歸琿春統轄，「選要住兵，以防攘奪，以保閭閻」。南崗六社可能為現在的安圖縣南溝一帶。碑文內容是評述依克唐阿軍功、清匪、抗俄、放荒緩賦等功績德政。

另一碑高一點六二米，沒有碑文，正面刻「德威丕著」四個陰文楷書大字碑題，上款為「欽命幫辦吉林邊務高宜鎮守琿春副都統升任黑龍江將軍法什尚阿巴圖魯恩憲依公德政碑」。下款為「靖邊右路統領副都統拉林花翎協領保成率中左馬步兩營文武官弁等敬立光緒十六年二月上浣穀旦」。石碑背面刻有保成協領屬下全體文武官弁的職銜和姓名。可知此碑是依克唐阿屬下官員所立。

清光緒六年（1880 年），敦化建縣，轄區很大，包括現在的安圖縣，直到長白山。光緒七年（1881 年），為加強琿春邊務，設琿春副都統，依克唐阿首任，以哈爾巴嶺為界，嶺東屬琿春副都統，嶺西屬吉林將軍管轄。依克唐阿升任黑龍江將軍時於此處立碑。

此碑現存於敦化市文物管理所。關於此碑，尚有一段故事：一九七八年夏，敦化一中老師李建樹到大石頭鎮中學公幹，大石頭鎮中學領導杜龍才提及哈爾巴嶺上有一古石碑，李建樹回敦化後立即反映給文管所所長劉忠義。七月六日，所長劉中義和工作人員姚震威前往調查，發現僅有一碑立於原地，另一個只剩碑冠，為查找碑身，他們來到安圖縣南溝屯調查，得知一九六九年十月，南溝大堆黨支部書記高樹培因公殉職，社員們就把嶺上這塊石碑運來立在高樹培墳前，碑面文字沒有被破壞。敦化有心人的關注，加上劉忠義、姚震威的努力工作，終於使這塊具有很高文物價值的碑刻失而復得。

敦化六鼎山文化旅遊區

敦化六鼎山文化旅遊區

　　敦化六鼎山文化旅遊區位於敦化市區南郊、牡丹江南岸，距市中心三公里，是國家 AAAAA 級景區，區域規劃面積五十二平方公里，區內以正覺寺、金鼎大佛、清祖祠、玉佛苑、聖蓮湖、唐代渤海國古墓群等著稱。六鼎山景區具體分為核心區、規劃區，重點建設景區以聖蓮湖為中心，重點規劃八個功能區。

▲ 六鼎山文化旅遊區

　　第一個功能區入口服務區，面積三點一平方公里，規劃建設生態停車場、旅遊服務中心以及商業中心。第二個功能區佛教文化園區，由聖蓮湖及其東部和北部三部分組成，面積九點六平方公里。現已建設完成金鼎大佛、正覺寺、

▲ 六鼎山文化旅遊區

玉佛苑。觀佛區以聖蓮湖為主體，規劃建設水上觀音以及觀佛廣場。第三個功能區渤海文化園區，面積七點七平方公里，規劃建設渤海王都、渤海文化展示館以及渤海博物館等項目。第四個功能區清始祖文化園區，面積五點四平方公里，規劃建設始祖廟、天女宮、列祖館、滿族風情園等項目。景區將以此打造具有獨特自然風光與滿族風情的民俗度假區。第五個功能區康體健身度假區，規劃面積五點五平方公里，規劃建設滑雪訓練場、高爾夫球場以及 CS 野戰營等健身項目。第六個功能區生態農業觀光區，位於六鼎山景區南側，規劃面積九點三平方公里，規劃建設佛光小鎮和農業生態園等項目。第七個功能區山谷養生度假區，規劃面積九點一平方公里，規劃建設健康體檢中心、療養中心、水療中心以及溫泉 SPA 等項目。第八個功能區旅遊經濟產業園區，規劃面積二點三平方公里，這裡是一些東北特色食品加工、旅遊紀念品製作以及一些朝觀禮佛用品生產等。

六鼎山旅遊區核心景區總面積十平方公里，到「十二五」末，計劃總投資二十六億元。從一九九二年建設至今，已累計投資超過十三億元。新建的清祖

▲ 「海東之鷹」景區大門

祠已於二○一一年九月十五日舉行開園儀式。景區知名度、影響力迅速提升，六鼎山景區已經成為敦化市著名的城市名片、延邊州乃至吉林省靚麗的風景線。

　　正覺寺地勢優越，環境清幽，蒼山擁古寺、碧水抱新垣。穿過波光粼粼的庫區，高大雄偉的建築群掩映於綠樹山影中，白玉的台階、綠色的草坪、磚紅的廟牆，都給人莊重沉靜的感覺。

　　聖蓮湖南岸有一自然天成的圓形山坳，在山坳中有一占地面積三萬平方米的玉佛苑，氣勢恢宏、富麗堂皇。玉佛殿建築極富匠心，整體建築造型渾然一體，巧奪天工，屬世界獨創。

海東之鷹大門

　　來到六鼎山文化旅遊區，首先看到的就是被譽為「海東之鷹」的景區大門，海東之鷹也叫作六鼎門。它是由深圳中國旅遊設計院，由有「中國空間藝

術第一點化手」之稱的鄭建平院長創意策劃，二〇〇八年啟動建設並投入使用。景區大門總投資六〇〇萬元，占地面積四千平方米，東西跨度八十八米，高十九點五米，是東北地區最大的景觀大門，也是長白山第一座歷史文化地標。其整體造型採用呈弧形排布的三重六扇門結構，斜向張開的牆體宛如一支展開臂膀迎接八方遊客的雄鷹。

它的設計靈感來源於「海東之鷹」，也就是海東青，是世界上飛得最高、最快的鳥，有「萬鷹之神」的含義。據傳說十萬隻神鷹中才能出一隻海東青，因此海東青也成為肅慎、滿洲族系的最高圖騰，代表勇敢、智慧、正直、永遠向上、永不放棄的精神。

「海東之鷹」六鼎山大門的形象和建築文化元素上體現了歷史、現實與未來的一脈相承、文化和合。大門通過門柱雕塑和門牆浮雕，向我們拉開了一部宏偉的歷史捲軸。

▲ 景區大門

第一重門的浮雕藝術化地再現了盤古與女媧改造天地的雄偉氣魄與大無畏的鬥爭精神。第二重門的雕刻運用蒼勁有力、舒緩得體、行雲流水般的中國書

▲ 清始祖文化園牌樓門

法藝術將海東盛國的美麗傳說和歷史記載展現在人們眼前。第三重門雕刻的是充滿了地域文化的形象代表安圖人和老君爺。三重門牆用反映古安圖人、肅慎人、渤海人到女真人創造歷史輝煌的文字和雕塑，形象地表現了長白山滿族民族歷史上三次偉大的騰飛。西周時期肅慎國，雄霸東北亞；唐朝時期渤海古國，在敦化建立震國，開創了「海東盛國」的繁榮景象；明朝時期建州女真統一東北，開創了滿族問鼎中原的龍興之基，敖東城在清朝歷代文獻中都證實了是滿族始祖布庫里雍順的發祥之地。

景觀大門左右門柱巧妙地將中國傳統瑞獸——龍龜、佛教聖物——蓮花和渤海祭祀建築——石燈幢三者融合於一體，門柱既獨立又相互輝映，片牆之間勾勒出佛寺與雄鷹的剪影，既獲得了視覺上的美感，更直觀地體現了六鼎山是集渤海文化、佛教文化、滿族發祥地文化等多重文化於一身。豐富的光影效果、立體的層次感和透視效果的綜合運用，使景區大門在視覺效果上雄厚而不笨重，龐大而不失靈氣，英姿煥發中又顯細膩柔情，完美地將大門與自然景觀融為一體，為六鼎山旅遊奠定了精神基調。

清祖祠文化園

　　據清史稿記載，敦化是清皇室的發祥地之一，清始祖布庫里雍順在這裡平
定三姓之亂創建滿族。根據這一史實，在此建立了占地五萬平方米的清始祖
祠。核心區位於聖蓮湖西岸、六鼎山南麓，四周環繞八旗山。清始祖祠由始祖
廟、天女宮、列祖館三大項目組成，並融匯了薩滿文化，尤其是薩滿祭祀等非
物質文化遺產。項目全部建成後，清始祖祠將成為長白山滿族歷史文化與民間
風俗展示中心，也將成為海內外滿族人尋根祭祖的聖地和人文精神的家園。

　　進入清始祖文化園區映入眼簾的就是高十四米、寬三十七點二米莊嚴肅
穆、宏偉大氣的牌樓門，由青石雕成，雕飾精美、寓意深刻。在牌樓門兩側各
有一根象徵族人興旺發達、後代綿延的石雕雲海紋旺柱。右側是長白山神祠，
左側是大清王朝奠基者團隊努爾哈赤與四大貝勒出征群雕青銅像，形象地展現
了鐵血女真彪悍英武、傲視疆場的威猛雄姿。在廣場兩側是兩尊高五米、長六
米的金瓶寶象立體石雕，寓意著「天下太平、天天喜象」，是供遊人求平安、

▲ 清祖祠

祈吉祥之用。在祭祀廣場和龍興廣場之間立有兩尊高四米、長三點五米、寬二點二米的天黿神獸，天黿神龜圖騰是滿族先世女真人祭祀的三位女祖先之一姜嫄的化身。在龍興廣場上有兩尊高四米的三仙鵝承露的雕塑，在滿族的民間傳說中三隻天鵝代表著三位天仙姐妹的化身，滿族民俗稱生母為「額娘」，就是以「天鵝為母」之意。龍興廣場南北兩側分列四座直徑三米的龍載石鼓，取意薩滿驅邪鎮魔神鼓外形，鼓面浮雕薩滿八神——金、木、水、火、土、日、月、山。位於龍興廣場的中央是一塊長約十米、高約三米的神似長白山形狀的迎賓神石，神石上刻由著名書法家撰寫的頌揚清始祖布庫里雍順一生功業的《始祖賦》。主祭大殿月台之上立有兩根高十米、直徑〇點八米的青石龍行圖騰柱。在主殿的南側是由七顆大樹構成的北斗七星廣場，北斗七星廣場象徵了愛新覺羅氏於敦化御駕親征整個中原的帝王之勢。

清祖祠殿前十二根金龍盤龍柱，其中中間的四根為金龍金柱。大殿正中是一尊總高八點五米、台基高一點五米的清始祖布庫里雍順青銅坐像，台基上始祖端坐柳木椅上手拄弓箭，英武威嚴。圍繞聖像依次排列著清朝十一位皇帝的

▲ 清祖祠

神像，再現大清帝國銳意開創華夏一統的王者風采。大殿牆壁上有幾幅大型壁畫，左側的是長十五米、高六點五米的《三仙女浴躬圖》，畫面以長白山滿族歷史傳說為背景，表現三位仙女在天池邊剛剛沐浴後，徜徉在落日的霞光裡；右邊是長十五米、高六點五米的《清始祖漂渡圖》，一位血氣方剛的滿族青年，身披斗篷，威武英俊、氣宇軒昂，乘柳木筏，劈波斬浪而來，蒼鷹為他引路，東風為他推舟，畫面表現出清始祖英雄出世，從長白山下來，到達牡丹峰順牡丹江漂流而下，登岸敖東，平息三姓之亂，建立滿洲國的傳說。大殿內側牆壁上由著名書法家用滿漢對照體書寫的高十米、寬四十一米的《滿族天下第一譜》，這是目前中國最大的族譜。《愛新覺羅宗譜》依據與歷代清朝皇帝血緣關係的遠近而編寫，就大者而言，分為宗室與覺羅兩大部分。該宗譜恢弘大氣，用銀龍紋黃宣紙書寫，一萬二千餘字裝裱華麗、高檔，皇家氣派十足。

敦化市革命烈士紀念塔

在敦化城北方橫亙著一條山脈——北山，北山主峰迎旭峰海拔六〇〇米。位於山脈東端的第二峰海拔五七四米，在其峰頂上矗立著一座敦化市重要的景觀建築「革命烈士紀念塔」。從山底下仰望紀念塔，給人以莊嚴肅穆之感。踏入紀念塔的平台，環顧敦化城，城廓阡陌，勾起千年往事。

一九三一年九月二十三日，日軍侵占敦化城。從此日起，敦化人民開始了反抗日本侵略的鬥爭。救國軍抗日鬥爭失敗後，由中國共產黨人領導的東北抗日聯軍，繼續堅持抗戰，直到抗戰勝利。在敦化這片土地，許多仁人志士為中國人民的自由與解放，獻出了自己的生命。為了祭奠犧牲的英烈，敦化興建了革命烈士紀念塔。

說起敦化北山的革命烈士紀念塔，它是在原日偽統治時期修建的「表忠塔」廢墟上重新修建起來的。一九三五年，日偽以紀念為偽滿洲國建立在敦化戰死的二十二位

▲ 敦化市革命烈士紀念塔

日酋為由，決定造塔合祀。塔高六點四七米，建築材料大量使用了石材。塔的名稱，最初確定為「忠靈塔」，後改稱「表忠塔」。一九四五年八月十五日，日本政府宣布無條件投降，「表忠塔」被拆毀。

一九四六年，吉東警備二旅在敦化先後兩次與土匪交戰，犧牲的二四一位

烈士遺體在當地安葬。為了紀念他們，在原日本神社台基位置，修建革命烈士紀念塔，吉林省委書記陳正人、吉林軍區司令員周保中為其題詞。由於紀念塔建設時條件簡陋，歷經十餘年的風吹日曬雨淋，塔身殘破不堪。一九五八年，敦化縣政府決定第二次建設革命烈士紀念塔，新紀念塔塔體呈現五角形。塔額題字「革命烈士紀念塔」，由敦化縣家具廠職工岳廣福書寫，塔身有五條題詞。

第一條由原吉林省政府主席、東北抗日聯軍第二路軍總指揮周保中題寫：「抗日救國功績不朽，雖然灑去不少獻血，拋卻無數頭顱，畢竟贏得河山還我。使倭寇屈膝低首，作倀國賊萬年遺臭。諸先烈史無前例的英勇苦鬥，象徵著黑水白山正氣千秋。」

第二條由吉東警備二旅旅長鄧克明、政委袁克服題寫：「踏著死難烈士的血跡，奮勇直前，堅決為人民解放事業奮鬥到底。」

▲ 革命烈士紀念塔

第三條由敦化縣縣長馬運海題寫：「英勇剿匪，堅決自衛，為民捐軀，雖死猶榮。」

第四條由中共敦化縣委副書記劉俊秀題寫：「誓為革命先烈復仇。」

第五條以敦化縣臨時參議會之名題寫：「獻身革命，爭民主，功勳輝煌。保國衛民，反獨裁，誓做後盾。」

一九八九年，敦化烈士陵園被列入吉林省省級烈士建築保護單位。一九九三年九月，有關部門對烈士陵園進行了擴建，總面積達十五點六萬平方米。一九九五年三月，成立敦化市烈士陵園管理處，負責陵園的管理、修繕。二〇〇二年五月，烈士陵園按照國家級陵園建設標準進行改造。陵園有東北抗日聯軍第三方面軍指揮陳翰章，東北民主聯軍東南縱隊副司令員吳恆夫，吉東警備二旅第五團代團長江賢如等一三八烈士墓。從二〇一二年八月二十五日起，有關部門按照民政部對分散安葬的烈士墓實行集中安葬的管理要求，包括在大蒲柴河被土匪殺害的抗聯幹部李文章等一八三烈士遺骨，被遷移安葬在敦化市北山烈士陵園，現烈士陵園共安葬三二一位烈士。

敦化革命烈士紀念塔，現在已經納入到敦化市北山公園整體景觀中，是人們紀念烈士、進行愛國主義教育的重要場所。

▌渤海廣場

　　渤海廣場位於敦化市翰章南大街，是一座蘊涵敖東古城深厚文化底蘊，體現敦化歷史滄桑巨變的特色廣場。廣場的南邊有一座假山，天氣暖和的時候會有瀑布落下，上面有一座小亭子，山上書寫著「東牟奇觀」四個大字，說的是西元六九八年靺鞨首領大祚榮在東牟山建立震國的英雄事蹟。西元六九八年，生活在北方地區的一支少數民族叫作粟末靺鞨，它的首領大祚榮在位於敦化東南的東牟山一代築城自固，建都稱王，他把建立的這個政權號稱震國。

　　位於廣場東側的標誌性建築叫「萬眾一心」。我們從三個側面看都是呈一個「人」字的形象。寓意「三人成眾」象徵著敦化市民眾志成城，萬眾一心。雕塑上半部高度二十點〇八米，寓意二〇〇八年樹起這座豐碑；雕塑主體高度二十九點五米，標誌布庫里雍順後裔建立的清王朝歷經二九五年；雕塑每個側面有階梯一二七個，昭示自建縣以來敦城民眾奮鬥拚搏的一二七年；基座面積六九八平方米，意為西元六九八年大祚榮在東牟山自立為震國王。

　　走進渤海廣場就彷彿走進了一幅歷史的畫卷，廣場內的每一處主體建築都體現了歷史的沿革與滄桑巨變。十五幅巨大的歷代郡王浮雕畫，記載著渤海國時期在長達二

▲ 廣場標誌性建築「萬眾一心」

▲ 渤海廣場

○○多年的發展過程中，依靠渤海人的聰明智慧和勤勞勇敢，繁育了發達的民族經濟和燦爛的渤海文化，創造了「海東盛國」的輝煌。五業長廳、賞古遊廊營造了一種古色古香、詩情畫意般的意境。每晚的音樂噴泉則給市民帶來了視覺上的享受，噴出的泉水搭配上五顏六色的燈光和時而激盪、悠揚的音樂讓人心曠神怡。

▌陳翰章烈士陵園

　　陳翰章將軍是東北抗日聯軍著名將領，吉林敦化人，滿族，一九一三年六月十四日出生。一九三二年陳翰章將軍投筆從戎，加入抗日救國軍，轉戰吉黑兩省，先後在寧安、敦化等地率部痛殲日軍，組織寒蔥嶺伏擊戰、大沙河戰鬥等諸多戰役，是令侵華日軍聞風喪膽的著名抗聯將領，一九四〇年十二月八日犧牲於鏡泊湖東南岸寧安縣灣溝村。陳翰章將軍生前任中共吉林省委委員，抗聯第一路軍第三方面軍指揮，白山黑水之間處處留下了將軍的戰鬥足跡。將軍治軍嚴明、謀略過人、戰功卓絕，被人們譽為「鏡泊英雄」。為紀念陳翰章將軍百年誕辰，迎請將軍頭顱回歸故里、身首合葬，敦化市投資二千萬元重擴建陳翰章烈士陵園和翰章廣場，二〇一三年六月竣工。

▲ 陵園大門

▲ 陳翰章烈士紀念塔

陳翰章烈士陵園

陳翰章烈士陵園占地面積一七六五〇平方米，正門高十點一米，紀念先烈為新中國的創立奉獻出鮮血和生命。陵園分為五個部分。第一部分是由大理石砌築而成的位於正門兩側的碑林，上面刻有領袖、開國元勛、各界知名人士和抗聯老戰士對烈士的頌詞。

第二部分是利用花崗岩雕刻而成的陳翰章烈士全身雕像，雕像高二點七米，原中央軍委副主席、國務委員兼國防部部長遲浩田上將為雕像題詞：「陳翰章將軍」。烈士雕像左手握拳彎曲提於左胸前，右手扶於腰間，神

▲ 陵園內部展覽室

情凝重，運籌帷幄，決勝千里。

▲ 陵園內部展覽室

陵園第三部分，也是主體部分，由烈士紀念碑和展室組成。烈士紀念碑，由磚混砌築而成，外掛大理石，碑高十九點一三米，五菱形外觀是保留原紀念碑的特點。烈士紀念碑正面鑴刻「陳翰章將軍永垂不朽」，為原國家政協副主席趙南起題詞。紀念碑基座面積四七〇平方米，四面各設立二十七級台階，紀念將軍一九一三年出生，二十七歲犧牲。基座內部作為陳翰章烈士陵園白山英魂主題紀念館，面積二九五平方米，內珍藏了百餘件抗聯戰士遺物、戰利品和珍貴照片，記錄了將軍「少年學子、博學多才；探求真理、赤心愛國；棄筆從戎、抗日救亡；轉戰吉東、所向披靡；智勇雙全、威震敵寇；血染疆場、將星隕落；民族英魂、榮歸故里」七個部分，並通過文字影像等資料詳細陳述了將軍英勇光輝的一生。

陵園第四部分是陳翰章烈士墓，墓誌為國防委員會委員周保中撰文、中國書法家協會婦工委委員修丹手書《陳翰章將軍傳略》。墓高六點一四米，以此紀念將軍的誕生日期，並繪製祥雲圖案，陳翰章烈士是滿族人，烈士墓外觀為八角形，代表著滿族的八旗，墓室壁畫由吉林工藝美術大師許家池繪製，石棺雕刻黨徽和五星圖案。

陵園第五部分是由甬路和綠化組成，甬路面積共四六〇〇平方米，採用玄武岩與花崗岩交錯鋪設而成，陵園綠化面積六千平方米。

迎回將軍遺首，身首合葬

二〇一一年七月十四日，敦化市開展紀念陳翰章將軍百年誕辰系列活動。全市各界人民翹首以待，紛紛以極大的愛國、愛英雄的熱情投入到各界各項活

▲ 將軍遺首回歸

動中，開展為建陳翰章烈士陵園捐款、弘揚烈士偉大精神徵文評獎等多種多樣的緬懷英雄紀念活動中……其中最重要的內容之一當屬恭迎將軍遺首回家，以便與軀體合葬故鄉。二○一一年七月二十一日，市委、市政府派出協調小組專程到哈爾濱革命烈士陵園，商談迎請陳翰章將軍遺首回鄉安葬事宜，並報國家

▲ 身首合葬

有關部門審批。二〇一二年七月，敦化市委、市政府決定投巨資再次擴建陳翰章將軍烈士陵園，對敦化南部的翰章廣場和翰章鄉的陳翰章將軍紀念碑、烈士墓地先後開始擴建改造，以迎接將軍的遺首從哈爾濱返回故鄉敦化，實現身首合一的願望，並以此紀念將軍誕辰一〇〇週年，告慰英靈。

二〇一三年四月十日，吉林省、延邊州、敦化市領導及群眾代表趕赴哈爾濱迎請將軍的頭顱，圓將軍家人以及敦化人民的共同心願。十一日上午，陳翰章將軍遺首交接儀式在哈爾濱烈士陵園舉行。十一日下午，恭迎將軍遺首的車隊進入二〇一國道敦化與寧安交界的雁鳴湖濕地觀景處。由官兵、公安幹警、學生、機關幹部、將軍親屬和翰章鄉村民代表組成的四〇〇多人胸佩白花，隊伍整齊排列，恭迎將軍遺首回家。國家、省、州、市領導也在第一時間和群眾一起恭迎將軍遺首。將軍遺首迎請回敦化後，臨時恭放在臥龍山公墓，並定於六月十三日安葬於陳翰章烈士陵園。

二〇一三年六月十三日，由中共吉林省委、省政府主辦，中共延邊州委、州政府，中共敦化市委、市政府承辦的陳翰章烈士身首合葬暨公祭儀式在陳翰章烈士陵園隆重舉行。

陳翰章烈士紀念碑

紀念碑位於敦化市委、市政府正門前東南側，是敦化市人民紀念陳翰章烈士，銘記東北人民抗日救國鬥爭歷史的見證。敦化縣、額穆縣兩地人民，為了共同紀念抗戰勝利一週年，為了緬懷為國捐軀的陳翰章烈士，決定在廢棄的日酋渡邊芳登碑基礎上，豎立陳翰章將軍烈士紀念碑。渡邊芳登碑的碑額，碑文被剔除，在原碑體加高一近似四棱錐體建築，每一面都鑲嵌

▲ 陳翰章烈士紀念碑

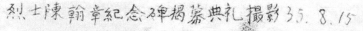

▲ 陳翰章烈士紀念碑落成揭幕儀式

一枚紅五星。

碑額「烈士東北抗日聯軍第二軍第二師長陳公翰章紀念碑」，由顏輯五用隸書體書寫，碑文由朱連誠撰寫，石達山用楷體書寫。

陳翰章烈士紀念碑碑文：

「公諱翰章姓陳氏敦化縣城西半截河人父名海母氏宮業農治家勤儉教子有方公十七歲卒業於敖東中學性沉默有奇氣初任教職及講演員冀喚醒民眾迨九一八事變東北淪陷公常語人曰國破家安在堂堂男子豈能甘作異族奴隸耶遂投筆從戎參加救國軍兩次攻敦化克安圖進出牡丹江襲擊寧古塔抗日殺敵烈士均與有力焉

民國二十二年加入中國共產黨曾被派赴平津作抗日統一戰線活動歸後任抗日同盟軍工農義務隊政治委員及抗日聯軍第五軍第二師參謀長公既富文韜又長武略運疇於山深林密之處轉戰於黑水白山之間策謀精警治軍嚴明待人民則親睦

和善殺日寇則勇猛非常頗為周保中將軍所器重東北人民所愛戴也廿四年調任第二軍第二師師長行所至神出鬼沒攻城克鎮屢建奇功廿五年九月穆棱戰役斃日寇技術兵種達四百餘廿八年哈爾巴嶺沙河沿寒蔥嶺諸役與金日成將軍所部會師合擊斃寇千餘而日寇鏡泊湖之施設計劃亦悉被破壞當時日寇深恐陳師壯大遂令關東軍集結大兵企圖圍困消滅陳師於冰天雪地彈盡糧絕之中但烈士勢愈挫志愈堅誓死抗戰奮鬥到底益愈慷慨激昂不幸於廿九年十二月七日烈士以孤軍猝遇大敵於鏡泊湖畔激戰竟日身雖負傷猶復忍痛切齒振臂高呼殺敵數十名卒以眾寡不敵英勇悲壯而犧牲矣距生於民國元年至陣歿時年僅二十有九悲哉噩耗傳來抗日軍民痛悼英名不惟敦額人民失其保障實亦東北折一棟樑也現日寇統治崩潰國土光復烈士之志亦可有慰於泉下矣嗚呼人孰不死若烈士之死是為國家民族獨立為人民解放奮鬥而死誠可謂抗戰英雄矣身雖死而精神常在其功澤永留東北其氣節甚為模楷實不愧中華民族優秀男兒也敦額兩縣人民追念前勳爰集眾意為烈士建豐碑以垂不朽云爾敦化額穆兩縣全體人民恭建中華民國卅五年八月十五日立」。

　　一九四六年八月十五日，敦化縣社會各界人士，在敦化縣政府門前，舉行陳翰章烈士紀念碑落成揭幕儀式。

　　一九八一年五月二十五日，陳翰章烈士紀念碑，被延邊朝鮮族自治州政府批准為第二批州級文物保護單位。

北山森林體育公園

▲ 北山公園

　　北山森林體育公園即北山公園，與市區相接，集山、水、林、木於一體，東南隔市與牡丹江相呼應。綠化率達到百分之八十以上，山下有小石河流過，山上青松環抱，樹木成蔭，環境優美宜人，是一座自然條件優越、區位優勢明顯的森林公園。公園大門前是巨大的廣場，山間有廟宇殿堂、遊藝宮和娛樂場，山頂聳立著烈士紀念塔，是敦化市民的一個主要休閒娛樂和健身的場所，北山森林體育公園是國家 AAA 級景區，是由國家體育總局命名的全國十大優秀體育公園之一，「北山公園」四個大字由原國務院副總理鄒家華一九九九年來敦化時題寫的行書，筆法凝練流暢。

　　北山森林體育公園總體占地面積三〇〇公頃，山上部分共有旭峰觀日、聳翠閣、觀景亭三座景觀亭，五處休息平台，五處上山台階，上山園路一萬平方米。公園前廣場占地面積十五萬平方米。公園於二〇〇九年改建，至二〇一一年全部竣工，共分三大區域：景觀區、兒童樂園區、體育健身區。園林綠化以

長白山鄉土樹種為主，組成了白樺園、楓葉園、秋實園等，與北山綠化有機結合。北山公園已成為兒童娛樂及市民健身的好去處。北山森林體育公園依山傍水，公園內道路嵌著各色彩磚，大片的草坪、花樹相互掩映，其間點綴著雕塑，公園中心廣場有主題雕塑一座，

▲ 北山公園滑雪場

命名為「生命之歌」，生命源於自然，自然是生命的搖籃，生命在於運動，運動是生命的主旋律；此雕塑以「生命之歌」為雕塑名，用敦城美麗的楓葉和地方傳統體育項目作為雕塑的造型元素，通過意象表現的形式，展現生命華美樂章，宛如一首激昂有力的生命之歌。雕塑作者為中國著名雕塑家董祖怡先生。沿著彩磚人行道步行三○○米便可登山了，沿山坡鋪砌著自下而上的石階，共四一三階，石階兩旁是滿目的杏樹。特別是每年春暖花開之際，滿山的杏花一簇簇、一團團，豔紅淡粉，點綴得嫩綠蔥翠的山坡更加色彩斑斕。順著石階往山上行走

▲ 北山公園

時，如行在花海間。登上山頂便可瞻仰革命烈士紀念塔。烈士塔後面是革命烈士陵園，也革命傳統教育基地，每到清明和其他節日，人們結隊來此參拜英靈。

▲ 2014 年 9 月 30 日（中國首個烈士紀念日），敦化市各界人士在北山革命烈士陵園祭奠英靈

老白山原始生態風景區

　　老白山地處黃泥河自然保護區的核心區，該保護區屬森林生態系統類型的自然保護區，占地一四一二二公頃，西北與黑龍江五常市交界。老白山是東北地區張廣才嶺的主峰，海拔高度為一六九六點二米，是東北第三高峰，高大的山體、冷濕的氣候、茂密的森林、奔騰的溪流和飛流的石瀑構成保護區獨具特色的自然景觀，其主要特點是植被垂直帶顯著、生物多樣性豐富、森林生態系統完整、濕地類型獨特，現已被批准為國家級自然保護區。

▲ 老白山

　　神奇秀美的老白山，山勢挺拔，獨具長白山的生態風光，那裡有與舉世聞名的長白山極其相似的植被垂直帶，有長白山的姊妹山的美譽：海拔八〇〇米以下為夏綠林帶；海拔八〇〇至一〇五〇米為紅松闊葉混交林帶；海拔一〇五〇至一三五〇米為魚鱗松云杉暗針葉林帶；海拔一三五〇至一六四〇米為岳樺矮曲林帶；海拔一六四〇米以上為偃松矮林和亞高山草甸帶（此帶內有多種極地植物，如偃松、牛皮杜鵑、黑果天蘆、越橘、高山檜等）。由於山地地形垂直變化的影響，老白山從山腳到山

▲ 老白山石海

頂，隨著高度的增加形成了由溫帶到寒帶的四個景觀帶，這種自然多彩的垂直景觀帶在世界上是罕見的，真是「一山有四季，十里不同天」。

老白山植被具有長白山植被向大興安嶺植被過渡性的特點，是中國溫帶山地植被垂直帶譜的又一典型類型。尤其是亞高山偃松——棉花莎草——泥炭蘚沼澤，這是中國首次發現的新的濕地類型，極具原始性和珍稀性。

老白山雲海、怪石、偃松、石瀑獨具特色。由於海拔較高、地形複雜、山勢險峻，人跡罕至，其保留了大量的原始景觀。步入老白山，站在山中，一片片婀娜多姿的岳樺林、亞高山瀑布群，讓人有回歸自然之感。珠爾多河就發源於老白山主峰之巔，水流彎曲穿梭著躍過數道懸崖峭壁，形成一個個優美的水簾洞似的瀑布，在瀑布的底部，怪石林立處形成一潭，浪花飛濺、聲若雷鳴。老白山石瀑共有九重，呈梯級分布，總長一〇〇餘米，最大落差二十一米。老白山上的原始森林，古木參天，遮雲蔽日，山愈上愈險，愈險風景愈奇，歷盡艱險，登臨峰頂，峰頂地勢平坦，石海、石塘、石坡流相間分布，石頭大小不

▲ 老白山石瀑

▲ 老白山濕地

等，自然造化，形態各異，大的有數噸，小的有千百斤；山頂上高山偃松成群連片，根部粗壯，高不足二米，棵棵景緻各不相同，就像進入了一座座大的盆景的世界。

▊雁鳴湖濕地

敦化雁鳴湖濕地自然保護區，是敦化市政府一九九一年成立的市（縣）級保護區，二〇〇二年十二月晉陞為省級自然保護區，是國家 AAA 級景區，隸屬於敦化市林業局。保護區位於延邊朝鮮族自治州敦化市東北部，保護區總面積為五三九四〇公頃。根據《自然保護區類型與級別劃分原則》的劃分標準，該保護區屬於「生態系統類」類別，「內陸濕地和水域生態系統」類型的自然保護區， 是長白山區中唯一的省級濕地自然保護區。地處牡丹江谷地，三面環水，濕地生態系統，在抵禦洪水、調節徑流、控制污染、調節氣候、美化環境等方面起到重要作用，它既是陸地上的天然蓄水庫，又是眾多野生動植物資源的生長地，特別是許多珍稀水禽的繁殖地、遷徙地、越冬地，被稱為「生命

▲ 雁鳴湖濕地自然保護區

的搖籃」「地球之腎」「鳥類的樂園」。主要保護對象為牡丹江上游濕地及黑
鸛、東方白鸛、丹頂鶴等珍稀瀕危水禽，保護區也是東北虎遷移的重要廊道。

保護區氣候屬中溫帶大陸性濕潤季風氣候，氣候特點是春秋短暫、涼爽少
雨，夏季溫暖、雨量充沛，冬季漫長寒冷，年平均氣溫四點三攝氏度，無霜期
平均為一二○天左右。區內森林沼澤以白樺——沼柳——臌囊台草沼澤為主，
灌叢沼澤以柴樺——烏拉苔草沼澤和沼柳——尖嘴苔草沼澤為主。漂筏苔草沼

▲ 雁鳴湖濕地

澤是吉林省最具典型性的沼澤類型，豐富了明水域的異質性，為水鳥棲息提供
了優良的空間條件。由於浮氈的遮蓋，降低了「漂筏」下河流水體的溫度，為
冷水性魚類的產卵、索餌創造了適宜的水域環境。

雁鳴湖自然保護區內有野生植物種類一五一七種，野生動物種類二八四
種，生物多樣性極其豐富，區內有國家一級保護動物丹頂鶴、黑鸛、金雕等四
種，其中黑鸛在中國的野生種群只有二五○至五○○隻，在這每年春、秋季節

都能看到十至二十隻的遷徙群，這裡是中國東北地區唯一的黑鸛夏季遊蕩區域。該區停留遷徙的丹頂鶴與吉林省向海、莫莫格保護區內遷經的丹頂鶴不同，該區丹頂鶴是由遼寧、鴨綠江口、朝鮮半島遷來，飛抵黑龍江興凱湖、三江平原以及俄羅斯濱海邊疆區的種群。

雁鳴湖濕地國家級自然保護區擁有許多豐富、獨特的旅遊資源，山岳、河湖、森林、田園風光、島嶼均有分布，景色秀美，獨具特色。由於牡丹江及其支流自區內穿過，水域面積大，以雁鳴湖、塔拉湖為主的大小水域就有八十餘處，盛產稻米和各種野生淡水魚及蓮藕，有「北方江南，魚米之鄉」的美譽。區內山、水、林組合極佳，「小橋、流水、人家」的鄉村氣息極濃，景區內山林，湖泊交錯，丹江澄碧，村落相望，古蹟繁多，是集自然景觀、人文景觀於一體的不可多得的風景勝地，是休閒、避暑、度假的旅遊佳地。

一進雁鳴湖保護區，首先映入眼簾的是蓮花泡，泡內生有大量的野生蓮花。蓮花也叫荷花，春夏之季，清晨，荷蕾浴珠，含苞欲放，秀氣可人。正

▲ 蓮花泡

午，荷花怒放，爭奇鬥豔，清風吹來，荷海激盪，迎風招展，真是「接天蓮葉無窮碧，映日荷花別樣紅」。保護區的東頭牡丹江邊有一個古渡口，古渡口至少有幾百年的歷史。寬闊的牡丹江呈「S」形在古渡邊流過。江邊有十三顆古榆樹，樹齡有二○○年以上，歷盡滄桑，至今枝繁葉茂，鬱鬱蔥蔥。這裡水面寬闊，每年春、夏、秋三季，江邊的人家靠小船擺渡、打魚為生。

一九三八年的初秋，陳翰章將軍率領抗聯部隊路過此古渡口渡江。其中一部分戰士夜宿於此，抗聯戰士軍紀嚴明，秋毫不犯，傳為佳話。古渡邊的古榆樹，是當年抗聯活動歷史見證物。古渡口乘船沿牡丹江逆流而上，一江碧水，兩岸青山，游魚倒影，水天一色，群山猶如天上立，白雲恰在水中行，簡直就是一幅繪畫大師筆下的山水畫卷！雁鳴湖鎮的牡丹江段因山水秀麗，景色宜人，素有「小灕江」之稱。逆行七八里，有一陡峭的石崖立於江東岸，高有二十餘米，奇秀無比，似鬼斧刀削一般，令人歎為觀止，此崖因而得名奇秀崖。每當盛夏季節的清晨，泛舟奇秀崖下，霧氣繚繞，秀崖兀起，江水如鏡。崖腳下，青草含露，野花含珠。這時，有一群野鴨飛過，驚得晨霧散開，打破了丹江河谷的幽靜，亦夢亦真，亦幻亦變，彷彿進入人間仙境。

在古渡口乘船沿牡丹江而下，經鯰魚港、半拉汀、一撮毛等深灣急流，行程大約二三十里，就到達濕地的核心地帶了。放眼望去，滿目碧綠，濕地中縱橫排列，錯落有致地分布著棵棵體態婀娜的綠色檉柳。盛夏，雨季來臨，濕地變成了一片白茫茫「水鄉澤國」。這裡只有少數高大一些的綠色檉柳露出樹冠，遠遠看去，星星點點，宛如一個個綠色的小島，微風吹過，綠色的柳樹包，搖搖擺擺，彷彿一葉葉小舟，在水中漂蕩，給人以「淡裝濃抹總相宜」的自然美景的享受。是時，或乘車而行，或乘舟而往，看著茫茫的碧水和點點秀島，極目水天一色，湖邊鴛鴦戲水，你若是到此旅行，一定會感到不虛此行。

雁鳴湖鎮的水很有生氣。雁鳴湖鎮因水而秀美，因湖而傳名。

雁鳴湖　雁鳴湖濕地省級自然保護區因雁鳴湖而得名。雁鳴湖又因雁鳴曉春而享譽省內外。每當春季，鴻雁歸來，鷺鷥會集，各種水鳥或鳴或呼，或翔

▲ 雁鳴湖

或停，平添無限春色。尤以晨景為美，晨曦微露，東天泛白，彎月掛西，煙籠岸邊柳影綽綽，魚躍湖中銀波點點。瞬時，紅日噴薄，朝霞滿天，星隱月隨，柳暗花明。鴻雁披霞光騰空長鳴，漁舟沐辰光江河流金。「桃源」乎，「仙境」乎，任你想像。確實是田園詩般的秀美風光。全國著名作家張笑天先生，曾在此體驗生活、欣賞美景並以此地為素材，創作了他的處女作《雁鳴湖畔》。

　　塔拉湖　鎮之東北，有綿延十餘裡之塔拉湖，為天然漁場。盛產五十多個淡水魚品種。漁民喜歡用班網打魚。用三根長木桿支成一個三腳架，班網繫於三腳架下，有木桿作樁，用木板搭成一個浮橋，從湖邊一直搭到三腳架旁。搭好之後，便一網一網班了起來。夕陽即將落山，晚霞映照著雲天，也映照了湖光山色。滿面群山蒼茫。夕陽落山之際，夕陽和夕照下的彩霞，由霞光滿天，變成金光滿天。瞬時，湖光也和天空一樣，金光燦燦。只見，太陽似爐火一般純青。趄入湖中，彷彿大地與天空都變成了金燦燦的世界。是的，漁民那三腳

架下，漁網班出的不是普通的魚，而是金燦燦的黃金魚。是歡蹦亂跳的黃金魚。那網也是黃金織成的網，那三腳架，那浮橋，那湖水都變成了黃色的貴重無比的赤金。這時，漁家女兒，用水瓢打上了一瓢水，金光閃閃，一飲而盡，把幸福喝入心田。

▲ 塔拉湖

▲ 塔拉湖

▍雁鳴湖溫泉景區

▲ 雁鳴湖溫泉景區

　　雁鳴湖溫泉景區位於敦化市雁鳴湖 AAAA 級旅遊區內，景區內叢林疊翠、湖泊相連、溫泉資源豐富。項目規劃總面積六點八平方公里，核心區二點八平方公里。目前主體建設基本完成，設有七大景區：生態農業區、渤海漁獵文化區、溫泉養生療養區、運動區、水上區、儒文化區、溫泉區等功能分區。

　　生態農業示範區建有採摘園、農耕體驗園、垂釣園、無公害有機食品基地。一年四季種植各種農作物和有觀賞價值的花卉，供遊人鑑賞採摘、休閒娛樂。同時養殖有機雞、鴨、牛、羊等為遊客提供有機肉、禽蛋奶等食品。步入四季如春的雁鳴湖生態農業觀光園，領略濃郁的民俗文化，品嚐綠色天然的美食。

　　渤海漁獵文化區設古渤海文化展示區、渤海漁獵文化體驗區，能夠使人們對渤海文化進一步瞭解。區內有丹江漂游，起點度假村，終點二號橋，全長達八公里，中間設有燒烤區、垂釣區、戲水區、賞蓮區等。

　　溫泉養生療養休閒區的溫泉水中礦物質成分主要來源為海底沉積物，以氡

▲ 溫泉度假賓館

化物為主，是上好的溫泉水質，有較好的保健作用。

　　運動休閒區景區內設置了許多有益人們身心健康的活動區域和項目，通過遊玩達到賞心悅目、強身健體、康樂休閒的效果。水上樂園利用農業生態園建設大型水上娛樂設施，遊玩水上娛樂項目，品嚐綠色有機食品。

寒蔥嶺楓頤園

　　寒蔥嶺在敦化南五十餘公里處，它橫亙東西，是松花江與牡丹江的分水嶺，嶺南的水都流入松花江，嶺北的水都流入牡丹江，嶺的最高處海拔一千多米。二〇一國道蜿蜒、起伏通過這個大嶺。寒蔥嶺是敦化去往長白山的必經之

▲ 寒蔥嶺楓頤園

地，位於長春、吉林去往長白山的首選線路之一——二〇一國道邊，因此，秋季來過這裡的人，都把寒蔥嶺至大蒲柴嶺一帶的三十多公里天然楓葉林和五花山景觀稱為「寒蔥嶺楓葉谷」。為了便於遊人欣賞楓葉和中途休憩，在這裡建立了「寒蔥嶺楓頤園」，建設了規範的旅遊休憩所，還有餐飲、購物、住宿等旅遊服務項目。「黃花謝了開白花，紅花紫花滿山崖。待到露臨秋山鬧，漫

天飛舞飄雪花。」這可以說是寒蔥嶺一年四季景觀的全概括。每年九月二十日至十月十日，這裡的景觀最好看，這個時期也是松子、山核桃、五味子、山葡萄、林蛙、元蘑等山貨收穫的季節。在這裡攝影採風與休閒度假，機會是很難得的。

　　寒蔥嶺最美的季節要數秋天，蔥嶺秋色是這裡的一大景觀。每年的秋分時節，霜染森林，山上嶺下呈現一派「霜葉紅於二月花」的佳境，紅中有綠，紫粉相間，黃褐互抱，色彩斑斕，濃淡相宜，漫山遍野，重重疊疊一片絢麗。紅的、黃的、橙的、紫的、綠的……簡直說不出有多少種顏色互相交織，五彩繽

▲ 寒蔥嶺楓頤園

紛，所以老百姓又習慣地叫寒蔥嶺「五花山」。正是「最美不過五花山，紅橙黃綠色調鮮。嚴霜點染秋林醉，偉大畫師是自然」。

　　楓葉和五花山的形成是一種自然現象。初秋時節，早晚溫度低，樹葉慢慢

喪失了生產葉綠素的功能，綠色也漸漸地褪掉了，這時葉中大量的胡蘿蔔素和花青素顯現出來，葉子就變成了橙黃、黃色、紅色等。輕霜過後，就會加速這個轉變過程。在長白山林區，一般來說，柞樹、楊樹、白樺葉子多數變為黃色，紅葉則多數為槭樹科樹木，如色木槭、假色槭、擰筋槭、白牛槭、茶條槭，也有山梨、山杏、忍冬、花楸、山葡萄、越橘柳和一些草本植物。

在寒蔥嶺上有一片八〇〇公頃的人工森林——寒蔥嶺紅松人工林，堪稱亞洲最大的紅松人工林。這是林業工人在二十世紀五〇年代末、六〇年代初栽植的，已有超過五十年的林齡。它的生態價值和經濟價值越來越突出了，尤其是採摘紅松籽，為發展林地經濟創出了一條新路子。金秋時節，遊客在這裡可以一邊欣賞在紅松林和以紅松林為青綠背景的五彩楓葉，一邊摘下松塔，松塔脫粒後就能得到高營養價值的松仁。

蔥嶺秋色之美，不單單是自然景觀。八月立秋棒槌籽紅，放山挖蔘者三五

▲ 寒蔥嶺

成群，越高山，進密林，踏芳草、手持木棒，雙目圓睜，細尋山野，構成了一幅放山挖參圖。蔥嶺秋色，繁花似錦，蜜蜂往返湧流，養蜂人手忙腳亂，又構成了另一種景緻。撿蘑菇、打松籽、採榛子、收核桃，男女老少相繼而來。這些活動人們叫收山，或叫小秋收。蔥嶺的秋之美，不僅美在天然，也美在勞動創造財富的喜悅，勞動使蔥嶺秋色錦上添花。

寒蔥嶺上有一處戰爭時期的戰跡地。遺址在嶺南坡的一條狹長的山谷之中，四周朵草、灌木叢生，樹木蔽日，一眼望不到頭，大蒲柴河水順著溝谷徐徐流過。敦化通往大蒲柴河鎮的公路，從山谷中貫穿而過。戰場以高海樓店為中心向南北兩側伸展，南北長達二點五公里，東西寬〇點五公里。有名的寒蔥嶺伏擊戰就是在這裡打響的。

這次戰鬥是一九三九年九月二十五日由抗聯第一路軍副司令魏拯民和陳翰章等將領所率的抗日聯軍第一路軍第三方面軍進行的。

這年中秋節即將來臨時，部隊急需糧食與其他的軍用物資，恰巧在此期間，得知日軍松島部隊將帶大量食品及軍需物資於節前開往大蒲柴河。

這次戰鬥，由陳翰章、陶主任等首長帶隊指揮作戰，農曆八月十二日（陽曆 9 月 24 日）就開到了寒蔥嶺南坡的高海樓店一帶，這兒山險、林密，便於埋伏，難攻易守，部隊掩蔽在公路兩旁的山林之中，陳將軍則帶一個排的戰士控制了一座小山頭。

次日早晨八點左右，敵人出現了，這是由松島帶領的部隊，共十二輛汽車，車上滿載著食品及各種軍用物資，當車隊進入伏擊圈後，抗聯戰士便向敵人開了火。槍彈、手榴彈像暴雨般的向奔馳的車隊傾瀉下去，整個車隊頓時成了一條火龍。日軍被這突如其來的襲擊打懵了。經過一個多小時的激戰，我軍殲滅日軍一百多人，松島少將部隊長的腦袋也「開了花」。我軍大獲全勝，得了輕、重機槍各兩挺、小炮兩門、馬蓋松百餘枝，還有大量食品與彈藥。

自這次戰鬥後，日軍便把公路兩側及附近的樹木全砍光了，現在的林子則是後來生長起來的。如今，遺址破壞嚴重，已看不出當年戰場的景象，只有密

林深處，當年抗聯戰士刻在樹上「抗聯從此過」「打倒日本帝國主義」等抗日口號或行軍標誌清晰可見，只不過一道道小刀痕，如今隨著樹木的生長，已成醒目的大字了。這次伏擊戰給予日軍以沉重的打擊，而抗聯戰士在這次戰鬥中長了士氣，獲得了大量的給養，為秋、冬季更有效地打擊日軍準備了豐實的物資。

為了紀念抗日聯軍的豐功偉績，此處戰場被定為州級重點文物保護單位。

珍珠門風景區

　　珍珠門風景區，位於大蒲柴河鎮東十公里，是去旅遊聖地——長白山的必經之處，是牡丹江的主要幹流之一，滔滔的富爾河水就流經珍珠門風景區。「富爾」滿語楊樹，表示茂盛的意思，用來形容兩岸生長著繁茂的楊樹，水草豐美。

▲ 珍珠門風景區

　　珍珠門風景區以珍珠門水電站為主體，（電站庫區 13720 公頃），整個景區坐落在富爾河中下游的群山環抱之中，是一個天然峽谷。峽谷幽長，河深水穩，兩側石壁，怪樹奇石，蔚然壯觀，猶如一顆明珠鑲嵌在富爾河畔。

　　風景優美、綠樹環抱、碧草萋萋的珍珠門風景區，風景宜人，四季景色獨特，水域盛產河蚌，大者竟如簸箕，含有珍珠，粒大圓潤，色澤驚人，世人謂之至寶，所以清朝皇室令人在這裡專門飼蚌採珠。景區名曰珍珠門，這裡流傳著許多優美的傳說。其一，相傳富爾河畔秀麗的風光引來了一位美麗善良的珍

珠仙女，她流連於這方迷人的山水，翩然降落，在此駐留，她每天向河裡播種珍珠、放牧河蚌、疏通河道，為當地百姓行了許多善事。老百姓種田採珠，生活過得富足安樂。他們彼此息息相通、其樂融融。

　　然而好景不長，一條妖龍逆流而上去長白山天池修練，路過富爾河時，見這裡景色奇秀、物華天寶，便興風作浪，獨霸一方，危害鄉里，致使大片的農田被淹，人們流離失所，苦不堪言。珍珠仙女挺身而出，毅然與妖龍決戰，他們大戰了三天三夜，珍珠仙女終因體力不支，敗了下來，成為妖龍的奴隸。一天，珍珠仙女正在河畔暗自垂淚，聽到遠處傳來呼救聲，她遁聲過去，救下了採珠溺水的青年。後來珍珠仙女與青年一起苦練功夫，兩個月後，又與妖龍進行了一次殊死大戰。珍珠仙女手持利劍力敵妖龍，青年在後面助戰。在一處壁崖上，妖龍手掌劈出閃電，珍珠仙女和青年身受重傷，經不住打擊，節節敗退。為了百姓，她捨身吐出了胸中的紅珍珠，化作利斧奮力向妖龍擲去……風

▲ 石人溝古墓出土文物

平了、浪靜了，妖龍終於被除掉了。在珍珠仙女劈妖龍的岸邊，劈出了一塊很大的像門似的石洞崖。人們呼喚著美麗的珍珠仙女，可她永遠也看不到這一片自己深愛著的土地了。人們為了紀念她，就在當年河岸猶如利斧所劈開的大石壁旁邊，為她立了一座祠堂，從此就把這方地域稱為珍珠門。優美的傳說為這一處水域風光增加了幾分神奇，水光天色又為傳說平添了幾分韻致。

珍珠門這方美麗富饒的土地書寫了悠久的文明，也養育了勤勞善良的人民。早在二千多年前，這裡就有人類生活，從一九八一年出土的佛像等文物可以看出遼金時代這裡曾是繁華之地。至今仍存有石人溝古墓遺址、馬圈子古城址等文物古蹟。站在古城牆上，追古撫今，放眼看去，滔滔的富爾河水流入第二松花江。遙想當年刀戟鐵馬、護邊防守的情景，古城一斷垣殘壁，記載著塞外征戰風雲，讓人多了一份歷史的滄桑感。

▲ 珍珠門風景區

德林石文化園

　　敦化德林石文化園位於敦化市城西十公里的翰章鄉西北部，占地三萬平方米。這裡石群為玄武岩石，通體多孔，史稱德林石。史料《渤海國志長編》記載：「按德理即金史烏春傳所謂德鄰石，今仍名德林石，俗名石頭甸子。」德林石文化園因此而得名。敦化德林石文化園初期為翰章鄉小石河村的草原，二〇〇六年，該文化園被敦化市列為旅遊景區。

　　德林石文化園內有八卦乾坤樓一座，內有釋伽、彌勒、觀音三尊佛像。八卦乾坤樓門前有德林石鼓一對（一陰一陽），石棺一座（以德林石雕刻的模擬四阿式房屋建築結構），石棺造型簡樸大方。

▲ 德林石文化園

在德林石文化園八卦乾坤樓西北二十七米處，有一天然像形石龍獅，石龍獅邊緣有一天然荷塘。每到盛夏，到這裡觀賞荷花的遊人如織。

敦化德林石文化園是敦化最早以奇石為主題的旅遊景區。《新華社》《人民日報》《中國地質礦產報》《大公報》《吉林日報》《城市晚報》《吉林地礦報》《新文化報》《延邊日報》《延吉晚報》《延邊信息港》中國網、搜狐網、《中國經濟網》等三十家新聞媒體對德林石文化園進行了報導。

敦化市委市政府很重視德林石保護，要求做好德林石面積、界限勘定，嚴禁開採德林石群，並設置了警示牌，禁止放牧。原吉林省地勘局第六地質調查所總工程師金伯祿，對德林石文化園進行了地質調查。中國地質局地質研究所研究員魏海泉、地質學家金伯祿，對敦化地區的地質情況進行了全面調查，並形成了《敦化市德林石地質調查報告》《吉林省敦化盆地地質特徵及地質發展史》論文，刊發在吉林人民出版社出版的《長白山文化論叢》第四集、《吉林地質》二〇一一年第三期。兩篇論文認為：敦化德林石文化園及敦化部分德林石地質區域，屬於高山侵蝕切割地貌，變成中低山丘陵地，嶺谷高差一百多米，具有特殊的震撼性視覺效果。特別是翰章平原大片的德林石泥石流和裂隙式火山口，極具旅遊觀賞價值。

▍小石河風景區

　　小石河風景區即敦化小石河水利風景區（小石河水庫），位於牡丹江支流小石河中游翰章鄉大合屯，距敦化市區二十公里，是以灌溉為主，結合養魚、發電、防洪的中型水庫。小石河水庫壩址以上控制流域面積一一一平方公里，補充水源大石河攔河壩以上控製麵積二六一平方公里，大、小石河流域內植被茂盛，水質清冽，是敦化主要水源地。水庫封冰期一四〇至一五〇天，全年最高氣溫三十五度，最低氣溫負三十八點三度，年平均濕度百分之六十。小石河風景區也是敦化周邊最美的風景區之一，有山有水有河流，這裡的森林覆蓋率達到百分之九十九以上，是天然的森林氧吧，小石河穿行而過，庫區水面遼闊，景色優美，盛產各種淡水魚，冷水鱸魚遠近聞名，水域還有眾多的水鳥在此棲息。

　　小石河上游植被良好，保存有大量的原始森林。水量充沛，水質良好，河床穩定。無工業、農業及生活污染。河兩岸植被豐茂，環境清幽，風光清秀自然。青山、碧樹、懸崖、草灘、水中小渚與琅琅清流交相輝映，形成了立體多維的藝術世界。這裡沒有盛夏和溽熱的城市的喧鬧，空氣清新，天空湛藍，涼爽宜人。

　　為充分發揮小石河水庫的天然資源優勢，敦化市重點開發小石河旅遊和餐飲服務項目，把小石河景區打造成一家綜合性旅遊基地。在原有的大壩觀光、漂流項目基礎上，又開發了水上娛樂項目，購買了腳踏船、竹

▲ 小石河風景區

▲ 小石河風景區

筏、太空球、橡皮艇等小型水上娛樂設施，庫內有一艘中型旅遊觀光艇，遊人可乘船遊覽小石河美麗風光。大壩觀光採取電瓶車、旅遊自行車觀光的形式，讓遊人在娛樂中領略水庫美景。

在夏季，約上三五好友來到這裡，可以體驗一下漂流帶來的樂趣。乘一葉小舟順流而下，漂進如詩如畫的藝術境界，五公里水路，數不清的大大小小的彎曲，猶如一條迂迴宛約的綠色長廊。其間景色，處處美不勝收：而三道疊水激流，白浪翻滾，漂流於上，妙趣橫生，驚呼未定，小舟已逝若流矢，有驚而無險。

到了冬季，景色最美。每年九月底即飛雪滿天，至次年五月山下放霧，山中仍雪霧迷茫。在這八個月裡，山嶺便是一片銀裝素裹，晶瑩剔透的白雪世界。雪大時嶺上無風，大片的雪花漫天飛舞，白絨絨的雪花厚厚地籠罩山嶺，「雪松樹掛」漫山遍野，一片冰雪園林。

臨江民族民俗村

紅石鄉共有人口一〇五四八人，其中朝鮮族人口一三三九人。為了弘揚和傳承朝鮮族特色文化，集中展示朝鮮族歷史、體育、舞蹈、飲食等傳統民俗，紅石鄉黨委、政府經與市各部門溝通協調，確定了朝鮮族民俗村建設項目，並落戶臨江村。該村屬於朝鮮族村，而且是外來遊客通往長白山旅遊景區的必經之路。

▲ 臨江民族民俗村

紅石鄉臨江朝鮮族民俗村位於敦化市西南十一公里處，東牟山腳下，牡丹江上游支流大石河流過，河上有一座用於灌溉的攔河壩，壩址以上集水面積一萬多平方米，形成水上風景。河流兩岸多種樹木錯落有致生長，一年四季有景：春來踏青、夏季避暑、秋看楓葉、冬看雪松。由於風景秀麗，這兒曾經拍攝過電影《蘆笙戀歌》。

民俗村項目總投資一八〇〇萬元，占地面積一四五〇〇平方米，建築面積六二〇〇平方米，共九棟二十八戶。集度假、娛樂、休閒於一體的綜合性旅遊民俗村的建成，填補了敦化市朝鮮族民俗旅遊的空白。同時安置農村剩餘勞動力，提高農產品附加值，增加當地農民的收入，有效促進地方經濟發展。

▎布庫里山森林公園

　　布庫里山森林公園位於江源鎮西十公里處，牡丹江北岸，屬十八道溝村。主峰戴雲峰海拔八六三米，面積五平方公里左右，山的形狀呈圓錐形，如一頂圓圓的帽子，當地人也叫它「帽兒山」。

　　布庫里山孤峰獨秀、植被繁茂，山上生長著多種山野菜及人蔘等珍貴藥材。山頂雲霧繚繞，景色優美，還流傳著許多優美的傳說，使它更增添了幾分韻致。它以其優美的自然風光，獨特的民俗風情，便利地交通設施，正吸引著越來越多的人前來觀光旅遊。

　　從主峰向東北遠眺，延吉盆地盡收眼底；向南俯瞰，悠閒流淌的海蘭江銀練般地鑲嵌在遍地稻花香的海蘭江平原上。在夏日陽光照射下，大片大片的水田泛著白光，水霧蒸騰，中間白色的延龍公路似一條白帶飄舞，宛如一幅幅山

▲ 帽兒山

▲ 虎雕

水油畫；向西仰視，果樹成行，梨花飄香，遠處的馬鞍山雙峰清晰可見；向東眺望，層林盡染，鬱鬱蔥蔥。真可謂一首革命老歌「長白山下果樹成行，海蘭江畔稻花香」。登其巔觀此美景確是驚嘆叫絕，自然融入陶醉其間了。

　　布庫里山森林公園上樹木參天、枝葉繁茂，屬於闊葉林帶。山中有一條小路，隨山勢時陡時緩。在半山腰便是天然石級路，一步一蹬、步步升高，坡度都在四十五度以上。據當地人說，路旁就能採到山蔘，每年都出土幾苗至幾十苗的大山蔘。戴雲峰頂是個二三百平方米的平面，正中有一座紅磚修築的森林防火瞭望塔，防火期間塔中有人值班。登塔遠眺，群山皆在腳下，牡丹江水如一條飄然東去的玉帶，點點村落，方方農田，晶瑩水庫，碧綠的群山橫亙在天邊，讓人心曠神怡。

　　布庫里山森林公園內有長白山植物園、虎雕廣場等幾處景點。長白山植物園位於布庫里山東側，現有面積四十四公頃。這裡森林茂密，樹木種類繁多，是觀覽遊玩的好去處。虎雕廣場在入山口處，矗立一隻虎雕，基石高三米，虎

高二米。上有青年書法家楊青山草書的「呼嘯長白」題刻，彰顯延邊人崇仰英勇頑強的拚搏精神。石塔原來是作為計數的標誌，即登山者每來一次，擺放一塊片石，以居多者自豪，增強登山的信心。這樣逐漸增多，就壘成石塔這種樣子。其圓形的塔狀足可以表示順利圓滿的意思。現也是布庫里山遊山逛景中的一景。地震觀測台坐落在布庫里山東坡半山腰。為延邊地震台帽兒山觀測站。

從民俗村正門入口往西南走大約一點五公里路，就會看見有三處泉水，其中最好的為蝦米泉。山泉水清涼、純淨，常是遊人取水、飲用的地方。

在布庫里山上有一處墩台遺址，用火山岩碎石塊堆砌而成，純高約三米，頂直徑約六至八米，據說是渤海時期烽火台。

每到夏季，布庫里山綠樹成蔭，鳥兒在樹間鳴囀。漫山遍野的花草姹紫嫣紅，點綴著綠毯似的峰巒谷坡，其間有野雞、山雀在這裡繁衍、生息，動植物的和諧相處，匯成了一首美妙的大自然暢想曲。布庫里山森林公園頂部是一方圓五十米的平台，平台的西北、西南、東南三個方向分別延伸出三條山脊，山崖陡峭，石壁、石柱數丈之高，險中有奇，景觀令人駐足。

▲ 布庫里雍順雕像

大砬子森林公園

▲ 大砬子森林公園

　　大砬子又稱「梧松砬子山」，位於敦化市西北部，黃泥河鎮西南十二公里，坐落在黃泥河大川、威虎嶺林場作業區內，總占地面積一八五九平方米。梧松砬子峰脊長約一二〇〇米，遠遠望去，猶如梯台，海拔九〇〇米以上突兀而起，千百年來，由於地殼的變遷及長期的剝蝕，形成了各種千姿百態的奇石景觀。西端石崖峭立達數十米，海拔九九四米，山頂山石奇特，許多獨立的岩石呈層層疊加狀，垂直峭立，有如刀削，所有奇石頂端均附著長青的卷柏，伴生著杜鵑和松樹，極具觀賞價值。

　　大砬子山植被保存良好，山上綠樹蔥鬱，芳草如茵，樹種繁多，有白樺、榆樹、楊樹、椴樹等。登上高峰，滿目翠綠，杜鵑花鑲嵌峭壁，卷柏附滿崖頭。尤其值得一提的是，山上石砬旁的「情侶樹」景觀，在一塊平地上，一棵

槭樹和一棵榆樹的樹幹合生一段後又分離，別有一番情趣。

　　上到山頂便可看到奇異多姿的石砬景觀。在這裡既有雲南的「石林」、又有安徽的「黃山」「一線天」，有的像大象、有的像奔馬、有的如一劍指天、還有的如奇峰聳立……大砬子山的石砬景觀與綠野交映成趣，顯示出了大自然無窮的魅力。站在山頂，極目遠眺，群山輝映，森林茂密。春夏時節，常有雲霧繚繞，早上上山，晨霧飄蕩，隨太陽升起，步入高山，這霧就沉在腳底，隨之淡去，向遠望去，林頭綠波跳躍，蒸騰似霧，更似煙，撲朔迷離，猶如仙境。

　　梧松砬子山現已成立省級森林公園，形成了以奇石地貌和森林景觀為主體獨具地方特色的森林度假旅遊區，通過規劃形成了三大景觀區：一、松雲疊蕩區，特點是奇石重疊，經長期的風雨侵蝕和各種植被的附著，岩石色彩斑斕，層層疊摞，如同雲彩，上面生長的松樹，石、松形態各異，如孔雀俏立、旱龜

▲ 大砬子森林公園

望月、鷹嘯蒼穹等。二、彩雲追月區，特點是石峰獨立，峰頭上附滿卷柏、杜鵑，春季到來，花開爛漫，猶如彩雲，與月相配，遐想無限。著名的景觀有嫦娥奔月、五老松、綠蔭瓊島等。三、彩雲飛渡區，在梧松砬子山脊東南部兩端，聳岩峭壁，高數十米，遠遠望去，似彩雲飄蕩，有欲渡茫茫林海之勢。

▲ 石砬景觀

亞光湖國家濕地公園

　　亞光湖國家濕地公園位於敦化市大石頭鎮，距敦化市區四十八公里，湖區面積二一四平方米，四周青山環繞，植被種類繁多，且保持良好。青山抱綠水，湖水如一塊明玉般清澈，時有輕舟蕩在水面上，是市民休閒娛樂的最佳去處。這裡湖光山色如詩如畫，這裡草豐水美，沃野遼闊，一條淌了幾百年或許上千年的河流嘩嘩地唱著向遠方流去，她像母親的乳汁滋潤著大地，也哺育著人類的智慧與勇敢。

　　舉目遠眺，亞光湖區，遠山如黛，近樹凝碧。湖岸山坡上蒼翠的樹林間，亭舍掩映，泉水淙淙，掬一捧甘洌的清泉水，沁人心脾；東南岸「臥虎山」崖峭壁聳立，彷彿是一忠誠衛士，日夜守護著秀美的亞光湖；「臥虎山」崖下回

▲ 亞光湖國家濕地公園

流形成的沙灘，溫潤細膩，是遊人沐浴陽光、游水嬉戲的好去處；傍晚，霞輝映天，波光瀲灩，辛勤的漁工滿載一船星輝駛向岸邊。具有當地風味的魚宴，紅燒、清燉，肥而不膩，舉杯暢飲，樂而忘憂。

亞光湖旅遊區現以森林生態游、休閒娛樂游為重點，開發了水上娛樂、垂釣、森林浴等一系列旅遊項目和山珍野菜、野生魚宴等綠色、天然、特色餐飲，是遊客休閒娛樂的極佳去處。亞光湖處於林區腹地，水面廣闊，無污染，這裡有多種水上娛樂活動，游泳、遊湖、水禽觀賞、垂釣、捕魚，精彩紛呈。亞光湖周圍山巒起伏，森林繁茂，花草爭芳，開展了多種森林旅遊項目，如：野營、登山、森林浴、滑雪、冬獵、冬季捕魚等。

亞光湖生態宜人，適合多種花草、果木生長，目前正在栽植人工花果園，開展了賞花摘果游；亞光湖盛產鰱魚、鯉魚、鯽魚等魚類，味道鮮美，所產野菜天然無污染，是綠色美食游的好去處。這裡風光秀美人傑地靈，大自然賜給人類的是一片充滿勃勃生機的土地，人類回報給大自然的是一幅又一幅美麗的畫卷。

亞光湖風景區

　　亞光湖風景區位於距敦化市大石頭鎮十三點五公里處，在沙河支流二道河上，是一座集旅遊、養魚、灌溉、防洪於一體的綜合性水域。亞光湖旅遊區以森林生態游、休閒娛樂游為重點，開發了水上娛樂、垂釣、森林浴、風情游等系列旅遊項目和山珍野菜、野生魚宴等綠色、天然、特色餐飲。亞光湖景區根據規劃，已建成映山紅湖濱遊覽休閒區、湖西遊覽區、服務遊樂區、碧波行舟區幾大功能區。區內的亞光湖處於林區腹地，水面廣闊，無污染，如一塊明玉般清亮透徹，亞光湖周圍山巒起伏，森林繁茂，花草爭芳。泛舟湖上，青山綠水，猶如世外桃源。

▲ 亞光湖風景區

哈爾巴嶺水庫

「哈爾巴」滿語是肩胛骨的意思，哈爾巴嶺大概因山形而得名。此嶺位於敦化市東，是敦化與安圖的界嶺。嶺西為敦化，嶺東為安圖。山脈蜿蜒陡峻，南部與東清嶺、北與二龍山相連，皆屬於老爺嶺山脈。因地理位置重要，故有「東境要隘」之稱。哈爾巴嶺水庫位於大石頭鎮境內的沙河支流哈爾巴嶺溝下游，壩址距溝口二公里，距大石頭鎮九公里，是集防洪、灌溉、養魚於一體的中型水庫。水庫上游控制流域面積七十二點六平方公里，總庫容為二三三〇萬立方米。

▲ 哈爾巴嶺水庫

▌哈爾巴嶺抗聯文化紀念地

　　哈爾巴嶺戰跡地位於大石頭鎮哈爾巴嶺村西北的鐵路線上，距哈爾巴嶺車站二點五公里，這段鐵路呈曲線，南北兩側各有一座小山丘，形成山口，長圖鐵路從兩山間通過，西去便是大石頭車站。它原是清代吉林通往琿春驛路上的一個驛站。

▲ 哈爾巴嶺戰跡地

　　哈爾巴嶺是長白山伸向東北的一條支脈，它的南端接牡丹嶺，向東北伸延。嶺西坡為沙河之源，嶺東坡為布爾哈通河之源。這條驛路越過哈爾巴嶺後，一直沿著布爾哈通河的河谷向東伸延，直抵邊陲琿春。

　　據《增訂吉林地理紀要》記載，這條路是清代末年，為了適應琿春的防務和延邊的開發而開闢的。哈爾巴嶺上，山深林密，道路崎嶇，至今還遺留著驛路的痕跡，只是被齊胸的蒿草掩埋著。這古老的驛路，由於廢棄已久，經雨水的沖刷，殘寬僅兩三米。在分水嶺處，有一古廟址坐落於路北，廟址旁邊，矗立著清代琿春副都統依克唐阿升任黑龍江將軍時立的德政碑。

　　哈爾巴嶺是天然的關卡，地當要沖，清代於此設有哨卡和防所。嶺西屬吉林副都統所轄，嶺東為琿春副都統轄區。過嶺東行前一站，是甕聲砬子（今明月鎮）站。哈爾巴嶺站當年無居民點，除驛站、哨所外，只有一旅店，接待過

往行人及客商。後來哈爾巴嶺上修築了鐵路。新中國成立後，又另闢了寬闊平坦的公路，這條古道成了歷史的見證。

長圖鐵路在「偽滿洲國」時稱京（長春）圖（圖們）路，是日本帝國主義為進兵東北和掠奪中國資源所修築的一條具有重要戰略意義的鐵路線。由於嶺上險要，抗日戰爭期間，嶺上發生多次戰鬥。當時日本人經過嶺上都要提心吊膽，把這裡視為畏途。哈爾巴嶺伏擊戰是其中一次較大的戰鬥。

一九三五年五月二日，在哈爾巴嶺車站附近，抗日聯軍陳翰章所帶領第三軍第四師，獲悉日軍高級將領乘坐的裝甲列車，要通過京圖鐵路哈爾巴嶺一段的情報後，立即組織了武裝力量，迅速拆毀了這一段鐵軌，並埋伏在鐵路兩側，準備顛覆這趟列車。

乘坐這趟列車是「偽滿洲國」內閣大臣一行人，他們由「偽新京」（長春）去「偽間島省」（今延邊地區）視察。列車是由一節裝甲列車、二節高級包廂和八節普通客車廂組成。日軍萬萬沒想到抗日聯軍會在哈爾巴嶺這一段拆毀鐵路、設置埋伏，所以列車按正常速度行駛。

當列車全速開進埋伏圈時，火車頭及前面八節客車廂便出了軌，滾落在約二米深的路基下，列車癱瘓了，日軍頓時亂成一團。這時，我抗日聯軍戰士齊向敵人開了火，子彈的射擊聲、手榴彈的爆炸聲和喊殺聲響成一片，整個戰場全部控制在抗日聯軍手中，戰鬥進行得很順利。敵人共傷亡二百餘人，我軍則戰果輝煌，俘虜了十一名日軍將、校級官員，還繳獲了不少武器、彈藥和日幣二十萬元。這次戰鬥打擊了日軍囂張氣焰，壯大了抗日武裝力量。

抗日戰爭時期的敦化，是抗日聯軍活動的主要地區之一。哈爾巴嶺伏擊戰，是一次比較有影響的戰鬥，延邊州博物館的革命文物陳列室裡，展示了這次戰鬥的全過程。如今重遊舊戰場，耳邊猶如響起槍炮聲和廝殺聲，追憶當年抗聯部隊之英勇頑強。為了繼承抗日聯軍的英雄業績和革命傳統，一九六一年一月十八日，延邊州朝鮮族自治州公布哈爾巴嶺戰跡地為州級重點文物保護單位。

新開嶺森林公園

　　新開嶺屬於張廣才嶺山脈，是威虎嶺的南段。清末民初，在山上開闢出一條新路，故名新開嶺，新開嶺在市區西部，又稱西嶺。

　　新開嶺風光尤以冬季更好，嶺頂海拔一二四七米，每年九月底即飛雪，至次年五月山下放霧，山中仍雪霧迷茫。在這八個月裡，山嶺便是一個銀裝素裹、晶瑩剔透的白雪世界，雪大時嶺上無風，大片的雪花漫天撒落，可無聲無息地落上幾天或十幾天。白絨絨的雪花籠罩山嶺，雪松樹掛讓人心曠神怡。

　　新開嶺因雪聲名鵲起。早在上個世紀初，我黨的老前輩林伯渠來敦化時曾有「西來峻嶺連天白」的詩句。二十世紀八〇年代孫世昌先生做了一通「西嶺飛雪」石碑立於嶺上。

▲ 新開嶺森林公園

▲ 新開嶺森林公園

三股流景區位於新開嶺林場西南、距市區二十六公里，隸屬於新開嶺國營林場。三股流總長二十七公里，由新立、板橋、主流三股溪流相彙集而成，所以名曰「三股流」。

三股流是敦化小石河的上游，為敦化的水源地，地勢兩山夾一溝，兩側山體海拔九七〇米至一一〇〇米之間，山型陡峭，巒峰迭起，風景秀麗，樹木蔥鬱，松樹、楊樹、柞樹、柳樹、榆樹、樺樹各展姿容，姿態萬千。溝水清澈見底，水質清涼，水淺處石塊、石礫露出水面，成片密集分布。站在溪石旁可見溪流飛湍、花草繁雜，可聞澗底泉鳴，令人賞心悅目，心曠神怡。

景區山巒起伏、森林茂密，自然植被保持良好，動植物種類繁多、奇花異草隨處可見。每到夏季，這裡棲息著多種野生動物，樹間有蒼鷹、榛雞、翠鳥、啄木鳥等往來飛返。正是「三股溪水成一流，小橋橫架路平修。夏日濃蔭冬日雪，多少影視譜春秋」。

三股流景區僅為新開嶺森林公園的一部分，三股流、毛頭溝、虻牛石河溝、牡丹江構成了新開嶺的全景。

▲ 三股流景區

第五章

文化景址

　　敦化在文化發展的歷程中，創作產生了一大批具有影響力的文化產品。這些文化產品涉及了多個文化領域：帶有本地物產特色的工藝產品，包括根雕、松花石雕刻、葫蘆畫等；帶有鮮明民族特色的文化產品，包括朝鮮族《頂水舞》、滿族舞蹈《敖東迎旭》、滿族捏泥人、薩滿面具剪紙等；敦化人宋萬清開創並發揚的一派畫藝——刀畫；帶有現代特色的《敦化日報》《雁鳴湖》雜誌、《長白山滿族文化研究》期刊等。這些豐富多彩的文化產品見證了敦化文化事業的大發展。

《雁鳴湖》雜誌

▲ 《雁鳴湖》雜誌

《雁鳴湖》雜誌是敦化市作家協會於二〇〇一年創辦的文學期刊。創刊號的刊名由時任國家文化部部長的著名詩人賀敬之題寫，由敦化市作家協會第一任主席朱晶紅主編，刊載了敦化市作家協會成立的照片和敦化市四十九位作者的小說、詩歌、散文、故事、報告文學、美術和攝影作品。二〇〇三年，第二任主編李廣義邀請張笑天先生為雜誌題寫了新的刊名。

二〇〇八年以後，《雁鳴湖》改由吉林雁鳴湖國家自然保護區、敦化市文聯和市作家協會共同主辦，確定為文學季刊，由田玉光主編，楊曉華執行主編，開本由小十六開改為大十六開，篇幅增加到一百頁，每期容納二十萬字，精印一千冊，以發表本地作者的作品為主，不定期發表外地具有示範意義的作品。刊物除在本地發行外，還贈送中共中央宣傳部、文化部、教育部、中國文聯、中國作家協會、中國對外友好協會、人民日報社、中國現代文學館、中國社科院文學所、香港作家聯社、澳門中西詩歌雜誌社、中國台灣今日中國雜誌社以及國家和各省、市、自治區圖書館、部分大學圖書館和文學藝術研究機構，成為敦化市的一張獨特的「名片」。

《長白山滿族文化研究》期刊

由敦化市長白山滿族文化研究會主辦的《長白山滿族文化研究》，是以滿族文化研究為核心的專題刊物。自敦化市長白山滿族文化研究會成立以來已經發行六期，每期二千冊。

《長白山滿族文化研究》自二〇〇七年創刊以來，每一期刊物都凝結了研究會研究人員的辛勤努力和廣大滿族同胞、忠實讀者的期盼。記錄了敖東古城的文化發展和時代變遷，展現了滿族文化、渤海文化、佛教文化和地域等長白山歷史文化中璀璨的光輝。在刊物編輯和發行過程中得到了市委宣傳部、市文聯等相關部門的大力支持和各界學者的鼎力幫助。

▲ 《長白山滿族文化研究》

在初創期刊物內容主要分為三個欄目分別是：第一部分滿族研究，主要以普及和介紹滿族歷史考證和民族組成以及民族譜系的學術性專題。第二部分史

海鉤沉，主要介紹敦化歷史發展和有關滿族及其相關滿族政權中的各大歷史事件。第三部分地域文化，介紹長白山地區的滿族民俗和民族文藝發展。至第六期開始增加了滿族故事專欄，以蒐集滿族民間歷史故事和神話傳說，更生動的從民間口耳相傳的故事中發掘滿族文化，從民間傳說中更立體的展現滿族人的意識形態和民族性格。隨著敦化市長白山滿族文化研究會研究的進一步深入，《長白山滿族文化研究》也必將以更精彩豐富的內容和更精益求精的製作來回饋各界讀者和滿族同胞對刊物的期盼和厚愛。

　　附：敦化市長白山滿族文化研究會簡介

　　敦化市長白山滿族文化研究會成立於二〇〇七年六月，是由致力於敦化滿族歷史文化研究的學者以及具有一定滿族文化認知的社會各界人士自願結成的公益性、學術性法人社會團體，是研究、指導、服務地方滿族文化，推動敦化人文環境和和諧社會發展的民間組織。協會致力於研究探索長白山滿族文化深厚的歷史底蘊，多角度挖掘滿族歷史文化、民俗文化的發展，整理長白山滿族民俗文化發展史，出刊《長白山滿族歷史與此文化》會刊，做好滿族文藝、體育、婚俗、語言等方面的培訓、收集工作。

《陳翰章將軍傳》

由賈少林主編的《陳翰章將軍傳》經吉林人民出版社出版，首印三千冊，於二〇一三年五月與讀者見面。

▲ 《陳翰章將軍傳》

該書由原國務委員、中央軍委副主席、國防部長、中國人民解放軍上將遲浩田題寫書名。《陳翰章將軍傳》的出版發行是敦化市紀念陳翰章將軍誕辰一百週年系列活動的重要組成部分。

《陳翰章將軍傳》共分二十六個章節，收錄了四十餘萬字和二百多幅珍貴的歷史圖片，以傳記形式從將軍一九一三年六月十四日出生寫起，詳細記錄了二十世紀三〇年代，在山河破碎、民族危亡的緊要關頭，陳翰章將軍毅然投筆從戎，與一群優秀的中華兒女同仇敵愾、前仆後繼、浴血奮戰，殺日軍、滅偽軍、救大眾的英雄壯舉，在白山黑水之間，用他那年輕的生命譜寫了一曲蕩氣迴腸的英雄之歌，犧牲時年僅二十七歲，被人民親切地稱為「鏡泊英雄」。該書詳盡記述了陳翰章將軍率領軍民抗日鬥爭的艱難歷程，深刻揭露了日本帝國主義在敦化及周邊大肆掠奪、殘暴統治的滔天罪行。

該書在編撰過程中，參閱了牡丹江、寧安等縣（市）的有關黨史資料以及《吉林黨史人物傳》等書籍資料，並對各種材料進行反覆求證，去偽求真。本書真實性與文學性並重，是一部不可多得的關於陳翰章將軍生平事蹟的權威性傳記。此書是英雄故里弘揚陳翰章精神所取得的重要成果，更是一部進行愛國主義教育和革命傳統教育的生動教材，具有獨特的歷史和現實意義，填補了敦化市地方史研究方面的空白。

滿族舞蹈《敖東迎旭》

▲ 舞蹈《敖東迎旭》意境圖

滿族舞蹈《敖東迎旭》，是根據《清實錄》等史料記載的流傳至今的長白山三仙女浴於布勒霍里池和仙女佛庫倫生滿族始祖布庫里雍順傳說演化而來的舞蹈，具有上千年歷史。《敖東迎旭》舞蹈源自於唐朝渤海國都城、清朝皇室發祥地（明清時期稱作敖東城）、滿族鼻祖文化誕生地、長白山腹地敦化市。當時，在長白山東北布庫里山下布爾湖裡，有三仙女在此沐浴，神鴉銜一朱果置第三女佛庫倫衣裳，佛庫倫吞食後生一男。此男乘舟到長白山東俄漠惠（今額穆）之野鄂多里（今敦化）城，見三姓人爭做酋長引兵仇殺。此男說我叫布庫里雍順，姓愛新覺羅，「天女佛庫倫所生，天命完汝等之亂」，三姓人很驚異，就推他為貝勒（部落長），以百里女妻之，居鄂多里城，建號滿洲，是為國家開基之始，鄂多里城自然成為滿洲第一個都城。這段記載當然是母權制過渡到父權制的反映，但也道出滿洲建政之初一些情況。清世祖順治皇帝福臨入關定都北京，尊布庫里雍順為始祖，與古老民族肅慎、挹婁、勿吉、靺鞨是其一脈相承的祖先，人們稱他為「敖東莫爾根」（滿語：英雄）。舞蹈《敖東迎旭》，演繹了這段傳說。

其主要表演內容：三仙女（恩庫倫、正庫倫、佛庫倫）沐浴、舒緩、悠然，佛庫倫手持朱果歡喜愛撫，懷孕對人間的留戀與對天界的思念矛盾；佛庫倫生子，三仙女演唱「白雲悠悠繞山腰，綠樹蔥蔥起波濤。炊煙裊裊人間美，鳥兒枝頭報春潮。一泓碧水映白雪，比起天宮更妖嬈。三妹吞果難回天，暫留凡間願平安。待到十月份娩後，迎來春色換人間。興邦建國有作為，中華史冊譜新篇」。圍繞佛庫倫及其孩子，兩姐姐依依不捨分別；佛庫倫教育布庫里雍

順，聆聽母親受命於天的重託，將身世告訴他，並告之姓愛新覺羅，學會騎馬射箭，舞槍使棒。在額娘佛庫倫的教誨下認誦詩文，過目不忘；讀兵法，排兵佈陣。

他撐起用柳條編制的柳筏，頭戴柳樹枝帽，身穿柳樹枝編織獵裝端坐在上面，手持刀槍，身背弓箭，乘木舟順忽汗河（牡丹江）直下，穿過無數叢林峽谷，跨過九十九道灣，闖過九十九道灘，去平定江下游鄂多里城（現敦化市）的三姓之亂。這裡有個村莊，有百餘戶人家，分為三姓，村民們生性剽悍，專門喜歡爭鬥。布庫里雍順對村民們說：「我乃天女所生！姓愛新覺羅，名布庫里雍順，是來平定你們爭戰的！」眾人聽罷，隨後便停止爭鬥，在與眾人相處的日子裡，布庫里雍順得到三姓人的信任和依賴，不久便被推舉為三姓之地部長，呼為貝勒。布庫里雍順貝勒帶領眾人建堡築寨，創建了鄂多里城（現敦化市），形成愛新覺羅部。

▲ 舞蹈《敖東迎旭》

▲ 滿族舞蹈

從此，布庫里雍順成為滿族人始祖，在這裡繁衍後代；清朝人民為緬懷禮拜滿族始祖布庫里雍順的英雄義舉，凡歡慶之日都要表演本民族傳統舞蹈。多是狩獵、戰鬥的動作。如狩獵，選一些身體強壯的人，穿豹、虎皮唱滿族歌、騎假馬追射。

逢喜慶豐收宴會，主、客男女輪番起舞，舉一袖於額，後一袖為背，盤旋進退，一人唱歌「長白山，萬丈高，四季積雪永不消。前清滿族發祥地，儲藏植物萬架寶。滿族人實在好，勤勞勇敢數得著。忽汗河（牡丹江）畔創大業，不怕三九雪花飄。啊哈啦……關東城，三宗寶，人蔘貂皮靰鞡草。暖屋熱炕日子好，天天豆包大年。有了房，有了地，始祖兒女志氣高。萬里荒原變良田。敖東城的糧食吃不了」。還有打漁的穿針、織網、歡慶，有打獵的單奔馬、雙奔馬，有出征的大小盤龍、龍戲水，有怪蟒出洞、龍蠕動，有數名手持「單鼓」（或「抓鼓」）腰繫銅鈴男子、打著響板、扭動腰鈴、使板聲、鈴聲相和。

《敖東迎旭》以優美的舞蹈旋律、質樸的演唱、狩獵、征戰等形式，演繹了千年歷史傳承，再現「敖東古城」豐富多彩的歷史民族文化，品味獨具韻味的民族地域風情。二〇〇二年參加延邊朝鮮族自治州州慶五十週年，滿族舞蹈《敖東迎旭》獲得表演特別獎，二〇〇七年列入市級非物質文化遺產保護名錄。

朝鮮族《頂水舞》

　　《頂水舞》因舞者頭頂水罐起舞而得名，是朝鮮族女性表演的傳統舞蹈，是朝鮮族婦女們在長期原始農耕勞作過程中形成的。相傳古朝鮮新羅國國王要三年內修成一座宮殿，十三歲以上男丁都被派去做民工，只剩些婦女在村裡種稻。地主對留守的婦女們意圖不軌，霸占了村外的河流，不許婦女們使用河水，逼婦女們屈服。婦女們靠頂水和木棒與地主鬥爭。民工回村那天，婦女們都穿著乾乾淨淨短襖長裙，把一大碗米酒和幾碟小菜兒，裝進罐子裡用頭頂著，手捧著那根洗衣木棒，來到村頭迎接親人。男人們見了都很驚奇。當聽到家中主婦機智勇敢，忠貞不屈，所有的男人都拍手唱歌兒，來讚揚她們有骨氣。於是她們就隨著歌聲，在村頭跳起舞來。為了紀念這段光榮鬥爭史，男人們都給家中婦女做了個「巴賴綁氣」（洗衣棒槌）。婦女們也就總頂著水罐取水了，《頂水舞》由此而來。

▲　《頂水舞》

▲ 朝鮮族《頂水舞》

　　朝鮮族女子從小就學習用頭頂東西的能力，長大成人後，便都熟練地掌握了這門技能。不論是水罐、糧袋、包袱，還是其他的什麼東西，她們都不用肩挑、背背或手提，而是放在頭上頂著。在插秧、鋤草季節，婦女們常頭頂水罐將飲水或食品等送至田間地頭。《頂水舞》即在這種生活習俗基礎上形成，而且一經形成，便在群眾中間廣泛流傳。

　　《頂水舞》突出表現三點：一個是水罐，即「頂水罐」和「巴賴綁氣」（洗衣棒槌）——古代生產、生活器具。舞者頂的水罐，原是生活中的實物，後來為便於起舞，多用紙糊罐型道具，在表層上繪以漂亮的花紋，輕巧別緻。朝鮮族姑娘、婦女凡頂東西或表演時，先在頭上放好一個墊圈，墊圈是用毛巾或布做成的，輕鬆柔軟，防止硬東西直接與頭部接觸，磨壞頭部。另外，這種墊圈還有固定物體的作用，使物體不容易從頭上掉下來。她們在用頭頂東西時，一般都不用手扶著，東西穩穩地放在頭上，快速行走，也不搖晃。特別是頂水灌表演更叫人佩服。水灌頂在頭上，行走輕盈，竟會滴水不灑，像雜技演員一樣。一個是「舞」，即表演——舞蹈者頭頂水罐表現出形體動作和「水田文化」結合一起，隨著道具服裝的變化，舞蹈動作也相應發展。一個是「伽倻琴」，

即彈撥樂器——演奏時，一端著地，一端放於腿上，右手彈，左手弄，表演姿態穩雅別緻。伽倻琴富有表演力，是善於表達民族柔和情感的民間樂器，為朝鮮族傳統絃樂器之首，它的形狀近似於漢族民樂器古箏。《頂水舞》表演，不受時間、場地侷限，亦無固定程式。凡歷史發展平穩、興盛時期，必為表演活動高峰期。民俗佳節、年景豐收，以及各種慶功會，都會聚眾表演，熱鬧一場，特別是隨著潺潺水聲，田地、舞台上出現幾位白衣長裙或其他染色漂亮服裝，頭頂水罐的朝鮮族姑娘、婦女們，她們表演的是非常具有朝鮮族生活氣息的傳統民族舞蹈——《頂水舞》。

姑娘們輕盈地俯下身，藝術化地將朝鮮族生活中取水、頂水的點點滴滴展現在觀眾面前，沉甸甸的水罐頂在姑娘們的頭上是那樣的優美而輕鬆自如。舞蹈通過模擬頂罐行進中各種生產、生活動作，以「挫墊步」「踏波步」「碎步」「墊步」「喜散步」為基本步伐，主要動作有「甜泉舀水」「玉指彈珠」頂舉之類的高難度技巧貫穿舞蹈全過程，手臂則可以自由揮動，因此形成了朝鮮族舞蹈基本上以手臂多變、柔姿為主的風格。《頂水舞》內在技巧的表現是許多民族舞都無法相比的。跳過朝鮮族《頂水舞》的人都有這樣一種感受：常常已累得大汗淋漓，可別人看來卻好像沒做什麼動作。如朝鮮族舞蹈中雙臂揮動的動作看起來似乎是「最簡單」的動作，但它又恰恰表現出深邃的技巧性，舞蹈

▲ 《頂水舞》

姿式剛柔相濟，輕鬆優美，激舒並存，急緩相容，抒發歡樂喜悅的內心感情。
其伴奏音樂旋律優美，鏗鏘有力，節奏多變給人以強烈號召感，體現了中國朝
鮮族《頂水舞》的高超技藝，反映朝鮮族婦女勇敢、大膽、智慧、樂觀的民族
氣概，明顯突出舞蹈民族特色。新中國成立後，《頂水舞》經中國朝鮮族舞蹈
家們精心改編，增進了新時代氣息和民族特色，使這一藝術形式日趨完善。
（二十世紀五〇年代朝鮮族文學工作者鄭德教和舞蹈教師崔今淑把手中持有
「巴賴綁氣」（洗衣棒槌），反抗封建專制的舞蹈《頂水舞》搬上舞台，被州人
民政府授予慶祝自治州成立三十週年獻禮作品優秀獎。二十世紀八〇年代至今
由敦化文化館朝鮮族編導趙玉花、方英愛（國家二級編導）編導的朝鮮族《頂
水舞》，多次被評為表演藝術獎，一九八二年延邊人民出版社先後用朝鮮文、
漢文出版了舞蹈專著《頂水舞》（李仁淑編寫），推動了朝鮮族民間舞蹈的理
論研究。《頂水舞》進入鼎盛時期。二〇〇七年至二〇〇九年先後列入市、
州、省級非物質文化遺產保護名錄）。

▲　《頂水舞》

刀畫

　　刀畫的產生源於敦化深厚的歷史積澱。敦化歷史久遠，早在四千多年前敦化大地就成為肅慎部落繁衍生息地之一。孔子確認「楛木石砮」是肅慎人同西周中原文化交流的見證。一二〇〇多年前被譽為海東盛國的渤海國建都於敦化。敦化是滿族發祥地之一，清始祖布庫里雍順曾居鄂多里城，即敖東城。從康熙年間起封禁二〇〇年，成為專門向朝廷進貢的捕魚狩獵場所，龍興寶地不僅保護了山林，也保護了文化遺存，給人們創造了優美的意象世界。刀畫就是在這情景交融，文化意象萬千中產生的，這種畫派沉澱了厚重的歷史文化。

　　震國（國都在敦化）在立國之初，就派遣大批學生到唐朝京師的太學，學習大唐的文化。集安古墓的壁畫和中原風格一致，達到相當的藝術水平。那個時期的壁畫，在表現形式上就體現帶有刀畫的技法特點。如五號墓四壁網紋圖室中的小蓮花的花蕊部位，殘留有圓形黑色的黏貼質料痕跡。這種圓形黏貼質料的遺跡，在梁枋和藻井上也有發現，大都綴在畫面的空隙處，使人感到是技法上的飛躍。那種大膽潑辣，恣肆奔放，富於變化，沒有嚴格規律的特點，與刀畫技法完全相同。應當說，集安壁畫和刀畫是一脈相通的，成一體系。壁畫在繪畫技法上的發展，為研究刀畫的形成和畫法提供了重要的資料依據。刀畫藝術的高低與時代的先後不是直接連繫著的。技法上略帶一絲自然主義，巧妙地反映在作品之中。

　　刀畫藝術上的魅力，必須是有所得有所失。正是由於這個緣故，刀畫在表現人物和動物上就有了侷限性。山、水、樹；石、房、霧；草、雪、雲，具有獨特、鮮明的藝術魅力。刀畫在二十世紀七〇年代初期，以獨特的面目出現

▲ 刀畫創作

▲ 宋俊傑作品

在世人面前，並且迅速風靡城鄉，絕不是偶然的。它的創始人宋萬清，雖然在偶然中發現用刀作畫的祕密，但是這項藝術卻飽含了一千多年的渤海歷史文化底蘊。他曾經在集安的古墓群參觀中，壁畫的成畫技法，這對他產生了重要影響。一朵奇葩，就這樣在長白腹地的古城敦化誕生了。沉寂千餘年的刀畫藝術，重現於中華民族的藝術之林。

敦化屬於林海山區，木材資源豐富，當地流行在木板上燙畫、烙畫，用刀雕刻畫，由於烙畫不能保色，畫師便試著在家具板上畫油彩烙畫，結果油彩烙畫名噪一時，效裡甚佳。畫匠在家具木板上畫油彩畫時，油彩經常流淌，畫師便用畫刀去刮流淌的油彩，用刀刮油彩發現了意想不到的效果，便開始了探索用刀刮油彩作畫的技法。用刀刮油彩作畫是一條從未有前人走過的路，每一步都要經過畫師挖空心思去研究、探索。山，一刀一勢怎麼刮，才能雄偉壯觀；水的流淌，怎麼刮才能令人感到它的動感；樹形的刻畫，小草、石塊的點綴，

▲ 林寶君作品

雲霧的浮動，遠山的效果等等，這一系列的問題，怎麼樣才能在冰冷、堅硬的刀筆下表達出它們應有的靈活與生活。經過反覆實驗，便嘗試探索出用刀刮油彩作畫的技法，這樣在美術史上便創建了一個新畫種——中國刀畫藝術！經過一代一代的傳承，推動了刀畫藝術的不斷髮展，刀畫技法也廣泛傳播。刀畫經過五代傳承人的創新發展，已經具有了西方油畫的色彩肌理、透視概念，又有中國國畫的空凌和神韻，使畫面更加鮮明，富有真正的視覺感染力。

刀畫代表作品《長白雪峰》被魯迅文學院收藏，另一幅《長白雪峰》被原中國文化部部長王蒙收藏。吉林省文化廳命名宋萬清為吉林省民間刀畫藝術家並頒發榮譽證書。二〇〇六年宋萬清因病去世，但他的刀畫藝術卻沒有停止，而是

▲ 宋俊傑作品

有了長足的發展。刀畫已成為繪畫美術界的新門類，引起了書畫界、新聞界和收藏界的廣泛讚賞和關注。刀畫多元借鑑，獨成一家。採用的是油畫顏料，刀筆結合，交互運用，通過畫筆和刀具在紙或畫布上塗增和刮減色料完成刀畫創作。由於其創作方法吸收了國畫和油畫等繪畫藝術精華，使刀畫作品既展現出國畫蒼勁古樸的深遠意境，又具備油畫反映景物感和立體感的藝術效果。

　　刀畫作者群體來自民間，未受過油畫專業教育，不屬於「學院派」。技藝是師父帶徒弟口傳心授，不斷摸索，不斷創新。敦化刀畫作者獨創「直接著色、分層減色」技法，創作內容多表現地域性、民間性。作者以清晰的筆觸和濃厚的色彩，表現長白山、牡丹江、林海雪原、白樺林、山野鄉村等秀美景色，東北虎、梅花鹿、牛、馬、花鳥等長白山地域動植物的風采，人物畫不

▲ 林寶君作品

多，確是地道的關東民風民俗。目前，敦化有骨幹畫家三十二名，刀畫作者群體二三○○多人。

目前，刀畫這種繪畫方式已經引起國內外美術界及收藏家們的高度關注。各名家的刀畫作品在北京、天津、上海、深圳、長春等地連年展出，並屢屢獲獎，受到沈鵬、白雪石、王琦等著名書畫家高度讚賞，更有一些作品遠銷美國、加拿大、韓國、日本、新加坡、中國香港、中國台灣等國家和地區，刀畫的影響力已遍及海內外。

近幾年，敦化市從事刀畫藝術創作的人正逐年增多，先後成立了十多個專業工作室和培訓班，湧現出一批形成獨特創作風格的刀畫藝術家。宋俊傑、林寶君、吳鳳君、閆國成、劉江、李俊龍、許家池、蔡傳海、鐘運友等人的刀畫作品多次在外地展出並獲獎，他們逐漸成為敦化刀畫界領軍人物。吳儒春、吳紙鶴、董寶玉、宋友貴、崔松學、滕麗娟、李慧、吳傑、姜貴新、李永琴、鄭麗君、柴沁珠、王瑛、李文勝、王春城、郭新池、高飛、張順義、鄒玉英、鄒靜梅、蘇義忠、郭淑云、崔強浩、侯佰紅、王桂榮等後起之秀也漸漸領悟刀畫的真諦，他們的作品逐漸走入人們視野。

刀畫，作為中國新生的畫種，雖然誕生較晚，但具有中西合璧、雅俗共賞的特點，它猶如一顆璀璨的明珠閃耀在繪畫藝術殿堂之上，有著極強的生命力。更重要的是，它能夠輕易走進百姓的日常生活，不但具有收藏價值，還具有裝飾價值和欣賞價值。刀畫，這一來源於生活，又服務於生活，被稱為「百

姓藝術」的獨特畫種，以星火燎原之勢在全國普及，現正以其發源地敦化為中心向全國輻射。

▲ 宋俊傑作品

▲ 宋俊傑作品

蘊藏豐富文化色彩的敦化玉璧畫

在吉林省敦化市金街地下商城，有個「三星玉器製品總行」，別看門面不大，「玉」文化卻在這裡展現得淋漓盡致。由敦化人自己設計，自己加工，用各色玉料精心雕刻的一幅幅精美絕倫、惟妙惟肖的玉璧畫令您歎為觀止。這裡的每一幅作品，都蘊含著一個美好的祝願和一個動人的故事，文化元素賦予其鮮活的生命，「玉」與文化合體的新興文化產業在國內尚屬首家。

「玉璧畫」的雕刻人殷振德，自幼被古龍族・殷氏部族族王部上一代傳人秘定為族傳文化傳承人、保管員，繼承了《十三萬三千個古文字由來及內涵的傳說》等故事及其他萬卷古經，而「玉」的傳說只是其中的一個故事。

據族志記載，遠古時期，大古龍山脈地區（今崑崙山脈）有一智者，十六歲造出殷字。接族王位後，改古龍族為殷氏部族，族人稱其金翅龍兒・殷本元。他發現在山上，河流中有碧綠色半透明狀堅硬物的地方，草本潤澤，水質清流，水中魚蝦比別的地方生命力強。居住在附近的部族、族人，膚色細膩，相貌秀麗，耳聰目明，聲音洪亮，性格溫良，六親和睦，平均壽命較長。他從水裡精選出一些形狀接近圓形，大小一至，色澤好的繫成一串，戴在脖子上，不久多年頸部痠痛不見了，神清眼亮，視力比以前判若兩人，飲用這裡的水，有滑潤之感，飲後口舌生津，膚色潤滑白淨，神輕氣爽，腸胃疾病蕩然無存，多夢、失眠消除，氣色變好。他認為這種寶物應該有一個名字，於是按照族傳造字法則創造出「玉」字。其中上「一橫」代表天，代表陽性物質；中間「一」代表萬物，代表自己；下邊「一」代表地，代表陰性物質；中間「丨」代表相通；「丶」代表宇宙之精華，靈性物質，代表能為生物體提供有益能量之物。玉的字形造出來後，發什麼音呢？

為了玉字的字音，他經常獨自一個人來到有「玉」的地方。一次當他將採好的草藥在這裡清洗時，飛來一群綠色小鳥，這些鳥一邊抓魚，一邊不停地鳴

叫「玉、玉、玉」。當鳥的叫聲進入金翅龍兒·殷本元耳中時，他笑了，在金翅本元手記中刻下了玉字的字音——yu，他想：因為魚的活力，水的清澈，草的茂盛，使我殷本元關注水中綠色寶物，因為把綠色寶物穿成串，戴在脖子上，頸部痠痛消除，飲用玉水表現出神奇功效我才決定造出這個字「玉」，把它的屬性描繪下來。因為綠鳥的叫聲，我為「玉」字確定了字音。為了讓族人和後代子孫瞭解我的心境，我要

▲ 玉璧畫作品

把此「玉」字加入族字譜中，解釋為「玉是宇宙中能與天地萬物相通的、能為生命體提供原始生命能量的、能解除生物體疾病的、可雕琢的、美麗的寶物，是大自然造化出的礦物質，能聚日月之精華，孕天地之靈孕氣」。他的孫子問他，爺爺，玉中一點為什麼刻在中間一橫和最下邊一行中間？回答，中間一行代表萬物，代表我們，最下邊一行代表地、代表河流，我是在地面和水邊發現的這種寶物，故一點在這裡。問，為什麼不在兩邊都刻上一點？答，「玉」這種寶物不是那裡都有。他對孫子說，「玉」這種寶物應當有很多種顏色，對人有很多未知的好處，我們要讓族人廣泛使用它，雕琢它，把它對人的所有好處都記錄下來，廣為族人宣說。孫兒問，玉中一點為什麼要刻在豎的右邊，而不寫左邊？答，「左邊先天，為氣，為過去；右為後天，現在，將來。過去我沒有學到『玉』字，現在我造出來了『玉』字，故一點只能在右邊。」河流中溫潤的小塊玉像出生嬰兒的皮膚，它是高山上大塊山玉剝落到河中，經億萬年河水沖刷、排除雜質及有害物質，吸飽日月精華，有靈性，對人和動植物有再

生和醫療保健功效。我把它叫真玉，也叫籽玉、河磨玉。

　　玉的功效在殷氏部族廣為流傳，需求量疾速增加，靠河流中撿拾滿足不了族人需要，金翅老祖殷本元把用礦石、木炭、動物油提煉物製成藥團放在有玉的山腳下、岩石縫中，點燃後岩石裂成小塊，把小塊打磨光滑分給族人。族人戴上這種玉後發現治病和保健效果不如河流中經千百萬年河水沖刷的小塊玉，金翅龍兒認為山中玉無靈性，為便於區分把玉中一點去掉，起名「山玉」，符號「王」，山玉又稱玉石。把在河流中經千百萬年河水沖刷，去掉了雜質，吸飽了日月之精華，能為生物體提供原始生命能量的，對人體具有較好保健效果，美麗溫潤的玉叫真玉，也叫籽玉，河磨玉，老坑玉……從玉的發現，到對玉的整個認識、發展過程，包括哪裡產什麼玉，有什麼特點，如何鑑定都有明確的講解，僅專門描述「玉」的傳說就足有幾萬字。

　　正是因為有了族傳文化的功底，在創作玉璧畫題材的過程裡，殷振德總是把族傳的文化元素融入作品中。作品《龍鳳呈祥》告訴世間眾生要想獲得充滿愉快、健康、富餘、福樂、喜慶的環境，必須遵守一定的規律並和善相處；《花開富貴》，告訴人們，擁有讓生存所需衣、食、住、行、醫，學識、地位有保障的事物及地點，不獨自占有名利、財、物，善用智慧的言行、財、物，這是眾生累世勤勞、仁愛、和善得來的福報；《家》《富貴平安》《吉祥如意》……每一幅畫都蘊涵一個動人的故事。他曾賦詩一首，對玉的內涵做詮釋，詩中寫道：「玉者宇宙之精華，萬物之主宰，道德之楷模，王者之風範，靜凝五德而潤美，聚孕靈氣而尊貴，默歷似丹經，色相生菩提，近者除百病，擁者萬事吉，時空鎖萬相，但憑一念機，凝結千秋史，見證種族魂。」因為受天然原材料的限制，殷振德創作的玉璧畫題材件件都是孤品，極具收藏價值。

松花硯雕刻

松花石，又名松花玉，產於長白山區，主產區在白山市、通化市、安圖縣兩江鎮。敦化市大蒲柴河鎮以及敦化林業局江沿林場也有分布。

松花硯是由松花石加工成的用於研磨墨塊成汁液，書寫或繪畫所用的文房用品。松花硯有幾大特點：一是夏天墨不乾；二是冬天不結冰；三是研墨寫在宣紙上，宣紙久不遭蟲蠹。松花石加工成松花硯，最早出現在明朝中期，但存世量很

▲ 江桂峰作品

少。到了清朝入關問鼎天下，松花硯因其特殊的歷史淵源得以青睞，成為清朝皇帝的御用物品。康熙、雍正、乾隆等帝對松花石硯都十分欣賞，康熙帝稱讚：「壽古而質潤，色綠而聲清，起墨益毫，故其寶也。」乾隆帝稱讚：「松花玉，色淨綠，細膩溫潤，可中硯材，發墨與端溪同，品在歙坑之右。」康熙帝還封它為「御硯」，一直專供宮廷使用。

近年來，長白山得天獨厚的松花玉石資源得到開發，敦化市賞石硯和玩奇石的人們越來越多，使松花奇石風采在敦城又煥發出新的活力，湧現出林志德、翟立國等民間工藝美術家，其創作出的傳統硯台、風景硯台和隨形硯台在北京、長春等地頗有市場。

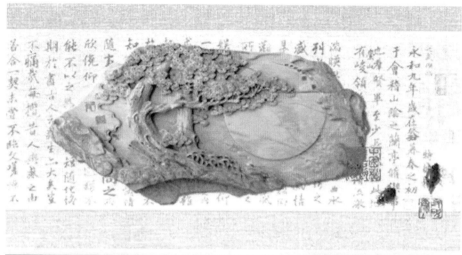

▲ 林志德作品

根雕

　　長白山歷史文化非常久遠，浪木根雕藝術已經有一千多年歷史。這裡有全國最大的原始森林和豐富的根材資源，豐富的資源不僅養育了東北的原始民族，也孕育了東北文化，還孕育了成百上千的根雕藝術家。但是在敦化，根雕藝術是一門既年輕又古老的藝術，說它年青是因為在敦化有不少年青的藝術家從事根藝行業，說它古老則是因為這門藝術在敦化已是幾經興衰，形成了一個獨特的藝術門類。現在的浪木根雕是敦化一大特色品牌！浪木經過大自然江河的洗禮雕琢，千姿百態，天然成趣，形成巧妙，古樸自然，顯示了旺盛的生命力。它是根雕的一種，又不同於根雕，雖同屬於大自然給予的藝術種類，因其質地十分堅硬，賽過鐵和石，滿族稱「石」或「木石」。那麼「木」是如何形成石質的呢？這又是北方的冰雪寒冷氣候所致。我們從今天的古文獻記載中推

▲ 根雕作品展示

算出人們發現浪木的歷史有三千年左右，而敦化的民間卻有這樣的民謠：「長白山水，不得了，木頭沉底石頭漂。」「木頭沉底」專指「石化」了的「浪木」。把敦化的浪木藝術品歸為冰雪文化是再恰當不過的了，因這種吉林獨有的「木石」是寒風和冰雪千百年的凍壓和江水沖蕩的結晶。長白山是浪木藝術誕生的搖籃，擱淺於沙灘或浸沒在水底樹木的根、皰、杈、結，其糟粕被腐爛掉，剩下

▲ 根雕作品展示

了堅硬如石的筋骨，這就是原始的浪木。如今，浪木在浪木藝術家們的手中，竟然能變廢為寶，化腐朽為神奇，成為珍貴的藝術品。

敦化根雕藝術的代表人物是鐘運友、劉文玲、姜士君三人（世稱「浪木三友」），他們的足跡遍及了敦化林海，無論是寒冬酷暑，他們都持之以恆，發掘了大量浪木根雕素材。他們的作品題材多樣，工藝古樸獨特，大部分作品都是自然生成，經過他們的妙手三分輕雕，去其糟粕，留其精華，創作出的浪木根雕作品卻是七分天成、妙趣橫生、美不可言。天然浪木藝術是唯一沒有　品

▲ 根雕作品《梅花鹿》

的藝術，無法臨摹，無法仿造，是世上僅此一件的絕品，不僅是滿堂生輝，而且經常可以有回歸大自然的樂趣。作品洞穴玄妙、肌理清晰多變，相互交織，形成極美的韻律，有的蒼勁挺拔、極富力度，又不失高貴典雅、莊重大方的特點，充滿陽剛之氣，以殘缺美貫通主線，很多作品當您觸目相望時會感受到一種中國畫大寫意的生機盎然和書法的勾、挑、撇、捺、頓、錯，似斷非斷之感，充分顯示出天然浪木旺盛的藝術生命力。

　　一件好的根藝作品，應具有一定的藝術性，給人以美感。代表作品《天倫之樂》《狩獵》《鷹》《龜》《荷花》等都非常生動。取材於根的長白山浪木原生態根雕工藝作品，是民間能工巧匠們經過手工清洗、去腐、截、磨、接、上蠟、拋光等諸多工序精雕細琢而成的，道道工序都不能漏。比如，上蠟用的蠟必須是蜂蠟，這樣才能保證它的古樸、自然之美。像鳥、似虎、如美女，千姿百態、妙趣橫生的浪木原生態根雕，彰顯著東北長白山區獨有神祕的文化之美、精湛的藝術之美、睿智的勞動之美……浪木根雕的藝術特色和價值非常

高，是集觀賞、收藏、保值、增值為一身的藝術品。浪木根雕於二〇〇七年列入州、市級非物質文化遺產保護名錄 。

　　二〇〇七年九月至十月，敦化市民、吉林省民俗學會會員王春城，在敦化江東俱樂部，舉辦了「迎奧運根藝展覽」。展出的一百多件奧運根雕作品引起新聞媒體的關注，根雕作品皆為運動題材，生動精彩，受到了觀展者的普遍好評。吉林電視台、延邊電視台、《延邊日報》《長春日報》《新文化報》《城市晚報》等多家新聞媒體對其事蹟進行了報導。香港《大公報》、新華社等主流媒體也對其進行了宣傳。

　　王春城作品《母子情》，曾在中國第八屆根藝美術作品展覽中，榮獲「劉開渠根藝獎」和「銅牌獎」。

▲ 迎奧運根雕作品

剪紙

　　滿族薩滿面具剪紙　敦化是長白山歷史、文化薈萃之地，薩滿面具剪紙由來已久，滿族薩滿面具（滿語即瑪虎），也稱滿族瑪虎面具。據有關資料記載，相傳早在十六世紀，女真人就已經有了剪紙，那時的剪紙材料多為樹皮、動物皮、樹葉、麻布等，圖案也較為粗獷和簡單。

▲ 滿族薩滿面具剪紙

　　在一些祭祀和節慶活動中，滿族婦女常常用樹皮、動物皮等剪一些圖案，張貼在活動現場，以此烘托祭祀和節日氣氛。滿族薩滿面具剪紙的題材多以古代流傳的神話傳說為主，民族文化色彩十分強烈。如著名剪紙作品《布庫里雍順的傳說》，講述的就是一個與滿族起源有關的美麗傳說；著名薩滿剪紙《嬤嬤人兒》則十分清晰地表露了滿族人們對嬤嬤神的崇敬。《吉林通志》記載，滿族發源於長白山，先人信奉薩滿教，認為萬物有靈，對天地頂禮膜拜，對許多動、植物都視之為神。可能是這個原因，滿族人往往會將這一類的剪紙作為

吉祥物貼在牆上。

更讓人稱奇的是，在滿
族薩滿面具剪紙中，幾乎每
一種崇拜都有一個相關的神
話傳說，如《烏鴉救罕王》
《黃犬救主》分別造就了滿
族人們對烏鴉和狗的崇拜，

▲ 滿族薩滿面具剪紙

還有《自然神》《動物神》《植物神》《祖先神》《盜天火的其其旦女神》《天父
神、烏申闊恩都哩》《石神、石頭彎尼》等，這些均反映了薩滿教的原始自然
崇拜、圖騰崇拜、祖先崇拜，進一步證實了北方薩滿文化的繁盛和普及。他們
把一切有益於人類的物體現象都看作是神，反之，則把一切對人類有害的東西
都看成是人間的「胡圖」（鬼）或「巴拉尊」（妖）。滿族祭祀時分為家祭（家神）
與野祭（山野之神）。家神面具中有《福神》《喜神》等；野神面具中有《天神》
《風神》《火神》《樹神》《日神》等。滿族薩滿面具祭祀法器《神鼓》上繪有
各種圖案和象形符號，鼓槌上也同樣刻繪著多種圖案、符號。敦化李維娟滿族
薩滿面具剪紙圖譜，每張都標出了面具所用的色彩、神名和象徵意義，每個神
靈面具背後都有滿語神名，它的色彩明而不豔、不講究互補關係。主要用原色
（紅、黃、藍）和極色（黑、白），間色用之很少。滿族人認為白色純潔吉祥，
黑色神祕、藍色空靈、紅色凶惡，所以在每個神靈的面具上繪製圖樣和顏色都
各有不同。

滿族薩滿面具圖形構成是原始的文化符號，每個圖形的裡面都蘊涵有美麗
的神話和傳說。薩滿面具的內容大體可分三大類：一類反映自然崇拜，有
《風》《雨》《雪》《霜》《天》《地》《日》《月》等；一類反映圖騰崇拜，有《虎》
《豹》《熊》《花》《木》等；另一類反映祖先崇拜，有《天母神、佛朵媽媽》《長
白山主》等。滿族人的性格向來以粗獷與豪放著稱，然而滿族文化卻具有一定
的浪漫色彩，在薩滿剪紙中也不乏有一些如《人參姑娘》《白山狩獵》《姐妹

易容》等家喻戶曉的神話故事。其中，流傳最廣的數《人蔘姑娘》，它講述了一個勤勞勇敢的農村砍柴郎與善良的人蔘姑娘結為夫妻的神話愛情故事，成為民間廣為傳誦的愛情佳話。

隨著社會進步，薩滿面具剪紙的材質也被「新材料」所取代，剪紙的裝飾性不斷增強。每當逢年過節時，勤勞的滿族婦女們便會用紙剪出各種「福」字、「壽」字、「喜」字、花卉、鳥獸、大、小門神、人物等貼在窗戶上、屋簷下，馬上喜慶起來。除此之外，剪紙在衣著方面也得以應用，許多鞋底、帽子、衣服、刺繡等的製作都是先以剪紙作為參考依據的。從歷史的角度來看，敦化的滿族薩滿面具剪紙線條比較原始，神祕粗野、稚美可掬，其造型古樸自然，稚而不呆、猛而不惡、野而不醜，同其他面具剪紙文化迥然不同。另外，在色彩方面，滿族薩滿面具色彩明而不豔，簡樸自然，高雅大方，富於變化，色塊對比強烈，具有較強的誇

▲ 郭金玲作品

▲ 郭金玲作品

張性和符號性，充滿了一種原始的粗獷的美，工藝上也開始追求精緻和細膩。滿族薩滿面具有深厚的歷史文化底蘊和某種信仰觀念中的神祕主義氣氛，它開闢了一個同薩滿教理論研究相對應的實物形態研究的新領域。這些滿族薩滿面具都是反映神祇形象的，完全符合薩滿崇拜觀念和萬物有靈論的。滿族薩滿面具剪紙蘊涵了十分豐富的民族特色和文化內涵，是研究民族文化和習俗的「活化石」。

敦化現代剪紙　藝術家們繼承和吸收了木板水印窗花、天津楊柳青木板年畫和刀刻、刺繡花樣等民間傳統藝術形式，經過不斷推陳出新，逐漸形成了獨特的藝術風格。以郭金玲、高飛、李維娟、小東林文化站等為代表的剪紙作者已形成特色和集聚優勢。李維娟二〇〇五年代表延邊人民將《水滸一百單八將》餽贈給為我州慈善事業義演的國際巨星成龍；高飛的剪紙作品在吉林省很有名氣，曾在州、市剪紙大賽獲獎，一些作品還在國際藝術節上被收藏，曾被新華社、中央電視台採訪報導。

《江山如畫》剪紙長卷的創作　一九九九年秋，高景森同孔祥臣為剪紙藝術家高飛創意策劃了《江山如畫》剪紙畫長卷。高飛經過半年的精心創作，用藍色宣紙為材料、一把剪刀作工具，創作出長六米、寬〇點六米的剪紙作品。

《江山如畫》作品問世後，書法家、篆刻家張軍為《江山如畫》剪紙長捲進行了為時 1 個月的裝裱。

中國第一幅剪紙畫長卷就這樣誕生了。

新華社記者王建民在二千年國慶節前夕採訪了高飛。中央電視台《新聞聯播》節目播出了「吉林敦化一女教師創作剪紙長卷獻禮國慶」的消息。

葫蘆畫

▲ 劉衍會作品

「烙畫葫蘆」是中國古老的民間藝術，其將天然植物葫蘆刮去外皮，清洗乾淨，在處理劑中浸泡上色，上繩晾乾，烙刻加工的工藝品。天然植物葫蘆的色澤明亮，成色金黃，能在其外表上繪製各種圖案，克服了傳統葫蘆外形單調的缺點。該工藝品保質期長，自然、古樸、典雅而又獨具特色，符合人們返璞歸真、回歸自然的時代觀念和開發綠色工藝品的要求，可謂藝術殿堂裡的一株奇葩。

敦化市葫蘆畫創作者尤以郭繼文、劉衍會為代表，他們不斷創新、集聚巧思，自成一家又不拘一格，帶動了一批葫蘆畫愛好者。

▲ 郭繼文作品

▲ 郭繼文作品

▲ 葫蘆畫作品展示

滿族捏泥人

滿族捏泥人是流行於東北一帶的傳統民間工藝，始於清朝，是一種深得百姓厚愛的民間藝術品，主要以北方滿族傳統技藝為基礎捏燒製，特點是粗獷、大氣，深受滿族薩滿文化的薰陶。人物的形態以寫神為主，淳樸中蘊涵智慧，千奇百怪。技藝特色與關內泥人的色彩豔麗不同，融刀筆墨素描藝術和雕刻技藝於一爐，作品造型稚拙，構思巧妙，色彩古樸明快，有「雅緻」和「精煉」之品位。

滿族捏泥人始創於乾隆初年，居住在盛京滿族八旗中的正白旗阿克善（何姓）和瓜爾加氏（關姓）兩個姓氏族人，在乾隆四十七年（1757 年）遷到額穆縣（現在的敦化額穆鎮）。當時部落中有位精通滿族泥人的「薩滿」名叫阿克善色普禎，給關氏何氏家族看宅基地時，告訴關氏、何氏家族，只要兩家分別捏製十八尊神仙（泥人）供奉在祖先架上把他的泥人手藝代代相傳就能得到神靈保佑幸福安康，就這樣繼承傳承下來。據調查當時關氏、何氏兩家捏製的泥人多作為宗教偶像供奉，但滿族也是供奉多神的民族，不但供奉祖宗也供奉仙佛。當時的滿族赴邊到敦化又稱「跑馬占荒」，在農耕之餘用「本土」捏製的泥人有一部分是民間迎新春用，更有八旗子

▲ 捏泥人作品展示

▲ 捏泥人作品展示

弟兵為國征戰的光輝歷史。當時,清朝滿族男子一生下來就吃國家俸祿,十八歲去當兵,所以好多家庭都在後方惦唸著戰場上的親人,於是就在從軍的時候,帶上一個泥人,又是鄉土、又是護身符。

在敦化,滿族捏泥人具備滿族薩滿文化神祇形象的獨特風韻,形成著名的泥刻流派——滿族「泥人關」。代表人物是關延弘,創作時他搏土於手,不動聲色,瞬息而成。他的作品面目徑寸,不僅形神畢肖,而且栩栩如生,鬚眉欲動。作品創作題材廣泛,或反映民間習俗,或取材於民間故事、舞台戲劇,如五百羅漢、滿族及其他民族老小孩系列、道教神仙和羅漢等作品,或直接取材於《水滸》《紅樓夢》《三國演義》等古典文學名著。所捏塑作品不僅形似,而且以形寫神,達到神形兼具的境地。「泥人關」泥塑用色簡雅明快,用料講究,所捏的泥人歷經久遠,不燥不裂,栩栩如生。作品屬於室內陳列性雕塑,一般尺寸不大,高約五十公分,可放在案頭或架上,故又稱為架上雕塑、泥塑藝術,是一個涉及面極廣,適宜於各種環境裝飾的藝術形式,有著服務社會、美化環境的重要作用。

「泥人關」的作品是捏塑與繪畫的兩大結合。先取土作坯,捏塑形狀,塑造後繪色。在泥塑過程中塑大體為關鍵,先將人物大的形體動態塑出,才有大的感覺,然後刻畫衣紋表現質感,又不傷其骨骼。在繪色上多採取的是中國繪

▲ 捏泥人作品

畫中的工筆書法，尤以用自然植物製作的色膏最為珍貴，為作品增添光感和色感。「捏塑造」與「繪畫」這兩者巧妙地結合，展示給人們的是真實而有力的生命，使人們在一般中看見美，在枝節、片段中看到無限。作品《八仙過海》取材於神話傳說，取各顯其能之意。作者沒有著重用鮮豔的色彩達到這一效果，而著重在捏塑造上。除了把八仙的面部刻劃得歡笑外，作者更著重在衣紋上的處理，使衣紋在笑、蟾在笑、花在笑，加上淡雅的色彩，展示給人們的是一個歡快、吉祥的場面。它不但形象地表現人物，而且是「隨類賦色」地刻劃了人物的丰采，使默不作聲的塑像成為「凝眸欲語」的有生命力的生動造像。在繪色時又運用繪畫的技巧勾描、渲染、烘托達到蒼勁、秀麗、典雅、豔美的目的；「泥人關」的作品是以塑為根本為手法，而畫則是使捏造像達到體積、光色合一的更接近真實人物在創作上對不同題材採取不同的創作方法，文者肖長青秀文雅；武者肖短虎背熊腰。滿族老小孩系列《樂在其中》就是表現一個文雅傲骨滿族的文人，雕塑著重了刻劃面部表情和手的動態，衣服線條單純、色彩淡雅，展示出高超文雅、天真淡泊的文人氣派。捏塑者將自己的情感寄託在作品中借此抒情，展示出超脫、樂觀、進取的人生觀。

二〇〇七年六月九日，經延邊朝鮮族自治州人民政府批准，關延弘「滿族民間捏泥人」項目，被列入延邊朝鮮族自治州第一批非物質文化遺產名錄。

鋁塑雕板畫

　　鋁塑雕板畫，即在鋁塑板上雕刻山水畫、字畫，由敦化人姜文有於二〇一一年三月創作。創始人姜文有，延邊州工藝美術協會會員，吉林省殘聯工藝美術學會會員，其幼年失聰，從小喜愛美術，經過三十多年吸收中國傳統美術之精華，在不斷挖掘、研究、創新雕刻技術的基礎上，首創作出鋁塑藝術刀刻畫，山水追求「身臨其境、宛若天成」之美；花鳥追求「既雕既琢、復歸於樸」之美；字畫追求「壯碩激揚、張揚雄渾」之美。鋁塑藝術雕板畫作品，色彩豐富，品位高雅，立體感強，具有豐富的美學內涵，技藝形式不僅可表達智慧和意境，還傳達出一種符合中國傳統文化思想的意味。

　　姜文有作品於二〇一一年五月二十五日在龍井市參展，鋁塑雕板畫《長白河畔》獲得好評，獲得「蘋果梨花獎」；二〇一二年五月，他參加延邊州第一屆殘疾人作品成果展，獲得優秀獎；同年九月份參加了吉林首屆殘疾人作品展，獲得了創作獎。

▲ 姜文有作品

柳編

▲ 柳編作品

　　柳條柔軟易彎、粗細勻稱、色澤亮麗，通過新穎的設計，可以編織成各種樸實自然、造型美觀、輕便耐用的實用工藝品。其產品包括：柳條箱（包）、飯籃、菜籃、笊籬、針線笸籮、炕席、葦箔等。柳編製品是中國民間廣泛流傳的手工藝品，「編筐、編簍，家家都有」。這是因為這種工藝的原料來源十分廣泛。北方用於編筐編簍的主要原料有柳枝、檉柳枝、桑條、荊條、紫穗槐條等多種。

　　柳編是由一對農民夫婦引進到敦化的。敦化市秋梨溝鎮農民張曉紅與安保民夫妻二人，非常有經濟頭腦，不甘於一輩子在土地裡「刨食」，夫妻二人在農閒期間，曾多次參加「廣交會」，觀摩柳編工藝品展示，後經多方考證，認為敦化本地的灌木科柳條適合作為工藝品原料。二〇〇二年，他們投入資金十萬元，開始進行手工藝品加工。當年即與一家外貿企業成功對接，簽下了生產訂單。

　　為了擴大經營規模，提高產品質量，降低成本，增加收入，他們於二〇一一年三月註冊成立了利華柳編專業合作社，經營方式由手工作坊向專業合作社轉型。共生產包括花環、木桶、木盒、花籃在內的柳編產品四十多種，產品所用的原材料大多取材於當地。

▎草編

▲ 草編成品

玉米葉子能幹什麼？敦化市官地鎮的婦女們會告訴你：玉米葉子能生金。在這裡，婦女們利用廢棄的玉米葉子，就地取材，編織成各種生活用品，這也就是聲名遠颺的敦化草編。

敦化草編是利用玉米葉編織出的美觀大方的汽車座墊、椅墊、床墊，精巧秀麗的提籃、收納盒、背筐、挎筐、水果筐，安逸舒適的寵物窩、鳥巢和別具一格的筆筒、小動物等產品。

為了更好地發展這一文化特色產業，敦化市官地鎮成立了「延邊巧姐」敦化草編基地，隨後成立了合作社。當地政府還自籌資金租了場地，方便學員們交流學習；聘請專家進行草編培訓，積極引導農村婦女從事草編致富。

敦化草編產品先後參加了浙江省義烏市第十九屆義博會、長春市冬季農博會等多次產品推介會，受到好評，產品遠銷國內外。

▲ 草編成品

絲網花

　　絲網花，最早起源於日本，被當地人稱之為東籬花，由於最初製作絲網花的基本材料是普通的絲襪，也被稱為「絲襪花」。絲網花以似絲襪的布料為原材料，經過巧妙構想，編織出色彩豔麗，造型豐富的仿真花卉。

　　絲襪花在日本最初是人們將破損的棄之可惜又留之無用的絲襪，經巧妙構思創作出來的，並逐漸風靡全日本，成為許多家庭主婦的新寵。二十世紀九〇年代初，當時的中國紡織（現已改名東華大學）服裝學院吳靜芳教授因服飾專業教學所需，

▲ 絲網花成品

利用其公派出國考察研修之機，從東京將絲網花藝術帶回，並逐漸在國內推廣。之後，由於絲網花製作工藝簡單，容易學習且只需少量資金投入，且市場前景廣闊，被相關部門引進敦化，成為殘疾人、下崗職工、退休老人等群體豐富業餘生活、增加收入的一種方式。

　　絲網花由於具有半透明的特性，因而富有獨特的藝術表現力和感染力。起初，仿真花卉主要集中在百合、牡丹、玫瑰、金達萊、鬱金香等種類。後來，絲網花藝術的題材和品種逐漸豐富，由原來單一的花卉植物類，已拓展為多品種的動物類、人物類、風景類等，不僅有最常見的插花，還有服飾品和鏡框畫等。

敖東玉

　　敖東玉礦礦區地處敦化市東北部、官地鎮東十五公里。敖東玉礦行政區劃屬於敦化市官地鎮所轄，礦區距離敦化市區四十八公里。礦區處於敦化盆地東北邊緣，海拔高度一般在五百至七百米。敖東玉礦石為透輝石硬玉類，寶石中稱為翡翠。礦物分子式為 NaAI（Si2O6），可分為三種礦石類型：（一）斜長透輝石西卡岩（硬玉）：暗綠色；（二）含透輝石斜長岩（硬玉）：灰白色帶綠色，微透明；（三）斜長岩（硬玉）：灰白色，半透明。產出的玉石經過專家和愛好者精心的雕琢、打磨，極具觀賞、收藏價值。目前敦化年生產各種敖東玉雕塑、飾件、擺件等一千多件。

▲ 敖東玉製鼎

▲ 文化沃土——敦化

第六章 ——

文化風俗

　　敦化歷來是少數民族繁衍之地，從肅慎、靺鞨、女真到後來的滿族，眾多民族一直在這片土地上生息。後來，其他民族陸續遷入，幾經融合，幾度興廢，帶來了農業的革新，牧業、商業和手工製造業的發展。在多民族長期融合的過程中，各民族的風俗民情也相互交流。在這親密的民族關係中，民俗文化得以發展和繁興，形成了以漢族、滿族、朝鮮族、回族四個民族為主體，具有敦化特色的多姿多彩的民俗風情。

多姿多彩的民間習俗

敦化歷來就是少數民族生息繁衍之地。從肅慎人、靺鞨、女真到後來的滿族，一直在這片土地上生息，而後漢族、回族、朝鮮族等民族陸續遷入，幾經融合，幾度興廢。清朝時「移墾京旗」後，滿族奉旨開發額穆到雷風氣河以北地區，為以後敦化農業發展奠定了基礎。漢族人民的大量遷入，帶來了新的農業技術文化，發展了商業和手工製造業，朝鮮族人民的遷入把水稻種植技術帶入敦化，回族人民的遷入增加了敦化的商業和牧業。此外，敦化還有蒙古族、錫伯族、苗族、壯族等少數民族。在這親密的民族關係中，民俗文化都得以發展和融合，形成了具有敦化特色的民俗風情。這裡重點介紹漢族、滿族、朝鮮族、回族四個民族的民俗。

敦化漢族的風俗

漢族開始遷入敦化大約在明朝的中葉。那時，明朝為了加強對東北的統治，開始修建一些驛路。據《吉林通志》記載，橫跨敦化北部的吉林至寧古塔之驛路，為明朝永樂五年（西元 1407 年）修築，同年設立了意氣松、額穆赫索羅、塔拉站等驛站。有驛站，就得有人管理，這些人要生活，就需要一些物資供應，於是，驛路兩側便出現了許多人家。他們耕種土地，開設客店，經營商號，設置作坊。這樣，漢族就進入了敦化北部一帶。清廷進關，定都北京後，把敦化作為封禁地區，但這條驛路是北京通往寧古塔將軍府的主要通道，漢族人的進入也就越來越多，較早進入這裡的是一些謫戍罪犯。順治年間發配到寧古塔戍邊的吳兆騫和楊越等就曾路過俄木逤邏（今額穆鎮）。從一些至今仍沿用的地名就可以看出當時的歷史輪廓，如驛路附近的朱敦店、鳳凰店、李家店、四海店、燒鍋屯、張家窯、唱家窯、董家油坊、戴家園子等。後來進入的為農業人口。據敦化市原防疫站副站長關維世的家史記載，關氏為滿族正白旗瓜爾佳氏，原在京城為官，乾隆年間清廷移墾京旗時遷至敦化地區，在官地

一帶開發土地，耕種農田。當時關氏家族三百餘口人，其中本家七十餘口，餘為家役、院工和農丁，這些人基本都是漢族。

　　婚禮習俗　居住在敦化的漢族人都是先後從關內各個省遷移來的，但這些漢族人的風俗習慣已與原住地有所不同。不僅不同地域的漢族人互相交流，同時也與當地滿族的習俗相融合，後期朝鮮族的部分習俗也悄悄地融入了漢族的生活之中。婚禮是漢族習俗上一件莊重的事情，人們對此從不含糊。

　　提親是指媒人開始介紹。男女雙方必須門當戶對，或大體相當。雙方父母認為差不多，男方就向女方要生辰八字，請人合婚。此時，女方提出一個用紅紙寫的彩禮單。

　　相親是指經過合婚，如命相相當，對女方提出的彩禮單又能接受，男方家長要到女方家相親，女方家長也要到男方家相看門戶。

▲ 過禮

　　過禮指經過上述活動，雙方認為這門親事可以定下了，就需要過禮。按照彩禮單，先買一部分東西，由媒人、男方家長等送到女方家，作為訂婚的信物。這個過程叫過小禮。過了小禮，就算定了親事。此後，還要過大禮，即定下結婚的日子後，男方要把彩禮單上的物品一一兌現，送到女家。下一步就是

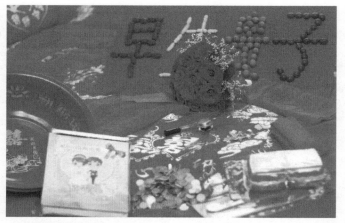

▲ 漢族婚禮習俗

結婚了。

結婚，即舉行婚禮，一般要三天時間。第一天，叫撈水桌。這一天做婚禮的準備工作。男方要請代東來主持婚禮。搭鍋灶、借炊具、殺豬、請樂隊、請說書人等，都要在這一天準備就緒。如果距離女方家較遠，必須在這一天將新娘接到臨近的駐地。男方要到墳上祭祖，祖墳距離遠的，要進行遙祭，這種儀式叫望空。新郎身披彩紅，由儐相陪同，騎著高頭大馬，吹吹打打，在村郊或城郊祭祀，告訴祖先，家中添人進口了，請祖宗保佑。第二天，叫過嫁妝。這一天很熱鬧，筵席進入正軌。十點多鐘，女方送親的到新房安放嫁妝。把所有的陪嫁物品都帶來，在幔帳上要押上錢，女方押一，男方陪二。這一天吹鼓手非常賣力，新親要給樂隊賞錢。說書人在屋裡講得有聲有色，大家都忙得熱火朝天。這一天要做好次日迎親的一切準備工作。第三天，叫正日子。這是結婚禮成的一天，接待來賓也最多。娶親一般要在日出之前，在子、丑、寅、卯這四個時辰。男方的娶親隊伍到女方家去接親。去

時，要帶上四種禮品和一塊離娘肉。四種禮品是：蔥、明子、棗、栗子四種（沒有栗子也有用粉條的），意為聰明伶俐早立子。離娘肉是一塊有四根肋骨的豬肉，女方留下一半，男方拿回一半。意為從此就與媽媽分離了。要大娶大繞，來去不能走一條路。前邊鳴鑼開道，先敲四下，每敲一下中間稍有停頓，後面緊接著敲三下，意即：「官、民、人等，閃閃閃！」接著是接新娘到男家，由儐相攙扶到天地桌前，拜天地。然後上床開臉，面對吉祥的方向坐福。在開午宴前下地。外面很熱鬧，各方親友紛紛前來賀喜，與主婚人、新郎見面後，到喜禮桌前送上賀禮錢。飯後，新親及親友逐漸散去。

春節習俗　敦化漢族人注重三節：即春節、端午節、中秋節，其中以春節為重。

春節，就是農曆新年。人們過了前一個新年之後，就要盤算第二個新年了。在安排作物種植時，要考慮哪塊地適合種春小麥，種多少黏穀、黏玉米、蕎麥，以做包餃子，蒸年乾糧用。還要考慮養過年用的肥豬。到小雞孵化的時候，又考慮留幾隻公雞，過年殺吃。這就逐漸拉開了年的準備工作序幕。到了秋天，要晾一些乾菜。打完場，要推黏穀、碾黏碴子、磨白麵。過了臘月門，就忙起來了。泡黏米、炆豆餡、包黏米糰子，凍起來，準備過年時吃。做豆腐，要打成團，凍起來，準備隨時用。接著是殺年豬，殺年雞，殺完也都凍起來，埋在雪堆裡，上面澆上一層水，凍上冰，不風乾，又防盜。此時女人們就更加忙碌，除了忙年「嚼咕」，還要做新棉衣、做新鞋，按傳統，過年全家每人都要做一套新棉衣，一雙新鞋（這指

▲ 貼春聯

▲ 祭灶

的是傳統，一些窮苦人家也是做不到的）。

　　過了臘月十五，年的腳步就更近了。農曆臘月二十三是小年，已經進入了年的範圍。「二十三，祭糖官；二十四，掃房日；二十五，推年粟；二十六，砍年肉；二十七，殺年雞；二十八，把麵發；二十九，貼倒有（對聯）；三十晚上呆一宿；初一早晨扭一扭。」這套順口溜，是把事情集中起來，說忙年的過程。實際有些活早就幹完了，推年粟就等不到二十五。一般在二十三前後，就要打年資。首先要用紅紙寫一個年資單子。寫年資單子時，很講民主，大家都進屋裡坐下，由一人執筆，家中不會寫字的，要請人代筆。一樣一樣地寫，免得遺漏。下面是一個中層人家的年資單子，供我們參考。金天灶一副（天地爺、灶王爺）、金九佛一張、獨坐一張、畫五尺（或畫二尺）一副、畫童子二副、美四裁五張、淨竹裁九張、淨大裁二十張、空心碼子二十張、金定香二支、截半香一封、線香二封、門香一支、花月香一支、二斤對一副、一斤對一副、白蠟二包、雙紅紙四張、紅晰紙一張、燒紙三匹、金銀箔二方、白糖五斤、紅糖三斤、大棗二斤、塊糖二斤、花椒半斤、古月（大料）四兩、胡椒二兩、綠豆三斤、大海碗四個、小碗十個、筷子一把、年畫十張。這些敬神的、

常用的寫完了，就要問老爺子、老太太要啥？老爺子說，要一頂氈帽。老太太說，要一雙襪子、一副腿帶。然後問年輕的婦女要啥？媳婦說，要朵花、戈凌粉、桂花油。姑娘說，要鴨蛋粉、雪花膏、紅頭繩。小孩子說，要高聲炮、淨紙炮、小鞭……樣樣都寫完了，次日把這個單子帶好，到有來往的商店一交，夥計們（店員）就一樣一樣地揀出來，包在一個方方正正的包子裡，叫作「年資」包子，拿回家，錢充足時，當時付款；錢不充足時，先記上，年後算賬。至於醬油、醋、香油、白麵、豆油等不在單子內。高高興興地把年資包子搬到家，小孩子們都圍上來，只能看，不能動手。大人們打開包子，一樣一樣地拿出，有的就用了，個人的都分給大家，敬神的都放到一個地方。臘月二十三是小年，已經進入了年的範圍之內。二十三是祭奠灶王爺的日子，晚上在灶坑前燒香、上供，要紮紙人紙馬，要有大塊糖，是賄賂灶王的。邊祭奠，嘴裡邊說，今天是臘月二十三了，送灶王爺回天述職，好話多說，孬話不說，回來金銀財寶多帶點。然後把舊的灶王爺燒了。

據說灶王爺是專管人間善惡的，每逢臘月二十三回天匯報，次年正月初一凌晨回來。所以婦女們過年都要給灶王爺磕頭，保佑一年灶坑好燒，不冒煙。臘月二十四，人們都要清掃室內外，叫作「掃塵」，乾乾淨淨過春節。家家都要立燈籠桿，上面要掛燈籠，這是給姜子牙準備的。據說，姜子牙封完神後，自己沒有位子，只好蹲在燈籠桿上，以享人間香火。所以燈籠桿上都寫「太公在此，諸神退位」。大門口還要在雪裡栽上兩株松樹，顯得氣派。大

▲ 包餃子

家忙得夠嗆，也熱鬧非凡。年前，要上墳祭祖，給死去的先人送幾個錢花。墳遠的，要在荒郊或十字路口燒包袱，包袱上還要寫是誰給誰燒的，金銀財寶一袋（包），外鬼不許搶奪等字樣。近年來，不燒包袱了，燒幾張紙了事，算是後人的一點心意。燒時，要拿出幾張紙單燒，這是打發外鬼的，因為錢不能一個人花，要大家分享一點，很講義氣。

▲ 漢族春節習俗

臘月三十就正式過年了，過去這天早晨都要吃餃子，過年的七頓餃子從此開始。即三十早晨一頓、初一子夜一頓、初一至初五各一頓，大家吃得開心，可是婦女們忙得腳不沾地。貼對聯一般都在三十上午，每個門都要貼一副對聯，還有春條，如「宜入新春樂」「財神家中坐」「金子堆成堆」「銀子垛成垛」「抬頭見喜」「出門見喜」等吉利話，每屋一條，牛棚、馬圈、狗窩、雞鴨架、井沿、碾子磨、水缸和櫃也要貼福字，紅堂堂一片，做生意的人家要供財神，鄉村人要供山神爺、老把頭、狐仙、土地。寧可落一屯，也不落一人，神仙也小臉子，落下了不高興。供家譜是最莊嚴的事情，沒有家譜的，要寫個三代宗

親供上，一般要有供器，共五件，三摞供饅頭，五碗供飯，五碗供菜，五雙筷子。天地、灶君、門神也要燒香上供。

大年三十晚上，婦女們忙著造廚，男人們忙著疊碼子、寫碼子、準備接神的一切工作。有的人家空心碼子疊了很多，要寫灶君、福神、喜神、貴神、招財童子、利市天官、牛王爺、馬王爺、蟲王爺、山神爺、土地爺……幾十個，金九佛也要疊好，準備接神時用，還要糊燈籠。包完餃子，有的人家要辭歲，先給老祖宗叩頭，接著小輩給長輩叩頭，弟弟給兄嫂叩頭，人口多的要叩幾十個，未出嫁的姑娘是不叩頭的。辭歲，長輩要給晚輩壓歲錢。也有的人家不辭歲，是在接完神後拜年。接神要發紙，在這之前，在院中要準備一些乾柴，暴馬子或白松最好，燃起篝火時，啪啪作響。後來，為了防火，一般就不燃篝火了，開始用蠟燭，有的還在蘿蔔上插些明柴，點起來也非常明亮。院中還要生起一盆木炭。此時，主人帶領全家男子，跪在天地位前，把整把香點燃插在寫有「滿斗焚香」的斗裡。拿著疊好的九佛，口中唸著「今天是某某年大年初一五更，信士弟子某某率領全家，接天地十方萬靈真宰神回家過年」，接著發紙、叩頭，燃放鞭炮，然後按方位去接神。

回來的路上，有事先準備好的木柴，大家抱起來，說抱柴（財）回家，進屋把木柴放到灶坑旁。在吃餃子前，都要喝一碗糖水，說是嘴甜，會說話。然後要互相拜年，晚輩祝長輩健康長壽，長輩說，祝你學習進步，一年幸福。此時，女人們把餃子煮好，餃子裡面要包錢，也有包棗和糖的。大家瞪著眼睛吃錢，據說誰吃到了，誰一年幸福。有長男長女沒訂婚的，讓他們搬一搬葷油罈子，說是「動婚」。吃完年夜餃子就是第二年了，大家不能睡覺，叫守歲，一年興旺。此時，拜年的和送財神的接連不斷地來了。送財神的，有的拿著財神像或碼子，有的用口頭送。站在門口，嘴裡念一套喜歌：「送財神了，財神到家，越來越發。財神臨門，騾馬成群。」主人要給賞錢。拜年的人來後，先向主人問好，然後給老祖宗叩頭。主人要說：「老祖宗，某某某來拜年了。要保佑他一年順順當當，發福生財。」在鄉村還有的說：「保佑東幹東著，西幹西

著，上山挖棒槌，下山撿茸角。」對沒結婚的男子，有的說：「保佑你找個好媳婦。」總之，要說吉利話，說人們愛聽的話。

　　過年期間都不幹活，就是吃、喝、玩。正月初三的晚間，要送神，神有神的工作，不能長期在老百姓家中待著。後來就光有接神的，沒有送神的，接來之後，神什麼時候願意走就走，再後來乾脆不接不送、諸神退位了。初五已經把年過完，到了初七就開始籌備秧歌了。走親戚也在初五以後，過年期間一般都不出門。然後找個好日子，好方向出去走走，叫作「出行」或「初行」，是過年後第一次外出。個別人家在正月十三有請笊籬姑姑的，也叫姑姑仙。是在井沿請。有綁笊籬的，也有紮紙人的，綁在秫秸上，要燒香上供。嘴裡要說：「有佛手和八件，請姑姑來吃飯；有八件和佛手，請姑姑來喝酒。」請來之後，問一問一年的收成。三十晚或初一凌晨，要給大牲畜做一頓飯吃，表示對牛馬的慰勞和歉意。要說：「打一千、罵一萬，初一五更供頓飯。」還要摸摸牛領（牛脖子）裡面是大粒的，還是小粒的。大粒的就是收玉米和大豆，小粒的就是收穀子。還有捅雞窩的，邊捅嘴裡邊說：「多下蛋，早抱窩。」

敦化滿族的風俗

　　敦化是滿族的故土。額穆一帶有許多家族世代生活在這裡，特別是張姓扎古搭氏，原屬巴拉人，是一直沒離開故鄉的土著。此土著居民，保存了許多滿族固有的習俗。此地漢族、朝鮮族、回族等都是遷入民族，難免「入鄉隨俗」。因此有一些民風習俗原本為滿族特有

▲ 滿族婦女服飾

▲ 滿族服飾

的，後來由於遷入民族人數增多，時間一久，就成了此地各民族共同的習俗了。

衣、食、住習俗　近代敦化滿族部分衣食住習俗，仍伴有古代習俗的影像。

頭飾：敦化滿族人，在清朝甚至民國年間，男人仍留辮子。不過留的不是全髮，是將前頂剃光，顱後留髮，梳成單辮，垂於腦後。頭戴無簷兒圓頂瓜皮小帽，上綴纓珞。冬季戴氈帽頭。耳扇兒多為狐、貂、兔皮，以貂皮為貴。氈帽皆白色，適於冬獵，後期殷色者漸多。貧富有別，當官者按其品位不同，頂戴各異。婦女髮式變化較多。幼年時與男孩相同，只留頭頂髮，編成辮。成年待嫁時方留全髮，梳一條大辮子，垂於腦後或挽成「抓髻」。結婚時，臨上轎前「上頭」，把單辮改梳「兩把頭」（即滿族年輕媳婦梳的標準髮式），戴一頂扇形冠，用青緞或青絨做成的。老年婦女則把頭髮束到頭頂，在頭頂上盤髻，用銀簪或扁方橫貫於髮髻中。女孩出生後，就在耳垂上穿三孔，用香油浸泡過的線穿上，繫成線圈，防止小孔合攏，稱之為「紮耳眼兒」。滿族男孩子也有紮耳眼兒的，但是只在左耳上紮一孔，戴一隻耳鉗。這個鉗子不能輕易摘下，去娶親時，女家賜以賞金，才能由岳父或岳母親手給姑爺摘這只鉗子。如女方是富裕的講究人家，有「以牛卸鉗」的做法。古鎮額穆，光緒初

年，索氏與霍氏通婚，娶親時霍氏摘鉗，贈給姑爺一頭小牛。

服裝：滿族過去男女皆著袍服，女人稱之為「旗袍」。早期男女旗袍皆講究大鑲大掩，即在衣服邊上鑲一寸左右寬的花樣貼邊，滿語稱為「火龍」。男旗袍是圓領，開右大襟成筒式，為便於騎射，四面開衩，衣袖上加一塊半圓形袖頭，稱為「馬蹄袖」，平時挽起，冬季出獵時放下，射箭時遮蓋手背以防寒，故亦稱「箭袖」。早期這裡的旗袍又肥又大，後來女式旗袍逐漸往合身方向發展，並去掉了貼邊。到民國年間，特別是「偽滿」時期，旗袍已變成緊貼腰身的顯形長衫了，並出現了短袖旗袍。旗袍不僅美觀，而且能充分地表現出滿族淳樸的民族風格，因而深受中國各族婦女的喜愛，並在國際上享有盛名。過去，在冬季滿族婦女一般不穿棉褲，只穿套褲，著棉袍。老年婦女穿棉套褲。套褲無腰無襠，只有兩個褲腿。滿族裝束，長袍外常套以馬褂，故稱「長袍短褂」。有一種長至膝蓋的馬褂，稱為「額隆袋」，它是長袖對襟，縫製簡單，穿著方便的防寒服裝。在額穆張廣才嶺林中做山利祿的人愛穿這種額隆袋，有的直接用獸皮縫製，不掛面。早春或晚秋毛朝外反穿著。男人常在腰上系一條整幅布的腰帶，長者丈餘，短則七八尺。有的兩端鑲上花穗，疊成二寸左右寬，一般掛有小刀、煙荷包以及裝火鐮、火石的小口袋等。青年人一般是繡花煙荷包。老年人用狍、鹿等小腿上的皮製成的毛朝外的毛皮煙荷包，故意留下兩個小蹄甲，作為裝飾。冬季滿族老人有纏棉圍腰子，戴棉兜肚的習慣，

▲ 滿族飲食習俗

▲ 滿族飲食習俗

以防腰腹寒痛。獵人和一些做山利祿的人，多穿狍、鹿等「白皮子」套褲。腰後繫一塊長二尺、寬一尺餘的野豬皮或獾子皮的坐墊，以備山野勞動，隨處坐著休息，或偶遇嚴寒天氣，可轉到前面遮擋抽襠風，以防凍壞人。袖頭上戴有獸皮套袖。

現在敦化的滿族人，包括高齡老人在內，穿舊時服裝很少見了。多數著裝入時，一般穿制服。青年和上班族著西裝革履者，為數不少，已與漢族無差別。女式旗袍由於婦女穿上顯得苗條秀美、典雅端莊，在流傳中，不僅經久未衰，近年來又大有方興未艾之勢。

飲食習俗　米飯：敦化滿族人家，歷來以苞米碴子豆乾飯為主，晚上做成大碴子或小碴子粥。暑天中午愛吃水撈碴子飯。小米一般是用來悶乾飯或蒸乾飯。本地婦女，夏秋兩季，喜歡用小米乾飯打飯包吃。滿族婦女在產期，只吃小米水飯煮雞蛋，稱作「月婆子飯」。這裡的滿族也常吃「和（huo）和飯」，

就是飯菜一勺燴，這種做法據說早在滿族以漁獵為生時期最為盛興。新中國成立後，額穆山裡那些做山利祿的人，為了精簡餐具器皿，大多吃和和飯。稗子米飯是老年人最愛吃的一種米飯，味甜、暄騰、不傷脾胃。黏碴子、大黃米、小黃米都可做飯。由於滿族喜歡黏食，敦化境內的黏苞米，品種繁多，從顏色上可分為黃黏苞米、白黏苞米，破成碴子做飯，非常好吃。大黃米乾飯，此地滿族人視為上等飯食，常以此待客，並喜拌豬油或拌白糖吃。早些年這裡還有一種獨具滿族風味的「八寶飯」，先是用大黃米做的，後來被江米所代替。做法：把棗、米、糖放在一起用鍋蒸後，用紅、綠菜絲點綴成花紋或「福」字圖案，扣入抹了葷油的碗中，再用鍋蒸一下，出鍋時扣入深盤或大碗中，充當大件名貴菜上席。

湯麵：湯子、礤子、餄（和樂餎）是這裡農村的滿族人常吃的湯麵食品。湯子的製法是把玉米用水浸泡後，磨成水麵子，濾出渣滓，再淋去水分，放缸中發酸。做飯時，大拇指上戴一湯套，把麵子團在手中，用力擠壓，從湯套中擠出，成條落入鍋內沸水中，煮熟即妥。其味微酸，故有人稱之為「酸湯子」。與湯子相類似的還有礤子，礤子的製法基本與湯子相同，礤子是用礤板擦成。礤板有兩種，一種是用豬、牛或大野獸的哈拉巴骨，鑽些小圓孔做成的小礤板兒。這種具有漁獵時期特點的小礤板兒，在額穆滿族人家的倉房裡偶爾還能見到，另一種是在木板上鑽孔做成的大礤板兒。礤子是有鹵子的，一般是用蘑菇、雞蛋、蔬菜、肉末等，以澱粉勾芡，做成鹹鹵。還有一種是用蕎麥麵做的餄餎，大致與礤子相似，朝鮮族稱作冷麵。

餑餑：滿族人由於早年漁獵生活，留下了愛吃餑餑的習慣。每到春節來臨，滿族人家都要做「年餑餑」。年餑餑有白麵餑餑和黏米麵餑餑兩種。黏餑餑有黏糕、切糕、油炸糕、驢打滾（也稱豆麵卷子）、豆包、黃麵餅、黏耗子等。打糕也是一種黏餑餑，但它是滿族用來敬神的供品。玻璃葉餅、椴樹葉餑餑是滿族傳統餑餑。發糕是散狀玉米麵餑餑，碗糕與鍋出溜多數是小米麵做的。薩其瑪是滿族的特色糕點。

滿族主食中，像酸湯子，礦子和做黏餷餷用的水麵子，都是把米泡得發酵了，然後用清水洗去酸臭氣味而製成的。

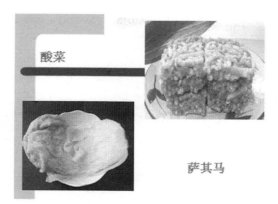

酸菜

薩其馬

▲ 滿族特色食品

副食：魚最常見的吃法是清燉，此外尤其講究清水燉活魚，不用許多調料，只要有鹽，放一點「把蒿」或蔥即可。這裡的滿族人，燉黃泥鰍有一種奇特的方法，稱作「金龍穿玉」，俗稱「魚鑽豆腐」。滿族人養豬歷史很長，喜歡吃豬肉，尤其能吃肥肉，有氽白肉、酥白肉、煸白肉、紅燜肉、清蒸肉、燒肉塊子、壇肉、八寶肉等各種製法。此外火鍋和白肉血腸都是具有滿族風味的吃法。民間最常見的吃法，是豬肉燉粉條子。農村滿族人至今還流行進臘月門兒殺年豬，請親友，鄰里前來喝大碗酒，吃大塊肉的古俗。豆製品也是農村的常菜，以小豆腐和冬天的凍豆腐為常見。滿族人家春節前都要做豆腐，這已成為習俗。蔬菜以蘿蔔、土豆、白菜最為常見。秋後將白菜醃成酸菜，以備冬季食用。現在官地、額穆等鄉鎮的滿族農戶人家飯桌上還有四個小菜碟，碟中多是韭菜花、黃瓜、芥菜、卜留根等鹹菜。鹹菜中最有滿族風味的是角瓜鹹菜。滿族早先愛吃葷油、蘇油、麻油，愛喝米酒，糊米茶。滿族吸菸較為普遍，女人也吸菸，因此關東三大怪有句「十七八的姑娘叼個大煙袋」。男人的煙袋一般較短，最短者不足半尺，女人煙袋一般都很長，最長者可達三尺餘。婦女吸菸還有噴射唾液的習慣，坐在炕裡使唾液由牙縫射出，能射出四五尺遠，直射到屋地當中。

敦化滿族人，原來是農忙三頓飯，冬閒兩頓飯，現在不僅變為終年一日三餐，而且飲食結構也得以改善。由於人民生活水平的提高，近年來稻米、麵粉已逐漸升為主食。

房舍 滿族住房不論是幾間，西頭的住室一定是三面炕，南炕住長輩，北炕住晚輩，西炕是供祖板處。祖宗匣子是極神聖的，一般不准人看，匣中藏有本族祖先和民族英雄像；還有十八位尊神，其中

▲ 滿族房舍

十三位是索羅條子，五位是高麗紙，再就是宗譜和記載本家庭興衰、先人功績的史冊。窗多設在南面，最早的房子有西窗無北窗。這和供祖宗有關。後來以南北兩面設窗者居多，窗是上下開合，上扇窗框多構成「盤長」、菱形圖案；下扇窗框中間留玻璃口，常貼有窗花，邊上的窗櫺多是「工字臥槽」圖案，窗紙糊在外面。房門分兩層，外層為風門，向外開，內層是寸板做成的板門，並有牢固的門插。

敦化一帶的滿族勞動人家，室內陳設簡單，居室炕上有疙瘩櫃，西炕有一大板櫃，炕沿邊上有一個泥制的散簧火盆。緊貼棚於兩柁之間釘一小碗口粗的

▲ 房舍內部

木榫，與下邊炕沿平行，這是掛悠車的「子孫桿子」。在子孫桿子下邊吊一個漆木幔桿子，是懸掛幔帳用的。對面炕睡覺必須有幔帳才方便。以上所述，是清代後期此處滿族人居住的一般狀況。還有一些漁民，獵戶的居室，與此大不相同。新中國成立

後蓋的多是新式磚瓦房，窗戶已由上下開合，改為左右對開了。近年來由於滿族習俗改變和生活提高，家具增多了。新蓋的房舍室內布局大大改觀，對面炕也很少了，西炕也不存在了，已與當地的漢族房屋無區別了。

滿族「祭祖」習俗　敦化是渤海舊國，清皇室發祥地之一，「祭祖」習俗來自其先世渤海時代靺鞨人和金代女真人信奉的古老薩滿教。清代滿族人，仍承襲其祖先以信奉薩滿教祭祀，薩滿教一直是北方古代少數民族共同的宗教文化，包括自然崇

▲ 滿族祭祖

拜、圖騰崇拜和祖先崇拜。薩滿教認為宇宙分為三層，代表美與善的神住在光明天界，代表醜與惡的魔鬼住黑暗下界，中間為人類和禽獸生存之處，薩滿則是神的使者。薩滿「祭祖」（家祭）是流傳於東北地區的一種民間傳統祭祀活動，以氏族為單位，每三年舉行一次大型活動，時間三到七天。由於祭祀仍有察瑪（即「薩滿」）主持、並跳傳統薩滿舞、供萬物有靈的祖先神和自然崇拜的諸多儀式。

▲ 滿族祭祖

敦化民間「祭祖」具有崇奉氏族或部落祖靈為主，在長白山萬物有靈信念支配下，形成自然崇拜和圖騰崇拜的內容，兼較冥雜的靈魂觀念，崇拜對像極為廣泛，有動植物以及無生命的自然物和自然現象。沒有成文經典，沒有宗教組織和特定創始人，沒有寺廟，也沒有統一規範的宗教儀禮。司祭職位常在本部落氏族中靠口傳身受世

代嬗遞。滿族「祭祖」，主要流傳於敦化鄉間關、何、肖、趙、張、吳、孟、索、戚、富等滿族氏族中，薩滿也稱作察瑪，他是薩滿教專職家族司祭，充當人與先祖神之間媒介。敦化家族察瑪，男性占百分之六十女性占百分之四十。所祀之神有：長白山恩庫倫、

▲ 滿族祭祖

索庫倫、佛庫倫（即長白山三仙女），清始祖布庫里雍順，阿弗喀恩都里（天神），那恩都里（地神），老罕王（即清太祖努爾哈赤），山神爺，水神，鷹、虎、熊、鹿神等，也叫作自然和圖騰崇拜，以及本家族歷代祖先神，但各家族所祭並不完全一致。有的家族在祭祀祖先神過程中附有各路「曼尼」（即鬼或精靈）。「祭祖」時以唱為主，歌詞選用直接受制於儀式環境。滿族「祭祖」中，懸展的神案，擺設的祭具、祭品，察瑪唱跳的舞姿、音樂、聲響等等構成了薩滿舞內容。對所祀神祇，所用祭器，祭牲等均使用精確名稱。如官地鎮成記號村正白旗肖林察瑪家，西牆供老祖宗板，還稱祖宗龕子，也稱神祖龕子。在西牆上設揚手架，搭一塊板，板上放老祖宗匣子，在北牆設神位。祖宗匣子裡有祭祀用的譜單子（譜表）、索繩、神偶（用木、皮或布做的）。

祭祀用具有碗、鸞力、神箭、腰鈴、手抓鼓、令旗……碗是領牲時舀水用的。香碟子有的放在匣子裡，還可以放在下邊，腰鈴、手抓鼓是唱跳時用，令旗是傳達神意。祭祖、祭天、換索、背燈祭等祭祀禮儀中要唱念的祝禱詞：抓來純黑色生豬，搭起帳房，磊好鍋灶，用泉水洗滌乾淨，出自孝心，奉上天祖宗各位神靈，保佑家族平安，百年無疾病，牛羊滿圈，年年豐收，子孫滿堂等等；摘取茂盛新柳枝，敬插在庭院裡，取來精緻引繩，繫上弓箭，嘎拉哈，掛上子孫繩，等待喜鵲銜來朱紅果，族譜成雙又成對等等；關閉窗戶，壓上爐中

火，斷了煙筒裡的煙，滅了燈火，壓住了人聲，鐵樹開花我在來等等；尤以唱三天大戲最為顯著，祖傳規矩《豎了旗杆唱大戲》，槐樹老，柳樹彎，柳樹下邊豎旗杆。豎了旗杆唱大戲，大戲唱了二三天。前年唱的是八角戲，去年唱的是跑馬射箭狩獵戲。今年戲中有羅剎鬼，唱的是薩老將軍去安邊。

上述所描寫是這個儀式中強調的幾個行為，這些行為構成了儀式要求的那種家祭場景。滿族祭祖習俗作為滿族薩滿文化典型代表，在滿族信仰薩滿教歷史長河中形成了十分完整、典型、豐富的民族文化。滿族祭祖習俗於二〇〇七年進入市級非物質文化遺產保護名錄。

人生禮儀　滿族是非常注重禮節的民族，早些年見面行請安禮，屈右腿右手下杵，俗稱「打千」。久別重逢的親友，抱腰貼面行「抱見禮」。晚輩人每天早晚都要向長輩請安問候。

育兒：敦化滿族人家，嬰兒一出生，如果是男孩，在門上方屋簷下掛一副小弓箭，用紅絨繩或紅布條纏成紅色。它像徵和預祝這孩子是射箭能手。如果生的是女孩，掛一紅圈，上拴一紅布條，稱作「他哈補釘」。其實掛弓箭和布條的主要作用是標誌著這屋是月房，不能隨便進。滿月這天，一定請下奶的人來喝喜酒，稱之為「吃滿月飯」。給孩子掛悠車，車上鋪個糠口袋當褥子，用一個裝米的小枕頭睡腦袋。滿族不喜歡夾扁的勺子狀頭型，盡量讓嬰兒仰臥，把後腦睡成平而圓太陽飽滿的頭型。孩子出生後，首次遇上族中公祭，在祭佛托媽媽的儀式時帶鎖。在修宗譜時，要用紅筆把出生的男孩子的名字寫在宗譜上，稱為「上譜」，上了譜的男孩，才正式成為全家族中的一員。滿族男孩子出生後，政府要註冊，稱作「上檔子」。上了檔子就可以按月領取銀兩，長到十八歲就去當兵。滿漢融合之後，育兒習俗沒有太大的改變，只是由於家祭停止了，孩子不再戴鎖了，出生、滿月、上悠車等習俗，依然存在。

問門戶與驗姑爺：早年滿族人求婚時，男方托女方至親或往來密切者為媒，去女方家說親。說親的先決條件，必須是滿族人家，因當時有「旗民不通婚」政策。都是滿族人，尚須論門第。「問門戶」是女子瞭解男方家庭狀況的

▲ 婚禮禮儀

婚姻程序。

換盅：換盅即指訂婚儀式，在問門戶之後，男方父輩便攜酒肉到女方家來。女方以此酒肉款待之。席上喝頭盅酒，雙方父輩必須交換酒盅，故稱「換盅」。席上，議定聘禮和養錢。經雙方磋商定準婚事，並定下結婚的大致時間。

他哈豬和添箱：換盅後，待男方結婚事宜籌備完畢時，遣媒人請女方父母來赴宴商定婚期，稱為「問話」。定準婚期，在前一個月左右下聘禮。將為女方準備的衣物、布匹、豬、酒飲食等，送至女方家中，稱為「送彩禮」。彩禮必備豬、酒。此豬稱作「他哈豬」，非常講究。富裕人家，有送「雙豬雙酒的」。親友們，以錢或首飾、衣物、綢緞等禮品，來為姑娘出嫁致賀，稱之為「添箱」。

過箱與卡倫盅子：滿族結婚一般為三天。頭一天是立鼓樂棚子、搭灶、殺豬等準備工作，稱作「撈水桌」；第二天是安嫁妝；第三天是吉日，俗稱「正日子」。「安嫁妝」這一天，男方家張燈結綵，鼓樂喧天，新郎身披彩紅敬候，女方如是富裕人家，嫁妝是用人抬著送來，講究陪送多少抬，俗稱「過箱」。男方在大門左右，設男女各一人，手捧托盤兒，盤中置酒四杯，力勸來者飲之，以表歡迎厚意。致房門仍設有敬酒人，此謂「卡倫盅子」。

搭拉密：男方來迎親的領班人，稱作「搭拉密」。他不僅須精神、幹練、

▲ 迎親

懂規矩禮節，尚須有辯才，能見機行事。他身挎一下「酒憋子」，上貼雙喜字，裡邊裝著上等好酒。他到女家行迎親敬酒禮，向女方父母及尊親敬酒。此酒必須是搭拉密身背那個酒憋子裡的酒。女方有愛逗趣兒的人，搭拉密一來到，就想方設法偷出這酒憋子裡的酒，換成白水。到時好出搭拉密的洋相，故意叫他難堪。搭拉密斟上酒，先捧給女方父親。一嘗如果還是酒，就說「好酒、好酒」，一飲而盡。如果是白水，就把酒杯回給搭拉密，並和顏悅色地說：「此酒需好酒，婆家不備娘家有。拿酒來！」偷酒那人，早等在左右，答應一聲遞上酒壺，先斟給搭拉密嘗嘗，是不是他帶來的酒。如果是，搭拉密就笑著說「真是我的好酒，你真有兩手」。同時掏出錢，賞給盜酒者，往往引起闔堂大笑，增加喜慶氣氛。正因此緣故，搭拉密不論多忙，他那酒憋子總在身上挎著，不撒手。行完敬酒禮，搭拉密便交出了新娘上轎時的衣物、首飾。

對子馬與憋性：男女兩家相距十餘里至二十里之間者，需在「吉日」的前一天下午，即嫁妝送來後，去接親。男家組成接親馬隊，稱作「對子馬」。到女家門首，女家為憋新郎性體，故意不開門，稱為「憋性」。「送離娘肉」者向女方父母行禮獻肉。這離娘肉，一定要有兩根肋骨，女方從中剖開，留下一根，另一根交給搭拉密帶回來。

磕啞巴頭：女方執事人令新郎向女家親屬行叩頭禮。堂前設一座位，喊長者輪流來坐。新郎默不作聲只管磕頭，俗稱「嗑啞巴頭」。

迎親花轎：現在不做花轎，做小轎車了。吉日黎明，新娘梳妝畢，尤其兄或弟抱至車中。上轎時鼓樂齊奏，鳴放鞭炮。花轎經過井、廟、墓等，須用紅氈遮擋轎車，以避邪神。途中遇其他接親車隊則各讓一轍。如聯親兩家相距三十里以外者，在吉日的前一天，先在男方本屯找一家臨時住處，過一夜，稱為「打下墅」。吉日新郎由此處迎親。

行合卺禮：吉時，在院中設一供桌，擺一方肉，上插一把尖刀，置三盅酒。新郎新娘跪於桌前，由察瑪或族中長老來主持合卺禮。主持人用滿語唱一段《阿查布米》（喜歌），將一盅酒高高舉起，然後潑於地上，再割一片肉拋向空中，唱三段喜歌，潑三次酒，稱作「撒天地盅子」。原額穆一帶唱的《阿查布米》歌，今已無人會念。現只剩用漢族流傳下來的前頭幾句，稱作《喜歌歌頭》：「這日子吉祥美好，藍天架起五彩雲橋。一對鳳凰從南天飛起，飛呀，飛呀，飛來了。祝賀結交百年之好。幸福和睦白頭到老。」歌罷，把裝滿酒的錫壺，用紅絨繩連起來。由儐相斟兩杯酒，讓新郎新娘喝交杯酒，合卺禮畢，吃水餃。新婚夫婦爭先坐在被上，先坐者，預兆可操持家政。

裝煙與散箱：結婚的次日早晨，嫂子領新娘給尊親裝煙，藉以認識婆家的親屬，拜見長上，俗稱「分輩數」。此刻尊長要拿出一點零錢，給新媳婦「壓腰」，稱「裝煙錢」。等賓客散後，新娘要把自己做的針線活計，拿給公婆看，這是新娘在忙嫁妝時，給婆家人做的，多為布鞋布襪等穿戴。分給公婆、叔伯、兄嫂等人。雖有差別，但各自有份，此為「散箱」。

結婚第三日或第七日，新娘攜女婿回省父母，稱作「回門」，次日歸返。結婚一月整，也要回省父母，稱為住滿月。至此結婚儀式方為完結。

以上為舊時滿族結婚所舉行的儀式和遵循的禮節。現在本地區滿族結婚，多不遵此舊禮了。但是民俗，不能一朝一夕就來個天翻地覆，它是隨著社會的發展、民族的開化而逐漸演變的。因此本地滿族現代結婚儀式中，仍存有一定的古俗在延續。

歲時風俗　大神節：農曆三月初三為察瑪春季「開馬絆」之日；九月初九

▲ 滿族大神節

為秋季「開馬絆」之日。所謂開馬絆就是新察瑪在這一天舉行出徒儀式，通過儀式後，就算正式察瑪了。此後便可單獨頂香看病了。故民間稱三月三、九月九為大神節。

山神爺生日：農曆三月十六為山神爺生日。吉樂滿族供奉的山神是虎像，故民間稱虎為山神爺。村頭多數有山神廟。三月十六這天，要到山神廟去上供，燒香，祭酒，掛紅，以求山神保佑全年人畜平安。

端午與中秋：農曆五月初五為端午節、八月十五為中秋節。現在滿族和漢族一樣，端午節都吃粽子，煮雞蛋；中秋節合家團聚賞月吃月餅。端午清晨採艾蒿，用五色線給孩子繫手腕、腳脖的習俗，至今仍在流行。

望祭：滿族把長白山當成了發祥地。後來又封它為長白山神，年年拜祭。因路遠難行，就近處小山上設長白山神牌位舉行拜祭，稱作小白山望祭。民間相繼效仿，額穆城北的小白山，至民國初年，還有滿族人到那裡祭拜長白山神。

滿族的祀祭，還有臘八節，原為朝遷祭祀日月星辰，山川林澤諸神，以保穀物慶豐收。後來演化到民間已無臘祭形式，專在秋後舉行，以賽馬、射柳、跳空齊舞來慶豐收，後演化為跳家神。

敦化朝鮮族的風俗

敦化朝鮮族人口為二一七四三人，占全市總人口的百分之四點五。朝鮮族

▲ 滿族薩滿祭祀

人一向喜歡穿白色衣服，素有「白衣民族」之稱。衣襟右掩，沒有紐扣，用衣帶在前胸右側打個含苞待放的花朵般的活結，未打結的下端自然下垂，一長一短。年輕女人喜歡穿色彩鮮豔的衣裳。領口和袖口用別種顏色布片縫製的，叫作回裝襖；除領口和袖口外，在腋下部位也用別種顏色布片縫製的，叫作三回裝襖。色彩講究諧調、淡雅。裙子及腳跟，筒裙上端有類似背心的坎肩連在一起，穿時從頭部向下套下來。纏裙上端有腰帶，裙子一側的腰部以下部位沒有縫合，穿時把掩在上面一側的上端貼腰提起，掖在腰帶裡。朝鮮族男人的服裝，有襖、褲、坎肩、長袍等，男衣領、衣襟、衣帶，跟女襖相似，但衣服的款式比較質樸而寬鬆大方，顏色也單一些。襖外一般都罩上坎肩。坎肩的顏色不一，一般多用黑、灰、棕等顏色。男人的褲子，褲襠和褲腿很肥大，褲腳用絲帶繫緊。出遠門或勞動時，在小腿上還要裹上類似套袖樣的「行纏」。如今，朝鮮族男人的這種傳統襖褲和長袍，老年人過六十「花甲」時還有人穿，年輕人和壯年則幾乎都已習慣穿西服和中山服。朝鮮族的童裝，不論男女，以絢麗多彩為特色。男女童裝的款式，同大人的服裝基本相同。孩子過週歲生日時，不論男孩女孩，都穿「七色緞襖」，宛如一道彩虹披在身上，以示喜慶、吉利。

▲ 朝鮮族女性服飾

　　飲食　敦化朝鮮族人日常生活中的主食是大米飯。朝鮮族的鑄鐵鍋，堪稱「土高壓鍋」，具有良好的保氣性能，燜出飯來格外肉頭、可口。如果遇上喜慶之事或逢年過節，喜食各種糕餅，如打糕、發糕、蒸餅、鬆餅、烙餅等。這些糕餅都用大米麵或糯米麵做成。朝鮮族人的麵食中，最有代表性的是冷麵。它是一年四季常吃的食品，尤其是在夏季是祛暑的理想食品。三伏季節食慾不振時吃上冷麵，會立時感到清涼爽口，舒暢至極。朝鮮族的家常便飯中，湯是不能缺少的。湯的種類很多，主要有醬湯、魚湯、肉湯三大類。依據用料之不同，名之為海帶湯、白菜湯、山菜湯、蘿蔔湯、鯰魚湯、明太魚湯、雞肉湯、牛肉湯等等。朝鮮族的傳統風味湯，主要有辣香湯、糕湯、狗肉湯等。朝鮮族不論男女老幼一般都喜食狗肉。在朝鮮族人的日常生活中，最為常見而又獨具特色的食品是泡菜。泡菜又稱辣白菜，過去它是尋常百姓人家冬季的主菜，因有「泡菜半年糧」之說。除泡菜外，還有各種各樣的小菜。醃製的小菜常用的材料有白菜、青辣椒、黃瓜、蔥、蘿蔔乾、纓菜、芥菜、香菜、蘇子葉、桔梗、蕨菜等。

　　婚娶　婚俗，是朝鮮族家庭禮儀最重要的組成部分。有納彩、納幣、迎親

▲ 打糕的製作

三個程序。納彩，就是定婚。納幣，是指新郎家向新娘家送彩禮。隨後就要「迎親」，也就是舉行婚禮了。新婚的禮儀，有「奠雁禮」「交拜禮」和「宴席禮」。新郎前去迎親前，要向父母長輩辭行。新娘家為新郎準備了豐盛的喜筵。新郎坐到案前，要先喝三杯酒。喜案上最為醒目的是煮熟了的整雞，雞嘴上銜著通紅的辣椒。民間傳說，紅為陽，可驅邪避鬼，讓雞銜上辣椒的風俗緣於此，也隱喻著早生貴子之意。碗裡要埋上雞蛋，飯中蛋寄託著祝願生兒育女、生活美滿之意。一般埋三隻蛋，新郎吃掉一半，另一半要留給新娘吃。新郎新娘互換禮品後，要行「交拜禮」。新郎在接新娘前，要和新娘一起向岳父母和長輩一一辭行。新娘要帶上嫁妝和禮品。新娘在新郎家要受到隆重的歡迎和接待。新娘也要接受喜筵，她也像新郎一樣從滿桌豐盛佳餚中撥出一部分送回娘

家，意在炫耀自己在婆家受到的隆重接待。上賓們回家前要到洞房去，叮嚀新娘上敬公婆、下愛弟妹、夫妻和美，好好過日子。晚上，要舉行家庭娛樂會。結婚第二天，新娘要為全家燒早飯，露一露手藝。早飯後要行「舅姑禮」。新娘把預先準備好的禮物（亦稱禮緞）拿出來，一一贈給公公婆婆和小叔子、小姑子及近親們。最後，把禮物贈給新郎，然後兩人互相對拜。第三天，新娘伴著新郎，帶上豐美的食品，雙雙回娘家，叫作「回門」。朝鮮族還有在結婚六十週年日舉行的「銀婚」禮，也叫「歸婚禮」，要比一般婚禮隆重得多。其特點是老夫老妻健在，所生子女在世，並膝下有孫兒和孫女者才能享此福分。屆時，老夫妻穿著結婚時穿過的禮服，擺上盛大的婚席，子孫親戚、鄰居朋友都來祝福祝壽，翩躚起舞，縱情歌唱，氣氛十分熱烈。

人生禮儀　朝鮮族人民十分注重出生儀禮，將其視為人生的開端禮，非常講究。朝鮮族的出生禮儀大體包括「忌繩」「百日」「抓周」等。

忌繩：人生禮儀中的第一項，帶有濃郁的民族特色。一旦嬰兒降生墜地後，這戶人家就會在自家的屋簷下掛上一條草繩，即「忌繩」，以此告知眾人嬰兒的出世，外人禁止出入。如果生的是男孩，就把辣椒或木炭插放入繩內；如果生的是女孩，則插上松葉和松枝條。如果家中出生的不是第一胎，那麼「忌繩」上的標誌就不那麼嚴格了。也有的家庭生了女孩也插上紅辣椒，用以

▲ 朝鮮族婚俗

▲ 朝鮮族婚俗

表達想生男孩的心願。「忌繩」一般要懸掛二十一天，用以表示讓產婦及嬰兒度過二十天寧靜祥和的日子，免遭來自外界的意外刺激，恢復元氣，同時為幼小的生命創造一種舒適安逸的生活條件。

百日：嬰兒出生後一百天要舉辦一次小宴禮，即給孩子過「百日」。這一天，全家人歡聚一堂，共同祝願孩子健康成長，同時給孩子拍照留念。

抓周：朝鮮族格外講究的一週歲生日儀式。這一天，母親會給小寶寶穿一身精心製作的民族服裝，將其打扮得漂亮可愛。若是男孩兒，要穿用紅、黃、綠、藍、灰、粉紅、白等七種顏色的緞子縫製的七綵緞上衣，頭戴幅巾，腰繫荷包。要是女孩，要穿上色彩豔麗的彩色裙子。「抓周」，即在週歲生日席上擺放各種物品，讓孩子任意抓自己的心中之物。生日席上為「抓周」擺的各種物品，因孩子

▲ 朝鮮族「百日」禮

性別的差異而略有不同。男孩席上擺米、打糕、麵條、水果、錢、書、弓、箭、墨、筆、紙等；女孩席上除食品相同以外，將弓、箭換上針、線、尺、剪子、熨斗等物品。孩子要在大人們期待的目光下任意抓取其中的某件物品，接受人生第一回考試。如果先抓了線或麵條

▲ 朝鮮族抓周

之類，人們就會說孩子長壽；如果先抓了弓箭之類，就說他將來會成為武將；如果先抓了米、錢之類，就說他會成為富翁；如果先抓了筆、墨一類，就說他會成為文人。這種預祝孩子未來的風俗，現今仍然保存和延續。

花甲宴：朝族人慶賀生日的習俗中，慶賀六十週歲的禮儀最為隆重，這種禮儀稱作「過花甲」。朝鮮族對慶賀花甲的禮儀十分講究。到了這一天，當兒女的要給過壽的老人換上一身新衣裳，兒女們也要穿上乾淨漂亮的節日服裝。慶賀的禮儀，先給過壽的老人擺上豐盛的宴席，之後以親疏老幼為序，依次敬酒磕頭。過去，成家的兒女們都得各自準備一桌宴席，但現在兒女們合夥只準備一大桌宴席。在老兩口之中，不論哪個人過花甲，另一個人也要一同陪坐在旁邊。如果過花甲的人父母在世，過花甲的人首先要給父母祝壽，而後方可接受子女和親朋們的祝壽。祝壽的方法是，先由司儀介紹過壽老人的主要生活和工作經歷，之後按照先直系後旁系、先長後幼、先男後女的順序，一一敬酒磕頭，已經成家的兒女和親戚們祝壽時，兩口子及其子女們一起祝壽。祝壽結束後，子女和前來祝壽的親朋摯友們共同進餐並跳舞唱歌，盡歡而散。

朝鮮族民間遊藝　愛好體育運動是朝鮮族的特徵，男子喜歡摔跤、踢足球，女子喜歡壓跳板和盪鞦韆。每逢年節，都要舉行規模盛大的民族運動會，

▲ 花甲宴

其中最精彩的要數鞦韆、跳板和摔跤等項目。其中，盪鞦韆是朝鮮族婦女喜愛
的傳統活動。每當節日，人們在村頭或打穀場上，豎起高高的鞦韆架，姑娘們
身穿色彩豔麗的彩裙，圍在鞦韆旁，爭試高低。摔跤是朝鮮族古老的體育運動
項目，每逢端午節或「九三」進行。每到那時，摔跤強手爭標奪魁，競爭非常
激烈。人們常選一頭肥壯的黃牛作為獎品獎給優勝者。摔跤的方式較獨特，一
種摔法是雙方的右腿各套一條布帶，布帶的一端繫在對方的手腕上，摔跤手互
摟對方腰部，以摔倒對方多少計勝負。另一種摔法是，摔跤手各備一條三米左
右的布帶，將其九十釐米圍繫在腰間，其餘部分寬鬆地纏在右大腿上，腰間再
繫一條五米長的帶子。比賽時右膝跪地，左膝彎曲，各用右手抓住對方的腰
帶，用左手抓住對方的腿繩（纏在右腿的那段帶圈）。聽到開賽的信號，雙方
站起來決鬥，一般是三戰兩勝。不論是不是選手，都可以登場獻技。運動會
上，摔跤冠軍的獎品是一頭披紅戴花的大黃牛，奪魁者騎在牛背，由當地負責
人牽牛繞場一週，以顯榮耀。

　　鞦韆：鞦韆是朝鮮族婦女的運動項目。一到端午節或農閒時期，朝鮮族婦
女們便穿著節日的盛裝去參加鞦韆比賽。比賽方法有兩種：一種是比盪起的高

▲ 朝鮮族摔跤

度，另一種是比踢鈴的次數，即比耐力。她們盪鞦韆的特點是：高、飄、悠、巧、柔、美、歡。鞦韆繩一般都拴在高大樹木上結實的橫枝上，在鞦韆前方的上空懸有綵帶或鈴鐺，盪起的鞦韆板能觸及這個標誌才能贏得歡呼與讚揚。

跳板：跳板也是朝鮮族婦女最喜愛的運動項目之一。比賽時，兩個人分別站在一條五米長跳板的兩端，其一端的人先跳起後，憑藉下降的力量猛踩跳板，將另一端的人反彈起來，被彈起的人下落時又將對方彈起。強手彈起時有兩三米高，還能做多種精彩動作。朝鮮族民間有句俗話說：「姑娘時不跳跳板，出嫁後就會難產。」這是一種對婦女身心健康非常有益的體育項目。因此，跳板運動很受重視與喜愛。關於跳跳板的起源，有種傳說：封建時代，女孩足不出戶，為了能看到院牆外的世界，便在院子裡架起了壓板（俗稱蹺蹺板），起先讓孩子一頭坐一個，一上一下壓著玩，後來孩子們覺得站在板上看得遠，跳起來看得更遠，於是便產生了跳板。民間跳板長五點五米，寬四十釐米左右，厚五至六釐米。跳板中間的下

▲ 朝鮮族婦女盪鞦韆

▲ 朝鮮族婦女跳板

面立板墊，高三十釐米。比賽時有專人守護板墊，防止跳板掉下來。站在跳板兩端上的姑娘輪番連續起跳，逐漸將對方彈送得更高。在身體騰空時能表演出驚險動作者最受歡迎，如剪式跳、旋轉跳、空翻跳，甚至跳藤圈、做造型、舞花環、揮綵帶等，靈巧優美、五彩紛呈，令人眼花繚亂，驚嘆讚賞。

頂壇競走：頂壇競走是直接來源於勞動生活的體育項目，壇或罐中都裝有水或米，規定一定的距離，參賽者甩開雙手瀟灑走一回，先到終點而滴水不灑者為勝。

朝鮮族歌舞：朝鮮族是一個能歌善舞的民族。朝鮮族舞蹈優美典雅、剛柔相兼，或抒情瀟灑，或熱情奔放，充分表現了朝鮮族柔中帶剛，文而不弱，雅而不俗的民族性格。著名的民間舞蹈有農樂舞、長鼓舞、扇舞、頂水舞、劍舞等。農樂舞由古代慶祝狩獵豐收的舞蹈發展演變而來，因而節奏

▲ 朝鮮族婦女跳板

▲ 朝鮮族歌舞

▲ 象帽舞

明快，氣氛熱烈。尤其是男子用力甩動頭部，使「象帽」頂上三米長的「象尾」繞身體旋轉飛舞，更是獨具風采，充滿活力。

朝鮮族歌曲旋律優美、自然流暢，富有很強的感染力與表現力。一人放歌，眾人隨合，不是「善歌者有人繼其聲」，而是「心中的歌，最能起共鳴」。著名的民歌《桔梗謠》《阿里郎》《諾多爾江邊》，幾乎人人會唱，家喻戶曉。

▲ 朝鮮族歌手演唱《阿裡郎》

非物質文化

中國朝鮮族「山泉祭」

　　中國唯一的朝鮮族「山泉祭」始於吉林省敦化市雁鳴湖鎮大溝村、小溝屯，地處長白山北坡，歷史久遠，是特有的中國朝鮮族節日習俗。清同治八年（1869 年），中國朝鮮族的先民因朝鮮北部遭荒旱，顆粒不收，赤地千里，迫於生計紛紛越境渡過圖們江，來到中國圖們、延吉至敦化一帶借地謀生，開荒墾殖，逐漸發展成為當代中國的一個少數民族，以擅長在寒冷的北方用泉水種植水稻著稱，與其他民族一樣留下了與水有關係的神話和古老的信仰。

　　在中國，我們的祖先早在原始社會就有「逐水草而居」之說，人離不開水，動物和植物也都是尋水而來，水一直是推動人類和社會向更高文明發展的動力，「不論水有益於人類還是有害於人類，人類都敬畏它，幻想並創造出

▲ 山泉祭

▲ 山泉祭

男、女水神形象，於是水便成了崇拜對象。隨之，各地就有了各種不同版本的水神祭祀活動，其中朝鮮族「山泉祭」就是一種很古老的自然崇拜形式。朝鮮族「山泉祭」是二十世紀初由當時中國朝鮮族的十七戶農民當中，一名叫權大明、一名叫徐成甲的領頭人分別組織發起的，由於這兩個村落處於丘陵地帶，週期性乾旱時常引起供水不足，再加之泉邊有兩隻老虎經常到此地飲水（因此也稱老虎泉），給百姓生活帶來巨大的災難和痛苦。因此，他們一方面被泉水的偉大生命力所深深折服，延伸下去，對泉水、對江河水的豐饒、神聖、神祕驚嘆不已；另一方面村民也懼怕某種不可知的神靈把泉水帶走。慢慢地他們深信這個世界上至高無上的水神和虎神在主控這裡的一切。於是，村民就想祈求二位神靈並藉助神靈的力量使深山幽谷中流淌出來的神聖的泉水源遠不斷，讓泉裡冒出來的水永遠清澈不枯竭。

根據祖傳規矩，每年農曆六月十三日定為大溝村的節日，每年農曆七月十三日定為小溝屯的節日，由此產生了「泉水節（祭）」村落活動，村民們俗稱為「山泉祭祀」或「祭老虎泉」，從此兩個村（屯）平安無事，泉水灌溉的水田年年大豐收，並且已成為重要的村落節日。屆時，全村男女老少都要穿上節

日的朝鮮族民族盛裝，從四面八方赴會。頭頂、肩抗一年裡準備好的祭祀物品和半個月裡準備好的聚餐物品（鍋、碗、瓢、木盆、豬頭、豬爪、豬尾、雞、魚、肉、香菸、糖果、米酒、豆腐、蔬菜、燒柴等），村民們天一亮就聚集在老虎泉山邊，開始清理泉水周邊環境和泉裡沉積物，清理過程中，唱《引泉歌》，祖輩稱為引泉（男人們把裝滿水的桶用長繩繫上，外邊的人開始用力往上拉繩），也叫作「拉水」比賽。寓意是拉長白山脈龍蛇體，向其祈求引來更多泉水。拉水時，由組織者領唱《引泉歌》：第一段，使勁拉呀，出聖水呀，拉神水呀，拉吉祥的水呀，拉太平的水呀，拉豐收的水呀，拉甘甜的水呀—第二段，引來天河水呀，連上那西天水呀，祈求萬能山神和水神啊，快給我們湧出清澈泉水，啊嘿喲，邀來長白舞龍神，啊嘿喲。拉水比賽過程十分熱鬧，歌聲和叫喊聲響徹山谷。拉水結束後，男人們呼叫著開始把裡面的水潑灑到地面上，一直稀稀拉拉從「聖泉」處向村子裡走去。這時，組織者就高聲喊著「連——水——嘍，連——水——嘍」。這一過程預示著水脈延續並以此祈願泉水能夠源遠流長。

　　祭台邊，由村裡德高望重「山泉祭祀」傳承人師傅，擺放祭祀物品。祭祀主要供品有無雜毛黑色公豬一頭和大紅公雞一隻（每年年初，買一頭仔豬和大紅公雞一隻，指定兩家農戶分別餵養一年，過去要求是整豬，現已演變為一個豬頭和四個豬蹄、一個豬尾）、白米糕、煎豆腐、山菜及糖果等，擺放於供台上。師傅按照中國朝鮮族傳統習俗，大聲讀祭辭（最早用古漢語），祭辭的內容大體是：祈願水神、虎神把古老傳說中的銀河水引來，把長白山天池聖水拉來，將附近山上最清澈的泉水獻給眾百姓。還要向神靈稟告村中住戶名單，很認真地祈求上蒼讓她們生育順利、食物豐饒、家族興旺。泉水節午餐非常講究。主灶婦女必須是傳承人家的媳婦或女兒，所需要的魚、雞、肉、豆腐、大米、米酒等，是提前指定農家自己生產。使用鍋、碗、瓢（葫蘆瓢）、盆（木盆）都是專用炊具。用柞木柴生灶火，做米飯用的鐵鍋，底深、收口、蓋嚴，受熱均勻，能燜住氣，用泉水做出米飯顆粒鬆軟，飯味純正。各種用大米麵做

成的米糕、發糕等都是傳統製作方法。有綠豆芽、黃豆芽、大豆腐、乾豆腐、粉條、桔梗、蕨菜、蘑菇，經燉、拌、炒、煎製而成的菜餚必不可少。全村人在泉水邊鋪上鋪墊，圍起來就地盤膝而坐，年長者居首。遠方客人也圍坐在一起。主持人敬第一杯酒，敬年長者和客人。大家吃的主要是用山泉水現場燒製的米飯、雞、魚、蔬菜等，喝著自己釀造的米酒，在喝酒的過程中，村民們還要跳歡快的舞蹈，唱《祝酒歌》：聖山水吆，泉水清！山泉水吆，河水清！敬山神吆，心要誠！保佑我們吆，泉水神！山青青吆，村安寧！保佑我們吆，禽畜興！保佑我們吆，五穀豐登人康生……唱完《祝酒歌》，參加人員手拿樂件唱著民族歌曲，跳起歡快的朝鮮族民族舞蹈，欣賞著大自然美景，直到日落西山才結束。

「山泉祭」是朝鮮族先輩們傳承的一種具有傳統民族風俗習慣的民間文化，體現了慶豐收、鼓勵村民發展生產、繼承傳統文化之意，「山泉祭」越來越呈現出民族團結進步的氣氛，他們將世世代代把「山泉祭」傳承下去。山泉祭於二〇〇七年至二〇〇九年進入市、州、省級非物質文化遺產保護名錄。

端午節

端午節是中國傳統節日之一，至今已有二〇〇〇多年的歷史。端午節的風俗眾多，如吃粽子、插艾子、菖蒲、桃枝、佩香囊、採露水等。敦化的風俗是：臨近端午前幾天那些心靈手巧的姑娘們，把自己的片片心意，繡成五顏六色玲瓏剔透的荷包，裝進香草掛在衣裙上，陣陣清香沁人心醉，還有送給自己喜歡的心上人。工藝美術的師傅們，提前三個月製作好各種各樣端午吉祥文化飾品。設在北山公園橋邊的各類特色小吃攤位更是食材豐富。家家戶戶都忙著浸糯米、洗粽葉、包粽子，其花色品種更為繁多。從餡料看，多包棗、豆沙、鮮肉、八寶、火腿、蛋黃為餡料。等待端午節的到來。臨近端午節的頭一天晚上，敦化的青年男女學生徹夜不眠，成幫結夥聚在北山公園，紀念中國歷史上偉大的詩人屈原，祈願自己考上理想的大學，有屈原一樣的聰明智慧，增添了

▲ 端午節文化飾品攤位

節日的祈願風俗。

農曆五月五日清晨，敦化大街小巷，人頭湧動，十萬多人手裡拿著毛巾、小掃帚、水壺遍布北山公園、牡丹江畔、六鼎山及小溪河流邊採露水，人們都知道必須在太陽出來之前，將在各種植物上採集的露珠沾到手中或毛巾上，用它擦臉，擦眼，也有用河水洗臉的，再灌上一壺，回去給老人或兒童擦臉，擦眼，據說這樣擦臉清爽，擦眼明目，不得眼病，還要將小掃帚拴在兒童手腳上的五綵線打上露水（端午後下第一場雨才可以摘了）。同時將採來的艾草還要塞耳朵裡點（可驅蚊趕蟲）。牡丹江邊人們將中國歷史上迄今為止文化積澱最深厚的傳統食品粽子，自發的往江裡投放，以祭祀屈原，唯恐魚兒吃掉屈原的軀體，有的往江裡放河燈給屈原照路，有的往江裡放小船營救屈原，還有身上掛上荷包和小掃帚，登到附近高山上，吃雞蛋和粽子，給他送行。天剛放亮，只見滿山遍野，草木翠綠，山花遍野，豔若紅霞，人們川流往來，去實現自己的目的，有的剛上山，有的下山停留在攤位前，排隊品嚐香味飄香的特色小吃，生意十分火爆。各種趣味有獎遊戲活動，妙趣橫生。

端午吉祥文化飾品攤位更是擁擠不堪，購買彩葫蘆、魚、龍、中國結、吉

祥物掛件的人們絡繹不絕。直到中午人流才逐漸減弱。滿意而歸的人們，回家之後將採集的艾蒿扔上房子或懸掛在大門兩邊，其餘的晾乾儲存好，用以治濕疹、殺病毒、調月經、驅蚊蟲和淨化空氣。再將購買的彩葫蘆掛在屋內顯要的位置，用謂之「搭露水」的小掃帚打掃室內外衛生掃除災星，寓意掃除一年的污穢災難，大大小小色彩繽紛、造型精美的紙葫蘆，下面垂著絲線穗和飄帶，不僅代表寓意，更為端午節增添了一道美麗風景。白髮蒼蒼的老奶奶，總是在端午清晨，面帶笑容地掀開孫子輩小孩子的被子，把煮熟的雞蛋，放在小孩子的肚皮上滾來滾去，把孩子逗得咯咯直笑，然後才把皮剝掉給小孩子吃。據說這樣做能免除小孩子日後肚子疼。那些孩子媽媽們更是別有用意，她們把小巧玲瓏的「小掃帚」「小葫蘆」，用五色花布做成小辣椒、小黃瓜、胖娃娃、荷包、小紗燈、中國結等各種小玩意，用五綵線連起來拴在兒女們的衣鈕上，據說能掃除瘟疫和災禍。她們總是趁著嬰兒熟睡的時候，悄悄地把五綵線拴在孩子的小手脖及小腳上，據說這樣就可以躲避毒蟲蜇咬。據東漢應劭的《風俗演義》記載：在農曆五月五日這天，在手臂上戴五綵線，能防鬼怪疾病，可見此風俗由來已久。相傳形式各異的端午風俗習慣，可以使自己和家人健康平安、遠離疾病，也是人們主動防疫「消毒」的節日。

關於端午節的習俗在敦化還有這樣記載和描述。我們東北的老滿洲人稱五月節為「孫章嘎伊能吉」，意思就是「單五節」。因為滿語是「單五」與漢語的「耽誤」諧音。傳說努爾哈赤率大軍征討尼堪外蘭於圖倫城，將其大敗。於是尼堪外蘭攜妻兒家眷向邊境逃亡。因努爾哈赤的信使將信耽誤至五月初五那天，致使尼堪外蘭得以逃至明朝疆域之邊，三年後才被抓獲。當時氣急敗壞的努爾哈赤派兵逐戶搜查，窩藏者誅殺九族。唯有滿族人家免以查之，但要在房簷上懸掛艾草以示為滿族人。從此在當地逐漸演變成每年五月初五家家戶戶掛艾蒿，寓以「逢凶化吉」「驅災闢邪」之意。目前，敦化還有少部分滿族人，在端午節這天還保留著「拜天、射柳、擊球」等項傳統節日習俗。植根於敦化市民間，富於傳統生活氣息和時代感的端午節，熔漢、滿、朝文化於一爐。它

在傳承過程中還融進了祝福、納吉、遊戲、踏青、競技、美食等內容。造就了中華民俗的精神傳統和人文性格，對增強民族的凝聚力，規範人們的行為，有著十分重要的意義。民眾創造的風俗文化，將會變得更加絢麗多姿，也必將成為中國傳統文化中的瑰寶。

獨具特色的民間舞蹈

敦化《滿族秧歌》 在清始祖發祥地之一敦化地區，流傳著一種獨具民族風韻的民間舞蹈，滿族秧歌（也稱韃子秧歌、唱秧歌、跑秧歌、斗秧歌、鬧秧歌、扭秧歌）。敦化秧歌歷史悠久，文化燦爛，據《渤海國長篇志》《契丹國志》載：渤海時期歌舞十分盛行，著名的有「踏錘舞」，「渤海俗，每歲時聚會作樂，先命善歌善舞者數輩前行，士女相隨，更相唱和，迴旋婉轉，號曰踏錘」。這種踏錘舞頗似當時中原普遍流行的群眾性歌舞。這種舞蹈是一種較原始的載歌載舞的集體舞蹈。據康熙十九年（西元 1680 年）記載，新年之際，「八旗章京、兵丁皆大吃大喝，護軍、護甲俱置身街上，男扮女裝，唱著『禱仰科』歌戲樂」。此後又有記載：「滿洲人家歌舞曰『莽式』，有男莽式，女莽式。兩人相對而舞，旁人拍手而歌，每行於新歲或喜慶之時。」這兩段史料表明，每逢征戰獲勝、豐收之餘、逢年過節、喜慶之日，男女官兵或旗人相對

▲ 秧歌表演

▲ 秧歌

而舞，旁人拍手唱歌的「莽式」「禱仰科」，就是滿族秧歌的雛形。據《中國戲曲劇種大辭典》記載，從秧歌發展演變成的戲曲劇種，在全國劇種中所占的比例之高，是相當驚人的，可以說，秧歌為百戲之源。敦化民間傳統秧歌，主要有滿族秧歌、東北秧歌（也稱大秧歌）。有滿族軍事表演陣式二十八種走陣，即龍門陣、長蛇陣、六合陣、八卦陣、天地門八卦陣、薩滿陣等，還有龍燈、旱船、撲蝴蝶、二人摔跤、打花棍、踩高蹺、卷白菜芯等多種表現形式。

形式剛烈、詼諧、生動活潑，風格獨特，穩中浪、浪中梗、梗中翹，踩在板上，扭在腰上，是敦化秧歌的最大特點。融潑辣、幽默、文靜、穩重於一體，廣袤的黑土地賦予它純樸而豪放的靈性和風情。敦化秧歌有滿族民間藝術傳承特徵。表演中以各種人物造型「韃子官、克里吐、拉棍的、傻柱子、薩滿人」為主，貫穿以禮見長、火爆、矯健、粗獷、豪放、大擺大浪、盤旋作勢、走陣等動作，被譽為「敦化地區的爛漫之花」。

▲ 滿族秧歌

從清朝康熙年間已具雛形的滿族秧歌，在歷史長河中不斷演變，從最初宮廷禮儀性舞蹈，逐漸向民間表演、娛樂方面轉化，滿族秧歌主要在每年正月初一至二月初二表演，正月十五燈節是表演活動高潮期，重大節日、喜慶日都表演。敦化滿族秧歌藝術特色正是滿族傳統民間舞蹈藝術風格的繼承和發展，最初資料是民初居住在敦化八十二歲的施那喇氏（薩滿）提供的。他不僅是滿族秧歌隊中的「韃子官」（領隊者），還是「克里吐」（人神兼備的神物）。根據老藝人講述和現場表演，滿族秧歌鼓點有「老三點、緊慢三十、七棒、快鼓點」，主要以滿族薩滿祭祀音樂中的神歌和鼓點為素材發展創造的。從動作上來看：他每一步都是腰在擺動，下蹲、屈膝的幅度特別大，兩手在前擺來擺去，好像是在騎馬。這和史書中記載的滿族「莽勢」舞「仰俯疾徐」「屈身進反」很相似。從表現特點上看，這種秧歌基本是「走陣」征戰的藝術化。從人物扮相、服飾、道具等來看，也顯示了這種秧歌鮮明的民族特色。從敦化滿族傳統秧歌扮相來說主要有「韃子官」頭戴大戲纓滿族涼帽，身披黃色戰袍，下紮紅色戰裙，腰挎魚皮腰刀，手持蠅帚等，指揮秧歌隊表演各種陣式，「沙公子」頭戴書生巾子，身披紅色斗篷或藍色斗篷，他是協助「韃子官」的第二個指揮人員，配合指揮著各種陣式。「沙公子」之後是民間傳說或神話故事而扮的各個雜角。這些雜角，俗稱「傻柱子」「乞

丐」，其特點是反穿皮襖毛朝外，抹黑臉，身上背著野雞皮，刷帚頭子、小干瓢等，一個人在場中到處亂竄，隨意逗樂，還有個場外人物「赫爾突」，他反戴獸皮帽子，反穿長毛山羊皮襖，斜背一大串銅鈴，手持一把短把長鞭，在秧歌進出場地時，他抖擻著滿身晃鈴，倒退著小步在前邊打場。他是個隊外角色，跑著圓場，迴旋彎轉，擴展場地。此丑角是逢場開路、打圓場時必不可少的人物。這是第一種。第二種，要有一個或兩個「拉棍」人物。此人身穿長袍，腰紮綵帶，前大襟掖在腰帶子上，手中拿著柳木竿子，七尺來長，上邊彩飾著纓穗（據傳說七尺柳木棍就是標誌著滿族祖先當初挖參時使用的「羅撥拉棍」）。此外，在滿族秧歌隊中還有一個丑角，「以丑為美、以丑見長」，老藝人說：「扭秧歌，丑來逗，沒有丑就沒有逗」「扭秧歌，沒有丑，不如調頭回家走」，丑角在滿族秧歌裡的作用在於活潑秧歌隊伍，並且在其中起著穿針引線作用。

▲ 秧歌

▲ 秧歌表演

　　滿族秧歌還有如下幾個鮮明的民族特點：一是以禮見長。通常秧歌隊伍必須邊扭邊走，每到一戶都要拜茶桌，如果兩支秧歌隊在一地相遇時，必須要相互見禮，兩隊滿族官員（韃子官）立即率隊出村，一字排開擋在村口。當客隊來到面前時，兩隊滿族官員和隊員要進行「見禮」，一般情況下，只對「卡肩禮」「對膝禮」等，如果客隊禮節相符都對得上，最後要施滿族最高禮節「抱腰禮」，這時領隊的人開始唱《太平歌》：「家什打，響連天，我們大夥來拜年，一進大門抬頭觀，見你老的燈籠竿，燈籠竿好比搖錢樹，搖錢樹下金馬駒來拴」，如禮數不全，則不可進村，其中的禮節多達三十餘種，應該說這和滿族人民日常生活中講禮貌、重禮節的民間習俗是分不開的。二是動作火爆。開始表演，在鑼、鼓、鈸、笙、嗩吶的伴奏下，滿族官員率隊「走陣」，或曰「走大場」。這是滿族秧歌舞表演的重點段落，「走陣」的陣圖多達百餘種，主要陣式有：六合陣、南天門八卦陣、十字陣等，每場只能表演二至三種。陣式宏大進退有序，極富征戰氣息；「走陣」後，由開始「圈場」，即男女排雙行

走大圈逆時針方向行進。「圈場」後，轉入雙人舞即興對舞，稱「二人場」。男女演員盤旋作勢，更迭起舞。舞蹈由慢到快，克里吐、丑角、拉棍等人從中穿插，「二人場」在高潮中剎住。這時由巴圖魯表演征戰、鷹步舞、獵熊舞、狩獵等場面，身體各部位有規律的搖擺顫動，動作剛烈，生動活潑。根據人物特定的身分，表演者根據所扮角色代表的善惡美醜也需要臉譜化，或剽悍或俊美，或威武或狡黠，再通過對打動作，來展示英雄頂天立地、勇敢堅定的英雄氣概和大無畏的犧牲精神，將表演推向高潮。再有，滿族婦女均為「天足」，所以她們扭起來的時候也是很火爆的，潑辣、哏、俏、文靜、幽、穩。男子所用的各種道具，將東北人民熱情質樸、剛柔並濟的性格特徵揮灑得淋漓盡致。

四是賦予舞蹈濃郁的歷史屬性。在滿族秧歌（「韃子秧歌」）中我們常常能看到舞者模仿駿馬奔馳、雄鷹盤旋，或戰爭排兵佈陣（俗稱「走陣」）等的內容，這些內容使得滿族秧歌與漢族秧歌呈現出了迥然不同的民族個性與特徵，加之滿族秧歌中所保留的對滿族先民早期漁獵生活、風土人情、神話傳說等模仿內容，使得滿族秧歌同時還被賦予了記錄歷史，再現民族風情等獨特作用與使命。

渤海國《靺鞨舞》　《靺鞨舞》是渤海國靺鞨族一種古老的集體舞蹈，源於靺鞨祖先生產勞動與生活，靺鞨人能歌善舞，每逢豐收、慶典、祭祀、節日、集會都跳靺鞨舞。早在隋唐前《三國志》記載：靺鞨人每當祭天祭神，便「晝夜會聚歌舞，舞輒數十人相隨，踏地低

▲ 秧歌表演

▲ 靺鞨舞

昂，手中相應，節奏有似鐸舞」，民間又被稱為「踏錘」，據《渤海國志長編》對其樂舞的風貌曾有這樣描述：「官民歲時聚會作樂，先命善歌舞者數輩前行，士女相隨，更相唱和，迴旋婉轉，號曰『踏錘』」。靺鞨使臣到中原長安進貢品，宴飲席間，「使者與其徒皆起舞，其曲折多戰鬥之容」。西元六九八年粟末靺鞨首領大祚榮帶著本族人，在今東北地區敦化建立地方民族政權震國時，唐玄宗七一三年遣使臣崔忻前往敦化冊封大祚榮為左驍衛大將軍、渤海郡王、忽汗州都督，改稱震國為渤海時，在冊封盛典上也跳了《靺鞨舞》。從此拉開了「海東盛國」「海東文化」的序幕。只見渤海國都大殿內外鼓樂宣天，號角齊鳴，一片歡騰，殿外男兵士，身背角弓，手拿刀劍，炫耀武力，粗獷樂觀，勇猛機智，時而跳躍，時而迴旋，進退迅速，輕重緩急，有時似騰云似凌波微步，有時像風掃落葉般旋轉，表現其生活的曲折多戰鬥之容，與馬上民族歌舞風格迥異。殿內薩滿人頭帶飾物，臉上化妝，腰間繫布條銅鈴，手持鹿皮

或羊皮做的鼓，邊敲邊踏地起舞；女舞者以高雅情操、躍動性強、飛快旋轉起舞，舒展典雅的踢躂舞步，伴著高亢弦子彈唱貫穿舞蹈全過程，是最令人炫目的場景；相隨男舞者姿勢勇武剛健，豪邁軒昂，激舒柔並存，急緩相容，像疾風般向前衝，左右猛刺，強屈身，輕快猛移等動作，各種短兵器「喀嚓」「喀嚓」揮動，刀聲、鼓聲、銅鈴聲以及浪漫的舞姿，給人以強烈的號召感，舞刀槍時刀片飛舞，銀槍閃爍，所發出聲響鏗鏘有力，邊敲手鼓邊舞；有的臉上還帶上造型各異的彩繪面具，如鹿神、鷹神、瑪虎等；還有男兵，吹葉當樂，並能以歌和跳群舞，歌舞者在前、伴唱者在後的歌樂舞，表演過程中有樂士古琴伴奏。明顯突出舞蹈民族特色，體現渤海舞蹈高超技藝。反映渤海人民勇敢、智慧、樂觀的獨特民族氣概，他們血液裡流淌著先人征戰的聲音，她們眼睛裡盛滿了最虔誠的態度感受唐王朝帶來的幸福生活。到第三代文王大欽茂，《靺鞨舞》經過改編，成為渤海國政權官員重要的禮儀舞，凡出訪和迎接貴賓都以渤海樂舞相隨。據《渤海國志長編》記載，渤海政權存在期間，僅遣使赴日本訪問就達幾十次，日本也同樣選派使節出訪渤海國。雙方互訪大都擁有詩詞歌舞唱和，而且不乏歌舞藝人彼此交流與贈送。渤海樂舞多次在日本演出，引起陣陣轟動。日本為此還曾派人來渤海專門學習樂舞，旨在發展本國的歌舞。渤海音樂、舞蹈凝聚著唐朝雅樂、大曲、舞蹈等諸多精華。與此同時，日本還不斷向渤海國贈送舞女，渤海國還曾將日本的舞女轉贈於唐朝。據《渤海國志長編·文王欽茂》載，僅七七八年，文王欽茂便一次「遣使獻日本舞女十一人及方物於唐」。《靺鞨舞》至明清又融入歌舞、秧歌、佛舞與儺戲等，《紅山碎葉》還載有

▲ 《霓裳羽衣舞》

一種風格獨特的「襪袑舞」，亦稱「靺鞨舞」。黃濬詩云：「我聞古有靺鞨舞，此種比似知如何?又聞婆羅門最幻，較此奇眩當無過」。認為似與西域古婆羅門樂舞後改為《霓裳羽衣舞》有關。渤海國初始是在敦化發展壯大的，是遠古肅慎群居衍生之地，肅慎人在這裡創造的原始文化與其他民族先祖在各自發祥故地創下的起源文化一道，構成了中華民族歷史文化一個重要組成部分。「渤海文化」，其盛名不僅在神州大地遐邇聞名，而且在世界各地廣有傳播，許多國內和國際史書都詳有記載。

五十年代由敦化滿族舞蹈者陳惠蘭、李啟春編排，具有渤海、滿族韻味的舞蹈《踏錘舞》《莽式空齊舞》《跳神舞》《敖東莫爾根》被搬上舞台。八〇年代至九〇年代，敦化全面展開深入挖掘整理渤海、滿族民間文化普查工作，設立了領導小組及普查機構，積極主動地開展普查工作，並搶救了瀕臨失傳的渤海樂舞《踏錘舞》、舞蹈《貞惠公主》。二〇〇七年列入市級非物質文化遺產保護名錄。

▲ 舞蹈《貞惠公主》

美麗的民間傳說

敖東媽媽傳說

　　敖東媽媽為滿族所奉之女神。西元六九六年，契丹人李盡忠反唐。靺鞨人乞乞仲象與酋長乞四比羽率眾東渡遼水，保太白山之東北，阻奧婁河樹壁自固，即到今之敦化地區生息。據滿族祭祀神祠傳載：乞四比羽到敖東城時遇到敖東格格守城。這敖東格格，身穿鹿皮衣裙分人扇，頭戴狼皮花帽兩股叉，騎著棗紅高頭馬，手使雙刀帶馬叉。二人見面幾句話談崩，於是打了起來。真是「棋逢對手，將遇良才」，一直打了三天三宿。交戰中敖東格格心中暗誇乞四比羽人才出眾武藝高，乞四比羽也暗服敖東格格。休戰後敖東格格派人到乞四比羽處求婚。乞四比羽下五道關，說如果敖東格格能破此五關，便應下婚事。第一安東骨關，有十八個鐵葫蘆上下翻，險中又險，可是敖東格格心靈手巧，連射十八支箭，將鐵葫蘆射穿，破了此關。第二關是栗末關，波浪滾滾大水連天，敖東格格見此情景不慌不忙，一個鯉魚打挺，越過此關。第三關是指捏關，乃是利用三座山連環設防，這怎能擋住敖東格格棗紅快馬，幾縱幾躍便過了此關。第四關是號室關，有九條大蟒張牙舞爪而來，敖東格格一點不心慌，大刀上下翻飛，砍翻了大蟒而過。第五道關是太白關，有十八員大將攔路，敖東格格一見怒氣上衝，縱馬上前，一氣斬了十八員大將，打到乞四比羽面前。於是結下了婚緣。後來契丹犯境，敖東格格身懷六甲助夫上陣連打勝仗，於渾河邊上生下了一名男孩。從此敖東媽媽神威抖擻的故事得到廣泛傳播並流傳下來。

布庫里雍順傳說

　　在銀堆玉砌一般的白頭山群峰之中，有一紅色的布庫里山，把那雄偉壯觀的白頭山，輝映得更加絢麗多彩。布庫里山下有個圓形水池，叫天女浴躬池。

很久以前，有三個天女。大姐叫恩庫倫，二姐叫正庫倫，三妹叫佛庫倫。兩個姐姐生來就膽小怕事，不願幫別人的忙。佛庫倫卻熱心幫助別人，是個有見識，有膽量的姑娘。這姐三個頂數佛庫倫長得漂亮，她還射一手好箭，所以弓箭總不離身。天狼星看中了佛庫倫，就托媒求婚。佛庫倫煩惡仗勢欺人的天狼星，拒絕了這門親事。

天狼星惱羞成怒。想帶兵去搶，由於他懼怕佛庫倫的神箭，只好忍氣吞聲，等待時機。一個春光明媚的日子，三位天女抖開衣袖向長白山飄落下來。她們來到布庫里山下，見圓池幽靜，池水清澈透底，便脫下衣服在池中洗浴。天狼星一看時機到了，悄悄溜到這裡，偷走了佛庫倫的衣服。他以為這樣一來，佛庫倫只得光著身子走進他的屋裡。姐三個洗完澡上岸，發覺佛庫倫的衣服丟了。大姐、二姐嚇壞了，趕忙飛回天宮。佛庫倫以為姐姐一定能來送衣服，就在水裡待著。不曾想，那兩個姐姐怕父母責怪，回到天宮根本沒提洗澡的事兒。佛庫倫蹲在水裡等呀等，等了好久，仍不見姐姐給她送衣服來。一天果勒敏珊延阿林厄真變一位白髮老人，左手舉著一個柳木紮成的小排筏，右手拎著個梯子，來到池邊對佛庫倫說：「你想回天宮嗎？這很容易，不論什麼時

▲ 布庫里雍順

候，只要把這梯子一立，立刻就能回去。天狼星守在南天門等著和你結婚呢。他正在製造一場人間戰禍，打算叫你當他的助手。」說完把梯子放到池邊。佛庫倫聽了氣憤地說：「我寧可永遠不回天宮，也不跟他結婚！我決心不惜一切去平息他給人間製造的戰亂，好讓百姓安居樂業。」白髮老人舉起小排筏說：「你這為民造福的心願，定會有人來幫你實現，這個小排筏，將來對你有用

▲ 《始祖賦》

處。」佛庫倫剛接過小排筏，白髮老人就無影無蹤了。

這時從林中飛來了一隻喜鵲，嘴裡叼著一顆紅果。她一拿到手裡，一股從來未聞到過的清香直往鼻子裡鑽。她好奇的含在嘴裡，不料，這紅果一滾竟落到她的肚子裡，使她懷了孕。這一來她更沒臉見父母了。於是她就打消了回天宮的念頭。冬季一到，天氣一天比一天冷。當天宮降雪時，天狼星為了逼佛庫倫回天，就暗中吹起黑風，寒風大雪一起撲向長白山。佛庫倫被凍得直打寒顫。可她寧肯凍僵也不回天宮。白山老祖燒了一盆熱水，對一個羅漢囑咐道：「你去把這盆熱水倒進圓池，圓池就會變成溫水池，好讓佛庫倫在那裡過冬。」可是這位羅漢走到山頂，老遠就看見了佛庫倫赤身裸體。他不好意思往前去，就轉回身用一隻手將水盆從身後遞出。為了叫佛庫倫前來取水盆，他就大聲喊

▲ 布庫里雍順像

著「嘎瑪遮—」由於他倒背著手端盆，盆歪了他還沒察覺。當佛庫倫悄悄走來，一看水全撒進了山石堆裡，盆已空了。她沒吱聲，又悄悄地走了。當她走到山後，見溫水從石頭縫裡流出來，匯成了暖流。她就靠這暖流渡過了寒冷的冬天。那位羅漢還一直不知道，他仍然背著臉站在那裡等佛庫倫來取水盆呢。時間長了，他就變成一座高大的山峰。但是，他始終沒忘記白山老祖託付的事情。所以，每遇寒風驟起，這山峰還不時「遮—，遮—！」地喊佛庫倫來取水盆。當長白山到了花紅草綠的時節，佛庫倫又回到了圓池。

不久，她就生下了一個小男孩兒。她讓孩子坐在那柳木小排筏上，把弓箭放在他身邊，然後對孩子說：「用額娘金子一般明亮、純潔的心，作為姓，你就姓愛新覺羅吧。你生在布庫里山下，布庫里雍順就是你的名字。帶著額娘的弓箭，你自己尋找吉祥的地方去落腳吧。額娘在這裡盼望你早日長大，為人間除害、造福。」說完把小排筏向上一托，這柳木小排筏，在空中由五色祥雲圍繞著忽忽悠悠地向北飄去。飄呀飄，飄到遙遠的一個大山下，輕輕地落在忽爾哈河水面上。順水流到鄂多里城。布庫里雍順被城主收留下，讓他和自己的獨生女兒都雅伯哩在一起習文練武。布庫里雍順到十八歲時，就長得十分威武英俊，成為出色的莫爾根。老城主讓他跟隨都雅伯哩成了親。

就在他完婚這年，三個部族，受天狼星蠱惑，為了當部族長互相殘殺起來。戰爭眼看逼近了鄂多里城。布庫里雍順來到戰場，向高空射出三支箭。聽到這響箭，三方都停止了爭鬥。這時一條惡狼從陣中跳出，它就是製造這場戰禍的天狼星。布庫里雍順一箭射中了惡狼，惡狼不見了。人們推舉他為鄂多里城貝勒。於是他統一了各部族，號稱滿洲，他就成了滿洲的始祖。

吉林文庫 A0703A34

文化吉林：敦化卷

主　　編	莊　嚴	
版權策畫	李　鋒	
責任編輯	林以邠	

發 行 人	陳滿銘
總 經 理	梁錦興
總 編 輯	陳滿銘
副總編輯	張晏瑞
編 輯 所	萬卷樓圖書股份有限公司
排　　版	菩薩蠻數位文化有限公司
印　　刷	維中科技有限公司
封面設計	菩薩蠻數位文化有限公司

出　　版　昌明文化有限公司

桃園市龜山區中原街 32 號

電話　(02)23216565

發　　行　萬卷樓圖書股份有限公司

臺北市羅斯福路二段 41 號 6 樓之 3

電話　(02)23216565

傳真　(02)23218698

電郵　SERVICE@WANJUAN.COM.TW

大陸經銷　廈門外圖臺灣書店有限公司

電郵　JKB188@188.COM

ISBN 978-986-496-281-5

2018 年 1 月初版

定價：新臺幣 440 元

如何購買本書：

1. 轉帳購書，請透過以下帳戶

合作金庫銀行　古亭分行

戶名：萬卷樓圖書股份有限公司

帳號：0877717092596

2. 網路購書，請透過萬卷樓網站

網址　WWW.WANJUAN.COM.TW

大量購書，請直接聯繫我們，將有專人為您
服務。客服：(02)23216565　分機 610

如有缺頁、破損或裝訂錯誤，請寄回更換

國家圖書館出版品預行編目資料

文化吉林. 敦化卷 / 莊嚴主編.-- 初版.-- 桃
園市：昌明文化出版；臺北市：萬卷樓發
行, 2018.01

　冊；　　公分

ISBN 978-986-496-295-2(平裝). --

1.文化史　2.人文地理　3.吉林省

674.2408　　　　　　　　　　107002193